PALABRAS ESPERADAS

MEMORIAS DE
FRANCISCO H. TABERNILLA PALMERO

COLECCIÓN CUBA Y SUS JUECES

EDICIONES UNIVERSAL, Miami, Florida, 2009

Gabriel E. Taborda

PALABRAS ESPERADAS

MEMORIAS DE
FRANCISCO H. TABERNILLA PALMERO

Copyright © 2009 by Gabriel E. Taborda y Francisco H. Tabernilla Palmero

Primera edición, 2009

EDICIONES UNIVERSAL
P.O. Box 450353 (Shenandoah Station)
Miami, FL 33245-0353. USA
Tel: (305) 642-3234   Fax: (305) 642-7978
e-mail: ediciones@ediciones.com
http://www.ediciones.com

Library of Congress Catalog Card No.: 2006933212
ISBN-10: 1-59388-092-8
ISBN-13: 978-1-59388-092-7

Composición de textos: María C. Salvat-Olson

Diseño de la cubierta: Luis García Fresquet

Todos los derechos
son reservados. Ninguna parte de
este libro puede ser reproducida o transmitida
en ninguna forma o por ningún medio electrónico o mecánico,
incluyendo fotocopiadoras, grabadoras o sistemas computarizados,
sin el permiso por escrito del autor, excepto en el caso de
breves citas incorporadas en artículos críticos o en
revistas. Para obtener información diríjase a
Ediciones Universal.

TABLA DE CONTENIDO

Prólogo 7

Dedicatoria. 9

Preámbulo 11

Capítulo I – Una Patria, Un Ejército, Una Estirpe. 13

Capítulo II – Golpe De Estado. 47

Capítulo III – Oposición A Batista. 77

Capítulo IV – Desembarco. 99

Capítulo V – Relevo en la Embajada Americana. 123

Capítulo VI – Elecciones de 1958. 155

Capítulo VII – Los Últimos Días. 165

Epílogo 185

Anexos

    I.   Lista dictada por Batista de las personas que lo acompañarían el día de su huida. 189

    II.   Acta de Transmisión de Mando, Enero 1, 1959. . 192

    III. Resignación del Presidente de la República, Fulgencio Batista, Enero 1, 1959. 193

    IV. Carta del Presidente Batista al General de Brigada Francisco H. Tabernilla, escrita desde la República Dominicana, Febrero 5 de 1959. 195

V. CARTA DEL TENIENTE GENERAL FRANCISCO J. TABERNILLA Y DOLZ AL CORONEL JUAN A. ESTEVEZ MAYMIR, ESCRITA DESDE RIVIERA BEACH, FLORIDA EN MAYO DE 1959 201

VI. CARTA DEL GENERAL DE BRIGADA FRANCISCO H. TABERNILLA AL PRESIDENTE BATISTA, ESCRITA DESDE PALM BEACH, FLORIDA, DICIEMBRE 31, 1959 212

VII. CARTA DEL TENIENTE GENERAL FRANCISCO J. TABERNILLA Y DOLZ AL PRESIDENTE BATISTA, ESCRITA DESDE RIVIERA BEACH, FLORIDA, AGOSTO 24, 1960. 217

VIII. CARTA DEL CORONEL FLORENTINO ROSELL A FRANCISCO H. TABERNILLA, MARZO 2, 2001, ACOMPAÑANDO CARTA DEL DR. RAFAEL GUÁS INCLÁN DE FECHA NOVIEMBRE 19, 1960. 227

IX. CARTA DEL GENERAL DE BRIGADA FRANCISCO H. TABERNILLA RESPONDIENDO A LAS PREGUNTAS DEL ING. ROBERTO A. WEILL, MAYO 9, 2000. 233

BIBLIOGRAFÍA.. 251

ÍNDICE ONOMÁSTICO. 255

PRÓLOGO

Alguien comparaba, de manera poética, los recuerdos con esas grandes ciudades que yacen aun sepultadas bajo el enorme peso de millones de toneladas de arena en los valles que bordean el Nilo del África Septentrional. Después de miles de años de paciente espera van emergiendo, intactas, de la diestra mano del arqueólogo. Así, el trabajo del entrevistador llega a compararse con el de este, sobre todo cuando de exhumar recuerdos históricos de varias generaciones se trata.

Este libro es una pequeña obra de arqueología histórica sin mayores pretensiones literarias. Dando muestras de una soberbia vitalidad física, anímica y mental, el General de Brigada del Ejército Cubano, Francisco H. Tabernilla y Palmero se sometió a las duras y extenuantes jornadas de entrevistas semanales en las que trabajamos durante más de 18 meses. En mi propósito de escuchar su larga y penosa historia, fui removiendo poco a poco sus recuerdos, y estos fueron emergiendo con extraordinaria fluidez.

Fue un trabajo arduo en el que se trató de conservar, en lo posible, la secuencia cronológica de los hechos ocurridos desde los inicios de su vida militar como Cadete, hace 70 años, hasta la funesta madrugada del 1 de enero de 1959. En el relato de estos hechos, Silito, como familiarmente se le conoce, nos da una muestra de su singular excelencia como ser humano y de un entrañable amor por su tierra natal, de cuya historia fue espectador y protagonista.

No encontrará el lector en estas páginas un tratado de historia militar ni un análisis político de la Cuba pre-revolucionaria. Hallará, sí, un resumen verídico de los principales hechos que alteraron, de forma dramática y permanente, la historia de Cuba y que cambiaron de manera indeleble su vida, la mayor parte de la cual sirviendo como soldado, miembro de una distinguida estirpe dedicada por completo al servicio de la patria.

Los hechos aquí mencionados podrían constituir un humilde aporte para ampliar el conocimiento de algunos episodios controversiales ocurridos durante los gobiernos previos a la dictadura castrista. Proviniendo de un testigo único y presencial, ofrecerían una nueva y confiable perspectiva, digna de ser tomada en cuenta. No es, sin embargo, la pretensión exclusiva de este trabajo periodístico.

Gabriel E. Taborda
Otoño 2008
Autor

DEDICATORIA

Dedico este libro a mi padre, el Teniente General Francisco J. Tabernilla y Dolz MMM y P. (e.p.d.), Jefe del Estado Mayor Conjunto de las Fuerzas Armadas de Cuba, y a mi hija, Loreley Tabernilla Fitton (e.p.d.), a quienes les prometí que, con la ayuda de Dios, lo escribiría.

Francisco H. Tabernilla
General de Brigada, MMN y P.

El Presidente Fulgencio Batista con Francisco H. Tabernilla Palmero y su padre Francisco J. Tabernilla Dolz (1953).

PREÁMBULO

No es sencillo opinar sobre una institución que, como el Ejército Constitucional de Cuba, fue sostén de la sociedad y todos sus organismos. Por eso se hace imperativo decir siempre la verdad para que, por encima de la densa neblina de la duda, ésta resplandezca y no de lugar a malas interpretaciones. Ha sido más fácil hablar contra el Ejército Cubano, atacándolo y humillándolo sin razón, que investigar a fondo cómo se produjeron los hechos que culminaron con la entrega del poder a las hordas castristas.

Las Fuerzas Armadas de Cuba, bien organizadas y disciplinadas, constituían orgullo de la nación. Pero el pueblo en general no comprendió como veinte guerrilleros en la Sierra Maestra en un espacio de dos años evolucionaron de tal manera que llegaron al poder. Todas las hazañas del Ejército Cubano desde su creación en 1908 con el advenimiento de la República, fueron borradas de la mente del pueblo cubano mediante embustes y mentiras proclamadas por un grupo de terroristas que irrumpieron sorpresivamente en la Historia de Cuba.

Es inconcebible como un pueblo, envilecido por la propaganda comunista, siguió ciegamente a un líder falaz, y ese mismo pueblo gritara, «¡Paredón, Paredón!» para sus propios hermanos inocentes, por el supuesto delito de cumplir con su deber como soldados defendiendo la República, siguiendo las órdenes de quien la dirigía y representaba.

Fueron muchas las decisiones equivocadas que condujeron a la entrega y derrota, y que trato de explicar en este libro, «Palabras Esperadas». Pero ante todo, habrá que comenzar por admitir que la derrota del gobierno de Batista no fue militar, sino política.

Francisco H. Tabernilla
General de Brigada, MMN y P.

El Presidente Fulgencio Batista imponiéndole al General Francisco J. Tabernilla Dolz las cinco estrellas como General en Jefe del Estado Mayor Conjunto de las Fuerzas Armadas de Cuba (1958).

CAPÍTULO I

UNA PATRIA, UN EJÉRCITO, UNA ESTIRPE

General Tabernilla, noto con curiosidad que los oficiales del Ejército Cubano que prestaron sus servicios a la República no mencionan, aquí en el exilio, sus rangos militares como sí lo hacen, y hasta con cierto orgullo, algunos de los llamados «comandantes» del Ejército Rebelde. ¿Cómo puede explicar esto?

Eso lo veo como un fenómeno del exilio cubano actual y no tengo ninguna razón que pudiera explicarlo. En realidad es un contrasentido. Particularmente, yo me siento muy orgulloso del grado que recibí como General de Brigada del Ejército Cubano. Fue algo que logré con base en mis estudios y mis esfuerzos y siento que toda la vida lo seré. Entre los miembros del Ejército Rebelde, el grado máximo es el de «comandante». No sé cuántos «comandantes» haya aquí. El exilio les reconoce ese grado. Es un grado otorgado por la revolución que triunfó y debe respetarse, en ese sentido. Sin embargo no debe confundirse un grado otorgado por la institución legítima que representaba a la República de Cuba, con uno otorgado por las fuerzas insurgentes.

Y al tenor de esta respuesta, ¿a usted le incomoda ser tratado con el grado de general, ahora en su vida de civil, o simplemente el uso del nombre de «Silito», ha desplazado al de «general»?

Bueno, siempre mis amigos me han llamado Silito. Mi padre me llamaba así, todos mis familiares hacen ahora lo mismo y siempre quedó como un nombre que en realidad es una expresión de cariño hacia mi persona y de esa manera lo estimo; todo el que me llama con ese nombre lo hace por aprecio y cariño. Ese es un nombre que te identifica y yo lo veo con complacencia porque es una expresión de afecto. Pero realmente, en la vida publica, en la que todos estamos luchando por liberar a Cuba, cada uno debe ocupar su lugar que le corresponde y debe ser tratado con el merecimiento y el respeto de lo que representa y lo que fue en su patria. Por eso el grado de general es un grado que honra y para mí es un honor que me llamen lo que soy: «General de Brigada del Ejército de Cuba».

¿Cómo recuerda su infancia en Cuba?

Nací en Guanabacoa el 22 de agosto de 1919, en la calle Estrada Palma, dos y medio. Mi padre era, en aquel entonces, Segundo Teniente del Ejército de Cuba, graduado de la Academia Militar, desde luego. Desde ahí, al año y medio de mi nacimiento, nos mudamos para la Fortaleza de La Cabaña, a donde pertenecía mi padre, y allí viví, podemos decir, casi toda mi vida, hasta 1944. En La Cabaña, cuando niño, fui al kindergarden de la escuela pública No. 5 que quedaba en La Habana. Cruzábamos en el ferry todos los días con mi tía María, que fue una maestra y mi segunda madre. Ella siempre estuvo a mi lado y nunca nos separamos, hasta que dejamos Cuba. Después entré a la escuela pública No. 73 que radicaba en la Fortaleza de La Cabaña y allí hice todos mis estudios hasta el octavo grado. Luego fui al colegio de San Agustín, en La Habana y a Georgia Military Academy en los Estados Unidos. Cuando regresé de Georgia Military Academy, entonces ingresé en el Ejército con el grado de soldado, en 1937, ya que de acuerdo con la ley, había que estar dos años «en la línea» para poder ingresar en la Academia Militar del Ejército de Cuba.

¿Cómo estaba conformado el «tejido social» de Cuba, en aquella época?

En La Cabaña, como campamento militar, se vivía con felicidad y con orden y la vida era muy tranquila. La vida social era la normal que hacían los militares. Era una vida muy sobria. No era una vida de parrandas sino una vida distinta a la que se vive hoy en día. La vida, en general era muy apacible. Mi juventud fue bastante tranquila. Fue organizada, dedicada al estudio y a la superación. Por fuera de los cuarteles estaba la sociedad, alta y media, compuesta principalmente por hombres de negocios y sus familias, terratenientes, industriales y comerciantes. Un poco más abajo en la escala social estaba la clase trabajadora, la cual estaba compuesta por el grueso de los habitantes de la isla. Como podrá ver, era casi el mismo «tejido social» de todas las naciones del hemisferio de aquella época.

¿Cuáles eran las personas más notables de Cuba en aquel entonces, los apellidos de mayor prosapia?

Había muchos, pero en especial recuerdo a mi tío y padrino, el Dr. Ricardo Dolz y Arango que era una figura excepcional en Cuba. Él era un abogado de mucho nombre y prestigio. Fue Presidente del Senado, rector de la Universidad de La Habana, miembro de la Corte Internacional de Justicia con sede en La Haya, Holanda, y un luchador incansable por los derechos humanos. Inclusive, en la Universidad de La Habana existía un premio «Ricardo Dolz» para los alumnos más destacados en el área de las leyes.

De otro lado, la agricultura era la fuente de trabajo más grande en Cuba y los dueños de los centrales eran los «millonarios» de esa época por los recursos que movían y las cantidades de personas que empleaban para todas las áreas de la producción, especialmente contratando gentes del pueblo. Por eso el famoso dicho que había en Cuba: «sin azúcar no hay país». Recuerdo a la familia Tarafa, la cual se dedicaban a la industria azucarera y poseían el Central Cuba, uno de los más modernos en Cuba. También al «rey del azúcar», Julio Lobo, un comerciante y luchador hombre de negocios que tuvo mucho éxito en sus esfuerzos y en la manera de ejecutarlos, y quien era el campeón de todo ese engranaje azucarero que era el que sustentaba la economía de Cuba.

Entre los políticos mas destacados podemos citar a: Eduardo Chibás, Eduardo Suárez Rivas, Rafael Guás Inclán, Ricardo Núñez Portuondo, Carlos Saladrigas, Justo Luis del Pozo, Anselmo Alliegro, Ramón Grau San Martín, Roberto Agramonte, Andrés Rivero Agüero, Rafael Díaz Balart, Jorge García Montes, Carlos Prio Socarrás, Miguel Tarafa Govin, Alberto Salas Amaro, Luis Conte Agüero, José Pardo Llada, Santiago Rey Pernas, Manuel Antonio de Varona, José Antonio

Barnet, Raúl de Cárdenas, Nicolás Castellanos, Andrés Domingo y Morales del Castillo, Roberto Rodríguez de Aragón, entre otros.

Así como hombres ilustres que enaltecieron a Cuba durante la era republicana: Manuel Sanguily y Garretti, Orestes Ferrara, José Manuel Cortina, Juan J. Remos, Jorge Mañach, Gustavo Cuervo Rubio, Carlos Hevia, Miguel Suárez Fernández, Manuel Márquez Sterling, Cosme de la Torriente, y Emeterio Santovenia, para citar algunos.

Entre 1899 y 1902 los Estados Unidos ocuparon, para llamarlo de alguna forma, Cuba. Ellos controlaron los sectores del tabaco y el azúcar y propiciaron una constitución de la República con soberanía limitada por la famosa Enmienda Platt. ¿Cual era la percepción que se tenía, entre la juventud de aquella época, acerca de esas injerencias y los Estados Unidos?

Mientras que la enmienda estuvo vigente, nosotros añorábamos ser libres completamente; mientras que tuviéramos esa enmienda en nuestra constitución, redactada por el político norteamericano Oriville Hitchock Platt, la libertad de Cuba no era total. En mayo de 1934, cuando se derogó la Enmienda Platt, yo ya contaba 15 años de edad y pude observar la reacción favorable de los cubanos al sentirnos totalmente liberados de esa atadura casi colonial. De allí para adelante la República de Cuba recobró totalmente su independencia; desde allí, la nación empezó a caminar por sus propios pies.

¿Cuáles eran los puntos principales de esa famosa Enmienda Platt de la que tanto se habla, pero que es tan poco conocida por las nuevas generaciones cubanas?

La Enmienda Platt le daba autoridad a los Estados Unidos para intervenir en Cuba cuando ellos lo estimaran conveniente o cuando el presidente de Cuba, en funciones, lo solicitara. Eso propició una intervención de los Estados Unidos entre 1906 y 1909, tiempo durante el cual se trabaja mucho en la reconstrucción y en el ordenamiento de la nación e, inclusive, es cuando se funda el Ejército Nacional Cubano. No obstante los beneficios conseguidos, entre la población se sentía

un malestar ya que una nación no puede vivir con tropas extranjeras o extranjeros dirigiendo sus designios.

Quiere decir que los americanos ejercían, entonces, una especie de control colonial...

Sí, de acuerdo. Creo que ninguna nación tiene autoridad para intervenir en otro país y dictarle normas, siendo este un pueblo soberano. Cuando se es libre no puede haber ninguna presión ni ninguna otra nación puede impedir el libre ejercicio de la libertad y el derecho a sus ciudadanos.

Sin embargo, para negociar la extinción de esa enmienda los Estados Unidos se quedaron con una parte de Cuba, que es hoy lo que se conoce como la Base Naval de Guantánamo...

El arrendamiento de esa base fue autorizado por los cubanos. Fue una de las distintas concesiones que le dio el gobierno en funciones a los Estados Unidos, en ese momento, para negociar el fin de la Enmienda Platt. Guantánamo era para aquella época, una posición muy estratégica, aunque hoy en día, con el sistema moderno de guerra, la base de Guantánamo no representa esa posición tan importante como lo parecía en aquellos tiempos.

¿Dónde nace la estirpe militar de su familia?

En mi padre, ya que mi abuelo era comerciante. Mis dos hermanos y yo crecimos en un campamento militar, pues el Ejército era lo único que conocíamos y ese fue el ejemplo que recibimos. Cuando cumplí la edad reglamentaria ingresé a la Academia Militar del Ejército de Cuba y mis hermanos a su vez también se vincularon, ingresando como pilotos de la Fuerza Aérea del Ejército de Cuba. Así que todos, mis dos hermanos y yo, estábamos en las Fuerzas Armadas, de igual manera que lo estuvo nuestro padre.

Una familia totalmente dedicada al servicio militar...

Así mismo es. Creo que el Ejército es una institución que ennoblece a los seres humanos y da honor y gloria a las naciones, porque los servicios que presta son para el beneficio del pueblo de la nación y en defensa de la ciudadanía. Las Fuerzas Armadas constituyen el sostén de la República y sus instituciones contra todo enemigo, local o extranjero.

Y respecto a su padre, ¿qué recuerdos tiene?

Los mejores. Inició su ciclo de educación e instrucción primaria, primero en la Escuela Cubana, completándola en «La Salle Institute» de New York. Después, retornó a Cuba donde hizo su ingreso en el Instituto de Segunda Enseñanza de La Habana, recibiendo oportunamente su título de Bachiller en Ciencias y Letras, retornando a los Estados Unidos para ingresar en la «Worcester Academy». Se trasladó a Lousiana State University en New Orleáns de donde se graduó. Después de la universidad, se inicio como vice-cónsul de la República de Cuba, en Halifax, Canada, cargo que desempeñó durante algún tiempo. Pero, en realidad, lo atraía la carrera militar y se traslada, nuevamente, a La Habana donde el día 14 de febrero de 1917 ingresa como soldado en el Cuerpo de Ingenieros del Ejército. Lo admiten en la Escuela de Cadetes del Castillo del Morro en el mes de septiembre de 1917 y, con expediente inmaculado, recibió su diploma de Oficial del Ejército de Cuba y sigue en el Ejército con el rango de segundo teniente.

Cuando ocurre la revolución de 1933, mi padre era primer teniente destacado en La Cabaña y fue unos de los oficiales que se unió a la revolución. El era muy querido por la tropa; tanto que, hasta los mismos soldados, le decían «el Viejo Pancho». Y donde quiera que él fuera, los soldados acudían a él espontáneamente. Es una cosa muy difícil de describir con simples palabras. Después de la revolución, el fue ascendiendo en rango hasta llegar a ser General y Jefe del Regimiento 7 de Artillería con sede en La Cabaña hasta el año 1944, cuando el Dr. Ramón Grau San Martín ocupó la presidencia y empezó a reorganizar el Ejército –a su manera–, favoreciendo a sus amigos e incondicionales.

Esto fue muy perjudicial para la disciplina militar, pues se violaba constantemente el reglamento. Los ascensos de los militares se efectuaron por capricho del Presidente y no por los méritos que representaba cada oficial en su posición. En una acción sin precedentes, el Dr. Grau San Martín destruyó todo el escalafón del Ejército y le ocasionó un mal irreparable, al ascender al Comandante Genovevo Pérez Dámera, un Ayudante Presidencial, al cargo de Mayor General, Jefe del Estado Mayor del Ejército. Eso solo podía ocurrir en un país donde no se respetaran las disposiciones escritas y los reglamentos militares, porque en un Ejército que funcione con las Leyes Orgánicas de las Fuerzas Armadas se asciende por oposición, por antigüedad o por selección. Además, eso era algo que tomaba tiempo, no por un capricho presidencial ni por compromisos de amistad. Solo un total desconocimiento del mal que se le estaba ocasionando al Ejército podría haber justificado el ascenso, por parte de Grau San Martín, de un modesto oficial ayudante, a la mayor posición del Ejército en esos momentos. Por esa razón, Genovevo Pérez Dámera se tuvo que mantener en el Ejército más bien –cómo pudiéramos decir– a la brava, porque eso no fue aceptado por ninguno de los demás oficiales de carrera, los cuales pasaron a ser sus subordinados. Ni podía ser tampoco aceptable en un gobierno democrático, elegido al amparo de la Constitución de 1940, porque para eso estaban las leyes.

¿Podríamos decir que desde allí se comienza a romper el esquema de ascensos por méritos en el Ejército cubano?
    Así mismo es. Desde allí comienzan esas prácticas.

Pero eso desmoraliza a las jerarquías militares y crea fricciones perjudiciales dentro de los mandos...
    Va en contra de la disciplina y trae malestar entre los miembros de las Fuerzas Armadas, porque allí, adentro del Ejército, se nota cuando usted cumple con su deber y respeta el reglamento, y si no lo hace, es muy perjudicial para la nación y para la propia institución. Crea, además envidias, celos y rencores dentro de la oficialidad, pues se comienza a pensar en que, para obtener ascensos, es necesario estar dentro del círculo de favoritos del Presidente, lo cual atenta contra la rectitud del oficial.

Ha hablado del Dr. Grau San Martín. ¿Qué piensa de su gestión como presidente entre 1944 y 1948?

Yo creo que Grau San Martín pudo haber hecho algo mucho mejor que lo que realizó porque durante su mandato le dio mucho calor a los grupos de pandillas y delincuencia común que existían y que, en ese momento, se peleaban unas contra otras para tomar el liderazgo. Eso creó anarquía en la nación y pasaron muchas cosas durante su gobierno que en uno bien organizado y de leyes no hubieran podido ni debido ocurrir.

¿Y económicamente cómo manejó al país?

Económicamente, el azúcar era lo que mantenía la economía de la isla y el país era próspero en todos los frentes. Pudiéramos decir que era un país que sobresalía entre todos los países de la América Latina. Creaba mucha envidia o celos entre los demás países del hemisferio y todo por el empuje y la iniciativa que crearon los cubanos, porque el cubano siempre ha sido así, un luchador y... mire, por ejemplo, lo que ha hecho aquí, en el exilio; llegó con una mano atrás y otra adelante y enseguida, despertó económicamente a Miami y esta se hizo una metrópoli, por el esfuerzo directo de los cubanos y ahora, desde luego, por el esfuerzo de otras comunidades que están ya cooperando en el engrandecimiento de esta ciudad, pero Miami era un pueblo de campo cuando llegamos aquí en el año 1959.

¿Qué considera que fue lo peor y lo mejor de su gobierno?

El mejor mérito de Grau San Martín fue haber conseguido un amplio respaldo popular, reconocido sin duda. Tanto es así que cuando se presentó a las elecciones de 1944 las ganó ampliamente por el voto popular y eso le permitió gobernar con la legitimidad que se requería. Sin embargo, en la aplicación de la ley y el orden es donde está la parte más vulnerable de su gobierno ya que no controló a los grupos de pandillas que existían en el país, que hacían y deshacían a su antojo, lo cual creó un ambiente muy poco favorable para la convivencia ciudadana. A la par, desmanteló todas las instituciones administrativas del gobierno, copando los puestos claves de la burocracia con personas de su confianza o, en otros casos, recomendados por estas personas, traduciéndose esa práctica en la familiar frase, «quítate tú pa' ponerme yo». Las cesantías de personal administrativo, funcionarios civiles y militares y policíacos, se dieron a gran escala. Sobrevino la temida época conocida como la del «gatillo alegre», constituida por antiguos revolucionarios y gente de las nuevas generaciones que, al amparo del régimen de caos que reinaba, hicieron de las suyas, cometiendo toda suerte de desafueros.

¿Pero esos eran grupos de marginados sociales o de gente que tenían expresiones o ideas políticas consistentes?
No. Eran grupos revolucionarios. Esas son todas las equivocaciones que las revoluciones traen y que pueden permanecer, si no se corrigen oportunamente, por lo cual, cada grupo se cree con autoridad para hacer lo que estime conveniente y ahí es donde viene el fallo, ya que para controlarlos, una vez que han cogido auge, se hace necesario el uso de la fuerza.

Pero es que una cosa es el pandillerismo como expresión social, permitida por un estado débil y otra la protesta política, como manifestación de un descontento popular ante un estado injusto. ¿Cómo podríamos enmarcar ese tipo de violencia que prosperó durante el gobierno del Presidente Grau San Martín?
Es que estas dos expresiones violentas operaban en conjunto: el pandillerismo social y el revolucionario. Llega un momento en que se confunden y son los mismos. Uno no sabe identificar al uno del otro porque tienen las mismas características.

El pandillero social es aquel que es capaz de propinarle una puñalada a un individuo para robarle un reloj o una cadena de oro; el pandillero político le pega un tiro en la cabeza a otra persona que no opina como él. Esas son, *grosso modo***, las diferencias entre estas dos expresiones delincuenciales. ¿Cuál se manifestaba, con más frecuencia, en esa época en Cuba?**

La pugna política, porque esa fue la que llevó la intranquilidad y la zozobra al país, ya que en Cuba siempre el pueblo tuvo que comer y cuando hay comida, no se presenta ese tipo de violencia. En Cuba todo el mundo tenia cinco pesos en el bolsillo, es muy difícil que, en esos casos, sobrevenga un desborde de la delincuencia común. Fue el pandillerismo revolucionario el que más daño le hizo a Cuba después de la revolución de 1933.

No califica muy bien al gobierno del doctor Ramón Grau San Martín...
Bueno, no soy yo quien lo califica sino más bien sus hechos y actuaciones frente a la primera magistratura de la nación cubana. Es el balance entre lo que hizo bien y mal lo que suele calificar la gestión de un presidente y en este caso he presentado los hechos tal y como los percibí.

Ya usted había comenzado la carrera militar, en ese entonces...
Efectivamente, ya estábamos en el Ejército mis hermanos y yo.

En 1944 destituyen a su padre del Ejército. ¿Como se desarrollaron esos acontecimientos?
Si, es verdad, a todos nos sorprendió esa decisión que tomó en forma arbitraria Grau San Martín. Mi padre había servido en el Ejército de Cuba por veintisiete años, durante la administración de muchos presidentes. Le había servido al país con honestidad y al Ejército con lealtad. Cuando supimos que el Presidente Ramón Grau San Martín había decidido retirarlo, solo porque había sido general del anterior gobierno, es decir, del gobierno que presidió constitucionalmente el Presidente Batista, mis dos hermanos y yo renunciamos al Ejército enseguida, en señal de solidaridad con nuestro padre. Le dijimos al Presidente Grau: «Si nuestro padre no puede estar aquí, nosotros tampoco». El Presidente mandó, entonces, al General Abelardo Gómez Gómez a que nos visitara en La Cabaña para tratar de convencernos de que desistiéramos de nuestra renuncia y regresáramos a nuestros puestos. El General Gómez se reunió con nosotros y con

nuestro padre, trayendo un mensaje del propio presidente, donde decía que, efectivamente retiraba del mando al General Francisco J. Tabernilla Dolz, pero no a los muchachos; que a nosotros no nos aceptaba la renuncia. Entonces le contestamos que nuestra renuncia era irrevocable ya que no podíamos estar en un Ejército del cual había sido retirado, en forma indebida, nuestro padre quien había sacrificado toda su vida para dedicársela con lealtad a esa institución y ahora no tuviera cabida en la misma y además, sin ninguna causa que justificara tal determinación por parte del ejecutivo. Terminamos renunciando los tres hermanos en señal de solidaridad con nuestro padre.

Al retiro de mi padre le siguieron otros, igual de injustificados. El Presidente Grau retiro del Ejército a otros dignos oficiales, acabando, así con el orden de ascensos del Ejército pues lo que él quería era formar, dentro del Ejército, su propio cuerpo de oficiales, leales a él mismo, ya que sabía que El Viejo Pancho y los demás oficiales que retiró, a lo que en realidad le eran leales era a la República que es, en últimas, a quien se le debía lealtad. Un presidente solo está actuando cuatro años en el poder y a los cuatro años viene otro a reemplazarlo, por lo que es con la República con quien un soldado tiene que ser leal y así lo jura ante el Tribunal Superior de Guerra.

Pero en casi todas las constituciones políticas, el ejecutivo puede remover discrecionalmente a sus generales. ¿Asumió el Congreso algún papel en ese incidente?

Absolutamente ninguno. El Congreso mostró un silencio cómplice y no se pronunció, ni en este, ni en muchos otros casos de desborde del poder ejecutivo, ejercido impulsivamente por Grau San Martín. Este manejaba el poder en forma revolucionaria y seguía con ese tema de la conquista social en todo. Que hizo muchas cosas buenas y consiguió con algunas leyes la implementación de cambios favorables para los más desfavorecidos, se acepta, pero Grau San Martín permitió el deterioro del orden público en Cuba en forma desbordada. Sus logros sociales no lo facultaban para cometer las barbaridades que cometió, sobre todo en las Fuerzas Armadas. Ya no recuerdo con precisión todos los demás desmanes en los cuales incurrió, al amparo de su mencionada revolución, pero de todas formas, mis recuerdos sobre sus actuaciones no son del todo buenos.

¿Qué partido político constituía la mayoría en el Congreso, en ese momento y a qué partido político representaba Grau San Martín?
El partido Auténtico era el que tenía la mayoría en ese Congreso que era, además, el que había elegido al doctor Grau San Martín, así que contaba con una mayoría aplastante. Cualquier cosa del agrado del Presidente, era apoyada sin mayores dilaciones y sin muchos debates.

¿En esa época existía la libertad de prensa?
Existía la libertad de prensa, pero limitada.

Entonces no existía. La libertad de prensa no puede ser limitada. O existe, o no existe. No puede tener cortapisas.
La libertad de prensa existía en Cuba hasta donde Grau lo permitía; era una libertad controlada.

¿Cual fue la reacción de la prensa al retiro de su padre?
El periódico *«Diario de la Marina»* y *«El País»* publicaron sendos artículos criticando al Presidente, cuando este retiró a mi padre y a otros dignos oficiales pero las cosas no llegaron a más.

¿Recuerda usted el nombre de algunos periodistas de la época?
La prensa en Cuba estaba a la vanguardia de las del continente por diferentes motivos, uno de ellos era la cercanía a la fuente misma de la tecnología, en este caso, los Estados Unidos. Desde allí se alentaba el crecimiento de los medios de comunicación con innovaciones tecnológicas en el campo de la impresión y la radiodifusión. Había muchos periodistas y periódicos en aquella época entre los cuales podría citar al *«Diario de la Marina»*, con José Ignacio Rivero; estaba *«Prensa Libre»* con Sergio Carbó, un revolucionario de cepa; estaba la *«Revista Bohemia»* que a última hora se le fue de las manos a Miguel Ángel Quevedo. Entre los periodistas le puedo citar a Wifredo

Fernández, Ramón Vasconcelos, Alberto Salas Amaro, Gastón Baquero, Octavio R. Costa, José Suárez Núñez, en fin, todos ellos y muchos que he olvidado, fueron importante nombres en la prensa cubana.

¿Ejercía la prensa, realmente, su función de informar a la opinión pública durante el régimen de Grau San Martín o «se iba por las ramas»?

Hasta donde le era permitido ejercía sus funciones informativas. La prensa tomó las banderas de las instituciones democráticas, salía al paso para decretar la alerta cuando veía algo anormal en los manejos del gobierno, por eso la prensa le prestó un gran servicio a Cuba, durante ese gobierno, porque además los periodistas cubanos eran muy inteligentes y bien preparados; personas de cultura y de tendencias democráticas, que velaban por el bienestar de la nación.

¿Qué ocurre después de la destitución de su padre y la consecuente renuncia al Ejército de todos ustedes?

Vinimos a vivir a Miami. Ante semejante injusticia, mi padre optó por trasladarse a los Estados Unidos. Era el tiempo de la Segunda Guerra Mundial. Él quiso venir para Miami y así lo hicimos todos, también. Estuve aquí muchos meses, luego regresé a Cuba a trabajar de secretario del Senador Miguel Tarafa Govin y mis hermanos empezaron a trabajar como pilotos en compañías de aviación cubanas. Trabajaban con Aerovías Q, primero en Camaguey y después en La Habana. Así que todos estábamos organizados.

¿Ya usted conocía a Fulgencio Batista?

Si, desde luego, aunque no tanto como mi padre. Realmente, quien tenía mayor relación con Batista, en esa época, era mi padre. Yo me gradué en el año 1942 de la Academia Militar del Ejército de Cuba y ingrese en el Ejército con el rango de segundo teniente. Estuve ocho meses en la Base Naval de Guantánamo adelantando un curso de infantería y un año aquí, en los Estados Unidos en Fort Knox, estudiando el curso básico y el avanzado de tanques. En eso, termina el período constitucional de Batista como presidente. Luego regresé a

Cuba por unos pocos meses y después partí hacia Miami, cuando Grau retiró a mi padre y renunciamos, así que estuve en el Ejército, por aquel entonces, poco tiempo.

¿Cómo recibió el resto de la oficialidad del Ejército, el retiro de su padre y los demás oficiales?
Ellos estaban, desde luego muy disgustados y molestos, y donde quiera que me encontrara con alguno de ellos, me daban un abrazo y me demostraban solidaridad, porque sabían que lo que se había cometido con nosotros era una injusticia.

¿Hubo alguna manifestación de descontento, lo que es llamado «ruido de sables» contra esas políticas de Grau San Martín al interior del Ejército?
No, que yo recuerde, ni creo que ese fuera, tampoco, el momento propicio para una insubordinación. Además, quienes quedaron como oficiales estaban prácticamente bajo la influencia de Grau y Genovevo Pérez.

¿A pesar de que el ejecutivo estuviera cometiendo esos desafueros, de que usted habla, contra el Ejército?
Pero el Ejército no estaba, en esos momentos, en esa tónica. El Ejército es un reflejo del pueblo; lo que piensa el pueblo, lo respalda el Ejército y el Ejército veía un razonable bienestar en el pueblo. No había razones para una insubordinación.

Había, entonces, lealtad por parte del Ejército hacia el ejecutivo.
En ese sentido, sí.

O sea que el Presidente Grau San Martín tenía la aceptación del Ejército, la del Congreso, y la del pueblo, todo lo que un gobernante requiere para hacer cosas grandes en una nación.
Si, pero puede ser que Grau San Martín hubiera perdido totalmente el control del gobierno sin darse cuenta; tenía una forma de gobernar que no era propiamente fácil de entender. Él, lo mismo

caminaba para adelante que para atrás y no mantenía ni un rumbo ni una dirección fija, así que nadie entendía lo que estaba pensando y haciendo el Presidente. Lo mismo hacia una cosa positiva, como otra totalmente inconveniente. Hacia y deshacía a su manera.

Es que sin críticas, todo gobierno puede hace lo que se le antoje y usted ha afirmado que solo la prensa, «hasta donde le era permitido», criticaba las actuaciones del ejecutivo. ¿No cree que esa pudiera ser una de las razones para que el Presidente Grau actuara de esa manera?

Indudablemente. Las criticas que le infligía la prensa, aunque de manera parcial, le imponían cierto límite a sus actuaciones. Pero sin duda alguna, quien en ese momento más influyó para ponerle remedio a muchos desbordes fue Eduardo Chibás quien era un senador muy prestante que tenía, además, una hora de radio en donde fustigaba a Grau constantemente, tal como se lo merecía.

El doctor Eduardo R. Chibás es muy mencionado en los hechos que tienen lugar en esos momentos en Cuba. ¿Podría decirnos porqué?

La historia de Chibás nos demuestra hasta donde puede llegar un hombre por su amor a la causa de la libertad de un pueblo. Chibás era un defensor absoluto de la nación cubana. Por la característica de su temperamento, era un hombre muy activo y muy decidido, pero sus convicciones lo llevaban a hacer cosas extremas, como las que hace el que está convencido que tiene la razón. La lucha de Chibás comienza desde que él estuvo en la universidad, como miembro del Directorio Estudiantil Universitario en los años 30's. Al principio, en mayo de 1923, estuvo preso, hasta junio 30 de ese mismo año. Esa fue su primera prisión siendo joven, en tiempos de Machado. Cuando sale de prisión, se va a Nueva York y allí funda la «Unión Cívica de Exiliados Cubanos», publica el periódico «*Libertad*», ataca la dictadura de Machado y se pronuncia contra la intervención extranjera. Esa fue su línea de conducta permanente.

Refiriéndose a la intervención extranjera, debo entender que se refería a la famosa Enmienda Platt

Si, desde luego. En diciembre de 1930, él retorna a Cuba en forma clandestina, cae preso por varios meses a la prisión de Isla de Pinos y al Castillo del Príncipe y cuando sale continúa su lucha. En 1933, siendo Franklin Delano Roosevelt presidente de los Estados Unidos, los americanos intentan mediar en los asuntos de Cuba. El Directorio Estudiantil Universitario y Chibás se oponen a esa mediación que, desde luego, contaba con el apoyo de la oposición al régimen de Machado. Como sabemos, el 12 de agosto de ese año cae la dictadura de Machado y Carlos Manuel de Céspedes preside el nuevo gobierno. El 4 de septiembre se produce el golpe de estado de los sargentos, encabezado por Fulgencio Batista, quien nombra presidente al Dr. Ramón Grau San Martín, con el respaldo del Directorio Estudiantil Universitario y desde luego, de los sargentos sublevados, pero ese gobierno nunca fue reconocido por los Estados Unidos.

Pero curioso que en esa época de «dictaduras y dictadores», ese gobierno no hubiera tenido la «bendición» del Departamento de Estado...

Porque ese gobierno se desbocó en forma anárquica; los comunistas se aprovecharon de muchas oportunidades, como siempre, y ocuparon muchos centrales azucareros de los americanos; eso fue algo que los puso sobre aviso. Entonces, Batista, que tenía el control de las Fuerzas Armadas, cambia todo, depone a Grau San Martín en enero de 1934 y nombra como presidente a Carlos Mendieta, quien había sido una figura muy respetada durante la independencia.

Batista «quita y pone» a un presidente.

Así fue. Batista desde 1933 hasta 1940, gobernaba con mano férrea, detrás del telón, a Cuba y lo que decía Batista, era lo que se hacía. Todas sus ordenes eran llevadas a cabo y sus planes, o lo que él tuviera en mente, era lo que se hacia.

Era el «hombre fuerte».

Efectivamente. El «hombre fuerte».

Pero así se les llamaba, hasta hace muy poco tiempo, a los dictadores, especialmente en Latinoamérica. ¿Era Batista, en ese tiempo, un dictador en Cuba?
Si así se les llamaba a los dictadores en aquel tiempo, pues entonces él lo era. Innegablemente, él sí era quien mandaba en Cuba en aquella época.

Volviendo a la figura de Chibás, encuentro que su nacionalismo y sus ideas se acercaban mucho a un socialismo democrático. ¿Era Chibás izquierdista?
No, no lo era. Chibás era, más bien, un revolucionario y un defensor de la nacionalidad de Cuba, no un socialista. Cuando la muerte de Cadenas, un líder estudiantil, el Directorio Estudiantil Universitario y todo el mundo pide que se investigue esa muerte y como la investigación no acababa nunca, Chibás se separa definitivamente de el gobierno de Grau San Martín, como también lo hace el Directorio Estudiantil Universitario. Por eso Batista depone a Grau y nombra presidente a Carlos Mendieta.

Por lo que se deduce, era un hombre de principios. He leído que incluso, fue expulsado de la universidad, en sus años de formación, por allá en 1927, debido a sus actos de solidaridad y rebeldía contra la decisión de despedir del claustro a dos de sus compañeros, Mella y Guiteras. ¿Recuerda algo de ese episodio?
No. Yo no conozco ese episodio. Yo sí conocí a Guiteras cuando visito una vez La Cabaña. Yo tenía 14 años, porque fue en 1933, cuando fue allá a almorzar con los soldados y recuerdo que pude, inclusive, saludarlo. Me impresionó mucho su presencia; hable muy poco con él porque yo era muy joven y lo que oía por todos lados era la palabra «revolución» y eran los soldados, quienes así daban «vivas» a Guiteras y a Batista, como también al gobierno. Era muy reciente esa revolución. Eso fue en los últimos meses de 1933.

¿Podría pensarse, entonces, que como respuesta a todas estas inconformidades, es por lo que Chibás funda, en forma independiente, el Partido del Pueblo Cubano, el Partido Ortodoxo?

Si. El formó el Partido del Pueblo Cubano, el Partido Ortodoxo, y posteriormente obtiene el cargo de Senador de la República en las elecciones de 1940. Desde luego que, anterior a este tiempo, es uno de los líderes que clama por la conformación de una Asamblea Nacional Constituyente en la que se dé cabida a todos los partidos políticos, sin excepción alguna y se unan para encauzar de nuevo la nación cubana, soberanamente.

Eso suena a nacionalismo...

Un líder nacionalista, sí, pero no podríamos encasillarlo como socialista.

Pero veo, General Tabernilla, que ya desde aquella época se encontraban presentes, en las costumbre políticas cubanas, prácticas que, hasta ahora, no han podido ser erradicadas de ningún país latinoamericano: presencia de partidos políticos comunistas con personería jurídica, legalmente aprobada y operando como una fuerza más de oposición; corrupción administrativa desde las más altas esferas del gobierno; ingerencia de potencias extranjeras en los asuntos internos de las naciones; en fin, es como estar hablando de la actualidad política de cualquier país suramericano...

Bueno, la permisividad y la corrupción de esos gobiernos cubanos fueron grandes, muy grandes. Y ese fue el caballo de batalla de Chibás y por eso tuvo el respaldo del pueblo siempre, porque iba contra la corrupción en todo sentido.

¿Y, finalmente, como le fue a Chibás en su labor por conformar esa Convención Constituyente?

Chibás fue uno de los que obligaron a que se convocara esa Convención Constituyente amplia y que la oposición aceptara ir a una lucha política para lograr establecer un régimen de derecho en Cuba, que acabara con el mandato del «hombre fuerte» de turno e incorporara a la nación al grupo de estados con regímenes de derecho. Grau San Martín que estaba exiliado en Miami, acepta regresar a Cuba y luchar porque esa Asamblea Constituyente dicte las normas que devuelvan la paz al país. Se convoca la Asamblea Nacional Constituyente y Eduardo Chibás, con gran votación, es elegido para representar a la provincia de La Habana en dicha asamblea. Chibás toma parte decisiva en la discusión de los artículos de la asamblea constituyente, siempre atento de que sean aprobados los artículos más importantes en defensa de los derechos individuales y que sea dictada una constitución de amplio sentido democrático. Una de esas proposiciones es la que condena el ataque militar de Rusia comunista contra la pequeña nación de Finlandia, en los inicios de la Segunda Guerra Mundial. En su intervención, ante la asamblea, expresó en forma magistral: «Condeno la guerra imperialista, condeno la guerra de rapiña, condeno la guerra de agresión y celebro la guerra santa de los pueblos que luchan por su independencia y su libertad». Fue un discurso memorable, este de Chibás. Para mencionar solo un hecho curioso que deja en claro lo que sería la línea de conducta de los comunistas en el futuro de Cuba: a esa proposición se le opusieron los delegados comunistas, pero terminó siendo aprobada sin sus votos. En las elecciones de 1940, es declarado electo Presidente Fulgencio Batista con el respaldo de los militares, de las clases ricas de la nación y una bien remunerada maquinaria política. En esas elecciones, Batista tuvo el apoyo también del Partido Comunista Cubano que recibió como premio, por su apoyo, dos ministerios sin cartera ocupados por Carlos Rafael Rodríguez y Juan Marinello.

¿Es decir, que Chibás ayudó a organizar una constitución que, prácticamente, legitimó el régimen de facto de Fulgencio Batista?

Yo no diría eso. Más bien diría que fue un político de dimensiones universales que sabía qué era lo que más le convenía a Cuba en aquellos momentos. En este episodio él resulta perdedor por el oportunismo de Batista, que supo aprovechar las circunstancias de esa constituyente, consiguiendo el poder a través de ella.

¿Se retira después de esa derrota?

Nada de eso. Deja oír su voz en el Capitolio, en defensa de las más caras ideas, los ideales del pueblo y la nación cubana. Va al Capitolio con sus arengas que eran todas en defensa de la población que necesitaba ayuda y atención por parte del gobierno.

A hacer oposición...

Bueno, lo que él quería era que el pueblo de Cuba comprendiera que la nación estaba en difíciles momentos, manejada por una serie de individuos corruptos que la llevaban al abismo y su deber era alertar al pueblo que debía parar tanta corrupción y latrocinio. De allí esa necesidad de estar en contacto con el pueblo, a través de su programa radial de los domingos, desde donde formulaba toda clase de denuncias contra la corrupción imperante. Era, en una palabra, el único paladín de la transparencia en las costumbres políticas cubanas desde la instauración de la República en 1902.

¿Hablaba por la radio, semanalmente?

Exactamente. El pueblo cubano entero esperaba ansioso los domingos para oír lo que ése día iba a decir Chibás.

¿Es en ese programa radial que usted menciona, en el cual se da un balazo?

Si, eso fue unos días antes del 5 de agosto de 1951. Desde el principio del programa había recalcado que ese era su último aldabonazo a la conciencia cubana. Ya terminando su programa, dominical, Chibás se dispara un balazo, cerca del vientre, que lo llevó a la muerte.

¿Por que motivo se disparó?

Porque en su afán de despertar la conciencia del pueblo, pensó que quizás, con un acto extremo, podría hacer estremecer las bases de esa sociedad permisiva y adormecida. Fue, de todas formas, una fatalidad.

¿Una forma de protesta excesiva, tal vez?

El dijo: «Ante la indiferencia, aquí estoy yo, para que el pueblo de Cuba despierte y siga mi prédica que la llevará a la libertad y a la democracia».

Pero otros dicen que más bien fue un accidente...que él nunca tuvo intenciones de herirse de muerte...
No lo creo así.

Muchas personas que le quemaron incienso en sus funerales eran las mismas que él estaba combatiendo por corruptas.
Si, porque ellos fueron allí para que el pueblo los viera que estaban presentes, para identificarse con el mártir y para confundir el mensaje tan sincero y tan claro que Chibás quiso que el pueblo comprendiera.

¿Conoció usted a Eduardo Chibás?
Efectivamente, conocí a Chibás. Fuimos presentados en el Restaurante «El Carmelo» por el Senador Miguel Tarafa y Govin, en una fecha que no puedo precisar ahora, cuando nos reunimos allí para desayunar.

¿Quien recoge las banderas de Chibás para continuar con su lucha?
Bueno, creo que nadie pudo sustituir a Chibás. Chibás era único e insustituible.

Bueno, pero nos salimos un poco del tema. Regresemos un poco atrás. Estábamos en que después de la destitución de su padre en 1944, se vienen a vivir a Miami. ¿Usted a qué se dedica durante este tiempo?
Estuve haciendo diferentes labores, por algún tiempo, hasta que regresé a Cuba a trabajar como secretario del Senador Miguel Tarafa Govín.

¿Cómo se produce esa vinculación?

Pues bien, al Senador Tarafa Govín lo conocí en Miami. Yo era muy amigo del Dr. Carlos Saladrigas quien fue candidato presidencial en 1944 y perdió la elección contra Grau San Martín. El sabía que yo estaba prácticamente sin trabajo en Miami, pues vivía con mis padres. Almorzando juntos, cierto día en 1945, pasó por allí el Senador Tarafa Govín a saludarlo y presentarle sus respetos. El doctor Saladrigas me presento y me recomendó. Le dijo: «Tu vas a necesitar un secretario, ahora que eres Senador de la República y Tabernilla creo que te va a ser de mucha utilidad». Me invitó a que fuera su secretario, lo acepté y como a la semana, ya estaba en Cuba en funciones de secretario de quien era senador por Matanzas, donde hacia una gran labor y donde todo el pueblo lo respetaba y lo quería. Trabajábamos desde la mañana hasta que terminaran las sesiones del Congreso, él se iba para su casa y otras veces almorzábamos juntos en el Restaurante Paris, que era el que más le gustaba.

Cuales eran sus funciones como secretario del Dr. Tarafa Govín?
Bueno, atender todo lo concerniente a su correspondencia y las cosas urgentes que tenía, inclusive sus citas. Yo coordinaba en sí todas sus funciones y compromisos de Senador de la República. Era un trabajo de dedicación y de mucha la responsabilidad.

Llegó a trabajar donde se hacían las leyes de Cuba...
Si, en el Congreso de la República.

¿Y cómo era la relación del Senador Tarafa Govín con el gobierno?
El era un hombre muy amable y muy servicial y se llevaba bien con todo el mundo. Sabía que él no tendría nunca problemas para ser Senador de la República porque, por los votos, siempre salía y no era un individuo conflictivo, sino más bien un hombre que estudiaba los problemas y tomaba sus decisiones a la hora de votar de acuerdo con su conciencia. Así lo hacía.

Pero recuerde usted que los senadores no están únicamente para votar sino para hacer las leyes. ¿Recuerda usted que el Senador Tarafa Govín hubiese propuesto alguna ley al Congreso de Cuba en aquel entonces?

Si, varias, pero la verdad es que cuando se proponía alguna ley, no era un solo senador quien lo hacía, sino una comisión, compuesta por tres o cuatro senadores, que la componían. Ellos se ponían de acuerdo y entonces las leyes iban siempre con el respaldo de un determinado grupo.

¿Hasta cuándo trabaja con el Senador Tarafa Govín?

Yo trabajé con él hasta principios del año 1948, cuando el partido al que él pertenecía, el Partido Demócrata, se pasó al del gobierno y entonces ahí, en ese momento, fue cuando le dije que, de acuerdo con mis principios, yo no podía trabajar para el Partido Auténtico, que dirigía el Dr. Carlos Prío Socorras. Por ese motivo me despedí de él muy amigablemente y así seguimos, desde luego, los vínculos de amistad, pero mis funciones como su secretario personal se dieron por terminadas.

¿Qué cambios políticos y sociales notó durante estos años de permanencia en Cuba, al servicio del Senador Tarafa Govín?

No había cambio alguno, no se notaba ningún cambio en la vida social ni en el desarrollo de la nación. Lo más notorio, desde luego, seguía siendo la violencia de los grupos de pandillas, pero luego, empezaron a venir los atentados de los grupos revolucionarios y todas esas cosas. Llegó también la intranquilidad por la campaña política para la elección de un nuevo presidente. Se agudizaron las críticas contra el Presidente Grau San Martín que estaba finalizando su mandato y a las cuales él daba pábulo por su conducta incierta.

¿Durante el tiempo que usted actuó como secretario del Senador Tarafa Govín, se acerco a los cuarteles?

No, yo nunca me acerqué a ningún cuartel. Yo veía malestar en la población, porque siempre estábamos moviéndonos constantemente por la isla, sobre todo Matanzas, Varadero y La Habana. Me encontraba, sí, ocasionalmente, con algunos compañeros de curso y militares amigos y todo se limitaba a cambiar impresiones pero se notaba que estaban disgustados; que ellos no estaban contentos con la situación reinante.

¿A qué se dedica cuando termina su trabajo como secretario del Senador Tarafa Govín en 1948?

Regreso a Miami para estar al lado de mis padres y entonces allí tratar de buscar trabajo. Hice varias gestiones pero fueron infructuosas. Batista en esos días dio un viaje a Miami y nos invito a comer a West Palm Beach adonde, casualmente, vendríamos a vivir algunos años después. Nos encontramos allí, en un restaurante y hablamos extensamente sobre la situación de Cuba; me hizo varias preguntas sobre el Ejército, sobre mis compañeros y sobre si veía la posibilidad de un levantamiento militar en Cuba en contra del gobierno. Recuerdo que en ese momento le dije: «No creo que el Ejército esté en situación de originar un golpe de estado, aunque la situación allí se ve que es tensa». En realidad, la situación, aunque tensa, no era propicia ni justificaba provocar un golpe de estado, que traería consecuencias incalculables para la nación, porque no sabemos en que podría desembocar una acción como esa, sin un líder ni alguien que la dirigiera. Noté que era la primera vez que él me hablaba sobre el Ejército y sobre la posibilidad de un golpe de estado, ya que en algunas de mis visitas previas a su casa de Daytona Beach, el nunca habló de ese tema sino de sus planes políticos.

¿En esa entrevista Batista ya tenía en mente dar el golpe de estado que finalmente le dio a Prío?

Pudiera ser. Yo no estaba en sus pensamientos.

¿Cuando usted habla de Daytona Beach, se refiere a que en alguna oportunidad tuvo encuentros con Batista en su casa de esa ciudad?

Si, varias veces cuando estaba viviendo en Miami, incluso en compañía de algunos políticos que venían desde Cuba hasta Miami para hablar con él; yo los guiaba hasta su casa en Daytona Beach. Recuerdo que con el doctor Carlos Saladrigas estuve en varias ocasiones visitándolo. También con Alberto Salas Amaro, Ernesto de la Fe y Anselmo Alliegro.

Volvamos a la comida en West Palm Beach. ¿Cómo se produce su encuentro con Batista?

Bueno, para comenzar, es a mi padre a quien Batista invita a comer en West Palm Beach, no a mí. Yo solo acompañé a mi padre. Batista tenía interés en saber cómo estaba el Ejército en esos momentos, y le recomendó a mi padre que me llevara, ya que yo había estado en Cuba recientemente y me había movido por todos lados, además, había hablado con muchos de mis compañeros del Ejército. En esa oportunidad se habló de todo pero no específicamente de alguna conspiración ni nada por el estilo. El tono fue, más bien, como cuando se comenta la situación del país, igual que comentamos la situación del Ejército. Podría decir que en esa reunión se hablo de todo, en general y de nada en particular. Batista estaba en la cuestión de la política y en sus aspiraciones para ser Senador de la República.

Pero el tema de un golpe de estado sí estuvo presente en la reunión...

Sí, pero como una generalidad, como se comenta la posibilidad de un golpe de estado en cualquier nación que esté pasando por dificultades políticas y sociales.

¿Ya Batista había sido elegido, en ese momento, Senador de la República?

Estaba finalizando su campaña para presentarse a las elecciones de 1948 como Senador en Ausencia en representación del Partido Acción Unitaria, por la provincia de Las Villas, las cuales ganó holgadamente.

¿Puede explicar lo de «Senador en Ausencia»?

Quiere decir que Batista salió Senador de la República, haciendo toda su campaña desde el extranjero.

¿Desde el extranjero quiere decir, sin su presencia física en Cuba?
Efectivamente, sin haber puesto un solo pie en Cuba durante su campaña.

¿Y eso era permitido por la Constitución?
Al parecer, si.

¿Y nace también el interés de Fulgencio Batista de reclutarlo a usted como su secretario personal en ese momento?
No hablamos de eso. Inclusive, cuando él regresa a Cuba en noviembre de 1948, yo me quedo aquí con mis padres en Miami. Se estrecha más el contacto entre Batista y yo cuando regresé con mi padre a Cuba en 1949. Es también cuando, por mediación del Dr. Andrés Rivero Agüero, viejo conocido de mi padre y de Batista, quien le dice a Batista que yo debía ser su secretario, o uno de sus secretarios, que Batista, prestándole atención a esta recomendación, decide contratarme como secretario personal.

¿Cuáles eran sus funciones como secretario del recién elegido Senador Fulgencio Batista?
La oficina radicaba en Kuquine, la finca de Batista en Arroyo Arenas. El no iba al Senado. Desde Kuquine manejaba todos sus contactos políticos y lo que necesitaba. Tenía una oficina muy bien montada, desde luego, y yo trabajaba en ella desde las 8:30 a.m. a veces hasta las 12 o 1 de la madrugada.

¿No iba nunca al Senado?
No. Nunca asistía al Senado.

¿Y cómo se entiende que un Senador, en pleno ejercicio, no concurra nunca a las deliberaciones del Senado ni responda nunca a lista durante las sesiones del Congreso?

No lo sé. Particularmente, nunca fui al Senado en su compañía. Cuando yo iba al Senado lo hacía solo y generalmente era para cumplir algún encargo de su interés. Algún asunto en el cual él estuviera interesado.

¿Presento Batista, como Senador de la República, algún proyecto de ley?

Que yo sepa, no. Su único trabajo era fortalecer su recién creado partido político, el Partido Acción Unitaria. Esa era su función principal y a ella se dedicaba de tiempo completo.

¿Es decir que nunca se presentaba en el Congreso a sus deliberaciones?

No. Nunca lo hizo.

¿Y la relación del Senador Batista con el Presidente Carlos Prío, cómo era para aquel entonces?

Todo se podría deducir de la primera entrevista que sostuvo Batista con el Presidente Prío, una vez elegido senador. Él doctor Salas Humara, un cuñado de Batista, quien acompaño Batista a esa entrevista, me lo contó. Resulta que, sabiendo que en la isla había grupos que estaban interesados en liquidarlo físicamente, gestionó una entrevista con el Presidente Prío y la obtuvo. Su entrada a Palacio fue subrepticia, es decir, por la puerta de atrás. En los ojos se le notaba la avidez con que miraba los salones de la presidencia, los mismos por los cuales había caminado unos pocos años antes. Prío fue cordial con él. Lo abrazó. Batista se mostraba rendido ante su presencia. El Presidente Carlos Prío le dijo que contaba con todas las garantías y seguridades para su vida, mientras permaneciera en la isla adelantando su quehacer político. Batista se sintió halagado con sus palabras. Inmediatamente comenzó a aclararle rumores sobre sus supuestos planes conspirativos, agregando que solo eran eso, rumores falsos. «Yo le doy mi palabra, Presidente, que mis actividades se ceñirán a lo político. Después de haber realizado unas elecciones tan limpias en 1944 no puedo, ahora, caer en la infamia de destruir las instituciones democráticas que yo mismo ayude a crear», le dijo Batista. Prío se sentía complacido. Después Batista le expuso sus temores de que los grupos violentos pudieran atentar contra él. Fue cuando Prío le ofreció una custodia militar y lo autorizó para organizar una guardia personal, debidamente armada. Cuenta el doctor Salas Humara, que al salir del Palacio, después de una audiencia con el Presidente tan cordial, se sorprendió al oír a Batista decir: «¡Ese es un imbécil!».

¿Quién era el Jefe del Ejército en ese entonces?

El jefe del Ejército todavía era el General Genovevo Pérez Dámara.

¿Y que clase de relación existía entre Batista y él?

Para responderle le contaré otra anécdota, también dicha a mí por el doctor Salas Humara. Después de la entrevista con el Presidente, Batista le solicitó otra a Genovevo Pérez. Quería halagarlo y al mismo tiempo tantearlo para ver si había alguna posibilidad de ganárselo. Genovevo lo citó a su finca, no a su oficina, lo cual ya significaba, de por sí, una afrenta. El le había solicitado una audiencia formal y el Jefe del Ejército lo llevaba hasta su propio feudo. No tuvo más remedio y allá fue Batista, humillado y rendido. Genovevo se estaba bañando cuando Batista llegó y un ayudante salió a recibirlo, diciéndole que el general le rogaba, se sirviera esperarlo unos minutos. Batista, en la antesala, rumiaba su humillación. La espera duró más de media hora. Al cabo de ese tiempo, se abrió la puerta del despacho y Batista pasó al interior. Genovevo fue frío, áspero y distante. Batista se convenció de que era impenetrable. De esa reunión salió humillado y silencioso. Solo respiró tranquilo cuando se enteró que el Presidente Prío lo había destituido y había nombrado, para sustituirlo, al General Ruperto Cabrera. Allí es cuando verdaderamente ve un camino más expedito para sus aspiraciones de poder.

¿Qué opinión le merece el General Genovevo Pérez? Parece ser una figura muy controvertida del Ejército de Cuba.

Si, era un oficial muy preparado e inteligente, pero que nunca fue bien visto en las filas castrenses por la manera en que fue ascendido a Jefe del Estado Mayor del Ejército.

¿Por qué?

Por los hechos relacionados con su ascenso a general, Jefe del Ejército, en la época del doctor Grau San Martín. La promoción de Genovevo Pérez a Jefe del Ejército por parte de Grau San Martín fue visto siempre como un atropello al Ejército y una arbitrariedad ya que los ascensos deben ser por antigüedad, selección y oposición y alterar ese orden va en perjuicio de la imagen y la buena marcha de la institución. En el Ejército, si un oficial tiene el grado de general y es amigo del presidente, puede ser nombrado Jefe del Ejército, de eso no hay dudas. Lo que no puede hacer un presidente es ascender a un simple comandante ayudante, al rango de general. Esa fue una arbitrariedad del doctor Grau San Martín que el Ejército jamás aceptó. Además, dirigía el Ejército con puño de hierro. Ponía a correr a todo el mundo. Cuando había una inspección, todos se ponían alerta, porque era excesivamente estricto y muy duro en aplicar la disciplina militar, llegando a puntos de desmesura.

Cuando ingresé en el Ejército, como soldado, fui destinado a la tercera compañía del Batallón #3 de Artillería y el jefe era el Capitán Genovevo Pérez Dámera. Allí permanecí dos años, tiempo que exigía la ley para poder ingresar en la Escuela de Cadetes del Ejército. Genovevo fue mi profesor de matemáticas para prepararme en los exámenes de ingreso que eran bastante fuertes. Felizmente aprobé los exámenes de ingreso con el #8 de los aspirantes aceptados por sus calificaciones.

Sin embargo, la inseguridad social alcanzaba altos niveles. ¿Es cierto eso?

Desde Grau San Martín hasta Prío, los grupos revolucionarios estuvieron actuando con mucha libertad en Cuba, ellos se hacían atentados unos a otros. Era una guerra entre grupos que daba la sensación de que en Cuba no había autoridad, ni orden. Tanto así que, hubo una vez, una batalla en que se tuvieron que sacar los tanques de guerra a las calles para poner el orden, algo inconcebible. No recuerdo, con exactitud en qué fecha ocurrió eso, pero en verdad ocurrió.

¿Por qué se producían esos desmanes teniendo un Ejército fuerte, un Jefe del Ejército exigente y un Presidente constitucionalmente elegido?

Bueno, porque de todas maneras, la autoridad del Presidente es decisiva en todo. Si el mismo Genovevo no actuaba a veces, era porque desde la misma presidencia se le impedía que implementara políticas de seguridad eficientes que terminaran con ese tipo de desmanes, que tanto daño le hacían a la nación.

La política de dejar pasar...

Prío siguió, más o menos, la misma política de tolerancia hacia los grupos revolucionarios que practicaba anteriormente Grau, aunque Grau los controlaba, hasta cierto punto, un poco más fuerte. De alguna forma, él los tenía bajo cierto control. Pero a Prío se le fueron de la mano y entonces vinieron los atentados contra los líderes cívicos y políticos y eso repercutió hondamente en el pueblo y en las Fuerzas Armadas, tanto que el golpe del 10 de marzo de Batista llega justificando esa incertidumbre que había y esa falta de seguridad para la población y para los dirigentes. El pueblo aceptó ese golpe de estado porque lo que quería era tranquilidad y orden, elementos de los cuales carecía el gobierno en el poder.

Antes de hablar de ese golpe, dígame cómo se movía Batista en medio de esa inseguridad generalizada y de atentados criminales contra los líderes políticos.

Batista tenia su propia escolta armada autorizada por el gobierno; todos estaban fuertemente armados y adonde él iba, lo hacía su cuerpo de seguridad; cuando se movilizaba, se le daba cuenta al cuerpo de la policía, de dónde iba a estar, cuánto tiempo iba a permanecer y todos sus movimientos dentro del área para que se tomarán las medidas de seguridad adecuadas. Como se haría con un líder político que estaba acatando la constitución y cooperando al orden y a la buena marcha de los acontecimientos del país y evitando cualquier atentado que pudiera poner en peligro su vida.

¿Cómo era la situación económica de Batista en ese momento? Mucha gente dijo que Batista había dado el golpe del 10 de marzo porque estaba prácticamente sin dinero.
Exactamente no sé como sería su situación económica en esos instantes, aun cuando se tejieron muchas versiones acerca de su real situación financiera.

Pero por algo usted era su secretario privado...
Es cierto, pero no era su asesor financiero ni cosa parecida. Solo sé que él vivía sin ostentaciones y sin lujos, eso sí me consta.

El doctor Lincoln Rodón, expresidente de la Cámara de Representantes de Cuba en su libro, «62 Años de Historia», (San Lázaro Graphics Corp. 1990, Págs. 296-297) afirma que, dentro de las razones que más influyen en la decisión de Batista para producir el golpe del 10 de marzo están, además de su exagerado afán de lucro, su calamitosa situación económica, fruto de la separación de bienes a los cuales fue sometido debido a su divorcio. Afirma, además, que la ostentosa vida que llevaba en los Estados Unidos, la costosa campaña electoral en ausencia para llevarlo al Senado y su segundo matrimonio con la señora Marta Fernández Miranda dejaron exhaustas sus cuantiosas arcas. ¿Qué opinión le merecen estas afirmaciones?
El doctor Lincoln Rodón tendrá sus razones para expresar estas afirmaciones, las cuales encuentro, por cierto, muy lógicas, pero como le dije, yo no sabía la situación económica de Batista en esa época.

¿Tenía Batista, que usted recuerde, algún interés por la literatura, el arte y la cultura?
Si, relativamente. A él le gustaba leer y la biblioteca que tenía en Kuquine era de cerca de 3,000 libros. Estaba muy bien organizada

para lo cual contaba con un bibliotecario de apellido Pérez, –no recuerdo ahora mismo su nombre–, y libro que salía, era libro que quería ver enseguida.

¿Y las obras de arte?
Bueno, él era muy inteligente y vivaz. Cualquier cosa relacionada con el arte, él la apoyaba y le daba enseguida auge, aunque en el fondo no conociera nada de ello. Mejor dicho, sus intereses en la cultura y el arte eran económicos. Así podría decirse.

Se dice que Fulgencio Batista provenía de un hogar muy humilde y el Ejército fue el que forjó su personalidad y su carácter. ¿Era por lo tanto Batista el clásico militar «mandón»?
No, el no mandaba así; los soldados lo seguían y lo querían «de gratis». Antes de la revolución de los sargentos, el Ejército de Cuba, siendo un buen Ejército, sufría de muchas carencias como un buen pago para la tropa, avituallamientos y calidad de las prendas militares. El pago no era lo propio para un soldado ni los uniformes ni todo aquello que se requiere para tener a un Ejército bien dotado. Fue Batista, cuando la revolución del 4 de septiembre de 1933, quien les dio lo que les era apropiado a los soldados. Y eso no se olvidó.

Teniente General Francisco J. Tabernilla Dolz

General Francisco H. Tabernilla Palmero

CAPÍTULO II

GOLPE DE ESTADO

¿Se sospechaba en el Congreso que Batista fraguaba un complot?
Los políticos nunca sospecharon que él estuviera gestando un golpe militar, porque se organizó dentro del mayor sigilo. Tan secreto fue que inclusive sorprendió, desde el Presidente hasta el mismo Jefe del Ejército, así que más secreto no pudo haber sido. Fue la sorpresa y la precisión para neutralizar a los jefes con mando, lo que más contribuyo al éxito del plan.

¿Recuerda quiénes hicieron parte de ese plan, entre civiles y militares?
Hasta donde la memoria me permite recordar, puedo citarle a Andrés Domingo y Morales del Castillo, Ramón Hermida, Nicolás Colacho Pérez y Pablo Carrera Justiz, entre otros. Por el lado militar al Teniente General Francisco J. Tabernilla y Dolz, Teniente General Pedro Rodríguez y Ávila, Mayor General Juan Rojas y González, Mayor General Martín Díaz y Tamayo, Mayor General Luis Robainas y Piedra, General de Brigada Jorge García Tuñón, General de Brigada Francisco H. Tabernilla y Palmero, General de Brigada Roberto R. Fernández y Miranda, Brigadier Carlos M. Cantillo y González, Brigadier Dámaso Sogo y Hernández, Brigadier Julio Sánchez y Gómez, Coronel Armando Echemendía Leyva, Coronel Manuel Larrubia y Paneque, Coronel Ramón E. Cruz Vidal y Vidal, Coronel Pedro A. Barrera y Pérez, Coronel Ignacio Leonard y Castells, Coronel José de la Campa y Méndez, Coronel Manuel Ugalde Carrillo, Coronel Leopoldo Pérez y Coujil, Teniente Coronel Manuel Varela Castro, Capitán Pedro García Tuñón, Capitán Jacinto Macías, Capitán Caridad Fernández, Teniente Pablo Miranda, y Teniente Rafael Hernández. En esta lista también figuran el Almirante José Rodríguez Calderón, Comodoro Pedro Concepción Portuondo, Comodoro Anto-

nio Arias Echevarría, Alférez de Navío Andrés González Lines, Coronel Juan Casanova Roque, y Capitanes de Corbeta Joaquín Varela Canosa y Augusto Juarrero Erdman. De la Policia Nacional, Brigadier General (PN) Rafael Salas Cañizares, Coronel (PN) Orlando Piedra y Negueruela, Teniente Coronel (PN) Hernando Hernández, Comandante (PN) Ramón Vivas Coca, Capitán (PN) Antolín Falcón, Capitán (PN) Enrique Fernández Parajón y el Capitán (PN) Máximo Sanabria[1].

Esta extensa lista de nombres parece desmentir la afirmación histórica de que Batista se hizo con el poder al frente de unos pocos hombres...

Es cierto. Se ha dicho históricamente que ese golpe fue algo fortuito, apresurado e imprevisto pero la verdad no es esa. Batista se tomó todo su tiempo para recoger impresiones de altos oficiales en servicio activo, de renombrados miembros de la comunidad política, social y económica y de personas bastante próximas al mismo Presidente Prío, así que desconocer esa verdad no es más tratar de desvirtuar la realidad histórica. Batista fue muy preciso en la planeación de ese golpe. Tanto que debido a algunas indiscreciones de algunos oficiales comprometidos, hasta tuvo que cambiar la fecha inicialmente acordada para el golpe.

¿Indiscreciones como cuales, por ejemplo?

Por ejemplo, Ugalde Carrillo, quien en ese momento era teniente y estaba dentro del complot, le habló a otro compañero y este lo denunció y allí se creó la primera sospecha por parte del alto mando. Díaz Tamayo, quien en esa época era capitán, cometió otra indiscreción. Así, hubo dos o tres más. El golpe, en realidad, debió haberse producido un año antes, es decir, a principios del año 1951. En ese primer intento estuvo enteramente involucrado el Vicepresidente de la República, Guillermo Alonso Pujol, a quien Batista le había ofrecido, no sé si en forma sincera, la presidencia de la República, una vez hubieran derrocado a Carlos Prío. Lo único que le había exigido Pujol

---

[1] Estos eran los cargos que ostentaban el 31 de diciembre de 1958.

a Batista, para permitirle dar el golpe en 1951 era «que se respetaran las fórmulas constitucionales».

¿Pero cómo pensaba Pujol que se iban a respetar las «formulas constitucionales», después de romperlas con un golpe de estado y asumiendo él mismo, por ese medio, la presidencia de la República?

Bueno, supongo que era una forma de extenderle justificaciones a su traición; una especie de cortina moral para no hacer tan notoria su mala acción.

¿Cómo se escoge el 10 de marzo de 1952 como la fecha del golpe?

Fueron varias las circunstancias por las cuales el golpe termina dándose en esa fecha, es decir, tres meses antes de las elecciones presidenciales. En 1951, cuando inicialmente estaba planeado el golpe, se hizo evidente que Prío Socarrás sospechó, a causa de las indiscreciones, que habían oficiales confabulados con políticos, que estaban conspirando para derribarlo. Batista suspendió toda la acción y prohibió todo movimiento y actividad conspirativa. De allí para adelante no se hizo nada que tuviera que ver con el golpe. Así pasó casi un año. Batista estuvo todo ese año dedicado nada más que a la política y a seguir planeando sus pasos para el golpe. No recibía a nadie, ni hacia nada que pudiera levantar sospechas. Poco a poco, los rumores se fueron diluyendo, pasando a ser de segunda prioridad en el gobierno, tanto así que el Presidente Prío y sus consejeros, de quien menos sospechaban, era del propio Batista.

Eso lo encuentro lógico si se tiene en cuenta que, entre los mismos complotados, figuraba el propio vicepresidente, quien se encargaba de borrar cualquier indicio o sospecha hacia su cómplice.

Exactamente.

Pero no ha contestado, aun, la pregunta. ¿Por qué se escogió el día 10 de marzo como la fecha para el golpe?

Se escogió el 10 de marzo como la fecha clave para el golpe en razón a que, en ese día, el Oficial de Día, en la Cuidad Militar, era el Capitán Dámaso Sogo, oficial comprometido con el golpe.

A propósito: Según lo menciona Louis A. Pérez en su libro, *Army Politics in Cuba, 1898-1958,* **(University of Pittsburg Press, 1976) Pujol y Batista habían sido antes de este episodio socios políticos y entre ellos se había producido un pacto para la elección del alcalde de La Habana. ¿Recuerda cómo fue ese episodio?**

En 1950, mientras Batista estaba de lleno metido en el andamiaje político, se produce un pacto entre él, Castellanos y Alonso Pujol para elegir el alcalde de La Habana. Batista utilizó un grupo de amigos de confianza para reunir en Kuquine a 66 delegados del Partido Acción Unitaria, su propio partido, a quienes había convocado y citado en su finca particular, expresamente para eso. Estos no querían postular a Castellanos para la alcaldía de la Habana, como se había pactado previamente, sino al propio hermano de Batista, Panchin Batista, rompiendo así el pacto que Batista había sellado con los delegados. Batista dio la orden de mantener junto a los delegados, a quienes había citado en su finca para debatir el impasse. De Kuquine salieron fuertemente escoltados, para la asamblea y así se logró la postulación de Castellanos y dar por cumplido el compromiso con Pujol.

Aunque esta decisión fuera en contra de su propio hermano...

Así mismo. Aunque perjudicara, momentáneamente, las aspiraciones políticas de su propio hermano Panchin Batista.

Regresemos de nuevo al golpe. ¿Quién era, en ese momento, el Jefe del Ejército?

El Mayor General Ruperto Cabrera. El reemplazó a Genovevo Pérez cuando fue destituido por Prío.

Prácticamente el golpe se le da también al Jefe del Ejército...

Si, claro, la Ciudad Militar y el alto mando, incluido el Jefe del Ejército, quedaron bajo custodia de los conspiradores y el Presidente Prío, después de algunos intentos infructuosos por controlar la situación, salió para la embajada de México donde pidió asilo, el cual le otorgaron prontamente. De allí, salió para México.

¿Cómo fue la reacción del pueblo?
El pueblo, tácitamente, apoyo el golpe de estado.

Pero otros autores, como el propio Carlos Márquez Sterling, afirman que el pueblo, es decir, la gente de la calle, ni se intereso debidamente por ese golpe.
El pueblo estaba cansado de la violencia y las tragedias que ocurrían diariamente, de la pugnacidad que existía entre los diferentes grupos políticos y de la falta de seguridad que se creaba con la actuación de los llamados grupos revolucionarios. Todo el mundo estaba viviendo con ansiedad, con angustia, por la falta de garantías ciudadanas y de garantías para su vida, así que el pueblo aceptó ese golpe de buena manera. No hubo ninguna protesta ni manifestación en contra. Cuando Batista sale hacia el Palacio Presidencial, por toda la calle 23 había gente aplaudiéndolo y saludándolo y cuando llegamos, ya estaba la plazoleta llena de personas del Partido Acción Unitaria y amigos personales, esperándolo para felicitarlo.

¿Cómo recuerda los principales momentos del golpe?
Fue una acción rápida y bien coordinada. Salimos de Kuquine más o menos a la 1:00 a.m. en cuatro automóviles. Yo iba con Batista, pero al llegar cerca de Columbia se detiene la comitiva y allí Batista se pasa a una máquina que conducía el Capitán Luis Robainas Piedra y los seguimos. Lo primero que había que hacer era garantizar el acceso al campamento de Columbia.

Cuando la comitiva llegó a la Posta 4, frente al obelisco, solamente estaba allí el Capitán Jorge García Tuñón, quien ordenó a los soldados de guardia que le dieran paso a Batista y sus acompañantes. En ese momento venía el Capitán Dámaso Sogo, Oficial de Día, corriendo hacia la posta y presenció la entrada de todos los carros. Juntamente con la comitiva de Batista entraron perseguidoras de la Policía Nacional al mando del Teniente Rafael Salas Cañizares que tenían las instrucciones y los lugares a los que debían de ir para arrestar a los oficiales con mando de tropas que vivían en la Ciudad Militar, incluyendo al Jefe del Estado Mayor del Ejército, Mayor General Ruperto Cabrera.

Fuimos directamente a la Jefatura de la División de Infantería. Batista y yo subimos al despacho del Jefe de la División, acompañados del sargento de la Policía Nacional Pedro Bocanegra designado por el Teniente Salas Cañizares como oficial de enlace entre el y Batista.

Penetran en el campamento sin derramamientos de sangre...

Así es. Todo fue cuestión de unos pocos minutos, desde cuando entramos por la Posta 4, hasta cuando llegamos a la Jefatura de la División de Infantería.

Bueno, ya esta el Batista en Columbia. ¿Y?

Todo marcha de acuerdo con los planes. En el Estado Mayor los oficiales que se han sumado al movimiento comienzan a hacer contactos con los regimientos del interior de la isla los que se han ido adhiriéndose al golpe militar. Los altos oficiales del Ejército residentes en Columbia son arrestados en sus domicilios por los miembros de la Policía Nacional y conducidos a determinados lugares.

Estando todo consolidado y ya en la Jefatura de la División de Infantería de Columbia a eso de las 2:30 a.m., me dice Batista: «Llama a La Cabaña a ver como está la situación allá». Mi padre había sido comisionado para tomar la Fortaleza de La Cabaña. Cuando llamé, me respondieron, en medio de una algarabía descomunal y con mucha dificultad en la comunicación: «Aquí ya llegó el General Tabernilla y están dándole vivas al General Batista». Le di ese informe a Batista y se sintió aliviado. Aunque después traté de averiguarlo, nunca pude saber con precisión con quién hablé en la Fortaleza de La Cabaña esa agitada madrugada.

Consolidadas, entonces, La Cabaña y Columbia que lógicamente eran las que albergaban la mayor cantidad de tropas, se empezaron a mandar telegramas a todos los mandos de la isla para hacer los relevos de los oficiales que no cooperaban con el golpe y los mandos se van sumando al movimiento. En pocas horas el Ejército entero estuvo bajo su control. No hubo traumatismos ni nada parecido; el Ejército le respondió totalmente.

Como a las 7:00 a.m., todas las tropas de Columbia forman en frente de sus unidades y Batista hace un recorrido de toda Columbia. Yo lo acompañe. Los soldados le gritaban «viva Batista».

Luego, como a las 10 a.m., Batista se traslada de la Jefatura de la División de Infantería para el Club de Oficiales de Columbia y desde ahí comenzó a actuar ya, prácticamente, como Jefe de Estado. Empezaron a llegar los civiles, los políticos y miembros del Partido Acción Unitaria. Allí nombra su Estado Mayor. Después, por la tarde, Batista se dirigió al pueblo de Cuba en una alocución radial desde al campamento militar, informándole a la nación que se había tomado el poder y que se le garantizarían los derechos a todo el mundo. La gente recibió esto con la mayor naturalidad.

¿Cómo se enteró Carlos Prío Socarrás de que estaba siendo depuesto por un golpe militar?

En ese punto los planes presentaron una falla. El Dr. Ramón Hermida había sido comisionado por Batista para que fuera a la finca del Presidente Prío, le comunicara sobre el golpe de estado y lo mantuviera retenido en la misma. Resulta que Ramón Hermida no llegó a tiempo a la finca de Prío, y por consiguiente no pudo entrevistarse con él y notificarle lo del golpe. Había sido comisionado, además, para hacerle saber al Presidente que tenía todas las garantías para permanecer en el territorio de la República, sin que su vida ni sus bienes corrieran peligro. A raíz de esa falla, Prío alcanzó a salir apresuradamente de su finca y llegar hasta el Palacio con una reducida escolta personal, seguramente notificado por teléfono desde Palacio o por algún amigo. Allí, en el transcurso de los acontecimientos, se entera por cuenta propia de la caída de su régimen. En Palacio, la guarnición también estaba a favor de Batista y sus jefes fueron desalojados sin derramamiento de sangre. Solamente hubo una acción trágica en la cual murió el Teniente Negrete de la Policía Nacional por causas meramente accidentales.

¿Termina, finalmente, cediendo el poder sin luchar?

Pues si; cuando Prío intenta llegar a las cercanías de Palacio lo hace pensando que allí conserva a parte de sus leales, aún cuando en cantidad muy poco significativa, pero cuando se entera que no tiene a Columbia y que La Cabaña también ha caído, cambia de planes y se encamina hacia Matanzas, donde suponía que estaría aguantando uno de sus incondicionales, el Coronel Eduardo Martín Elena, pero en el camino, al enterarse de que a él ya le han quitado el mando, comprende que todo ha concluido y opta por volver a La Habana e irse sin presentar resistencia alguna. En el retorno de Matanzas, pasa por la Embajada de México y solicita allí el asilo político. Una vez concedido, sale de le embajada rumbo a México.

¿Hubo disturbios o cosas parecidas, como señal de desaprobación a esa acción?

En la Universidad de La Habana hubo un conato de rebelión pero no prospero por falta de apoyo. En la población hubo varias manifestaciones de apoyo al golpe.

¿Se suspendieron las garantías civiles?

Lógico, porque la República estaba en un estado de caos aterrador, en un desorden increíble, por la forma de gobernar del Dr. Carlos Prío Socarrás. Se le había perdido el respeto a la autoridad y a todas las normas establecidas, entonces, había necesidad de suspender las garantías civiles para restablecer la autoridad. El pueblo sintió cómo se recobraba la autoridad y cómo se recuperaba la paz. La policía fue suficiente para controlar a las pandillas en las calles de La Habana y rápidamente se sintió que reinaba la paz y el control.

Narra el doctor Lincoln Rodón Alvarez (*Cuba, 62 Años de Historia*, San Lázaro Graphics, Corp., Miami, Pág. 298) que, una vez tomado el poder, Batista le ofrece la presidencia de la República al doctor Carlos Saladrigas, sin que este la acepte. Luego hace lo mismo con el Senador Alfredo Hornedo y con Jorge García Montes obteniendo, de ambos la misma negativa. Es por eso que, entonces, decide integrar un Consejo Consultivo para dotar a la nación de una asamblea. ¿No suena esto a improvisación en los planes y a dificultades del líder para asumir, de lleno, las responsabilidades de los actos que acaba de consumar?

Tengo que decirle con franqueza que esa parte política de la historia no la se. A partir del 10 de marzo de 1952 mi campo fue el militar y al principio, Jefe de Despacho de la Oficina del Señor Presidente en la Cuidad Militar de Columbia. Puedo responderle con sinceridad sobre todo lo que me tocó vivir y experimentar en carne propia, en lo concerniente a lo militar. En el campo político tuve muy poca injerencia.

¿Cuál fue, entonces, la reacción de la comunidad internacional?

Yo tengo entendido que las adhesiones llegaron enseguida, inclusive los EE.UU. reconocieron el gobierno inmediatamente. El Departamento de Estado y, por supuesto, todos los demás países miembros de la Organización de Estados Americanos, ofrecieron su respaldo inmediato para la conformación de las nuevas instituciones de la nación, ya que a estas alturas, la situación en Cuba durante ese gobierno, era tan penosa, que daba lastima. La moral había decaído de manera vertiginosa, siendo el Primer Ejecutivo de la nación, «El Presidente Cordial», como lo llamaba el pueblo, el primer encargado de ofrecer el mal ejemplo. Los policías que lo custodiaban, por ejemplo, sabían que en sus fiestas íntimas la presencia de la cocaína era imprescindible. La falta de autoridad campeaba en toda la administración pública y el caos y el desorden estaban a la orden del día.

¿Entonces usted cree que fue un golpe de estado necesario?

Con los controles del estado desbordados por la corrupción y el desorden, la República iba hacia un abismo. Desde de ese punto de vista, el golpe era necesario y justificado y así lo entendió la ciudadanía en general. Desde el punto de vista del respeto al orden constitucional establecido, no.

¿Por eso se producen tan rápidamente las reacciones internas en contra?

Claro. Él que tanto contribuyó a la implantación de la Constitución de 1940, terminó violándola, perjudicando, de paso, políticamente, a mucha gente. Todos los que estaban aspirando al Senado, a la Cámara de Representantes y a los demás cargos de elección popular, se sintieron burlados por la ejecución de ese golpe, sobre todo, a tan pocos días de las elecciones generales. En ese momento de efervescencia política fue muy inoportuno. Tanto, que todos los partidos políticos se pusieron en su contra.

Es verdad. El régimen nace con una cerrada oposición de la clase política...

Sí, de toda la clase política, menos la del propio partido de Batista, Acción Unitaria, lógicamente.

¿Cuál fue la reacción de la clase empresarial?

Por contraste, su reacción fue favorable al golpe porque los que más estaban sufriendo, directamente, la situación caótica en que estaba el país, eran ellos, quienes venían pagando todos los desaciertos del gobierno de Prío; por eso los industriales, no puedo decir que sin excepción, -porque no fueron todos-, pero la mayoría de la fuerza económica del país, apoyó el golpe y apoyó a Batista; porque lo que ellos querían era tranquilidad y orden para poder continuar sus actividades mercantiles.

¿Y si los desaciertos de Prío eran tantos, porqué nunca se produjeron protestas públicas ni manifestaciones en contra de su gobierno?

Eso hay que verlo de diferentes modos. Había inconformidad entre la ciudadanía, de eso no hay duda. Una cosa es la inconformidad, por la manera en que se están conduciendo los asuntos del estado y otra, muy diferente, lanzarse a una protesta masiva, de consecuencias políticas y sociales incalculables, más con unas elecciones que venían en tres meses o menos. El pueblo lo que quería era que se celebraran pronto esas elecciones para elegir al Dr. Agramonte, del Partido del Pueblo (Ortodoxo) ya que la mayoría de la población esperaba confiada que él corrigiera el rumbo.

Bueno, yo no veo la impopularidad de Prío, a estas alturas, como un fenómeno político grave, ya que, de todas formas, la inconformidad ciudadana es un fenómeno corriente al final de todos los gobiernos. Como quiera, el país gozaba de prosperidad económica al final de ese gobierno...

Si, pero inclusive con prosperidad económica, tiene que haber orden; cuando un gobierno no tiene ni el orden ni el control sobre sus ciudadanos, le sobreviene lo que le ocurrió al doctor Prío Socarrás, que cuando vino el golpe de estado, el pueblo apoya a los golpistas, porque así ocurrió con el golpe del 10 de marzo; no hubo ningún tipo de protestas de la sociedad civil. Al no haber protesta ciudadana, son los partidos políticos, quienes sí sufren las consecuencias del golpe al no poder realizar las elecciones y ver suspendido todo el proceso electoral, quienes reaccionan, pero eso hace parte de una expresión política natural. Como algo que hay que hacer para dejar constancia; con todo, Batista debió haber comprendido que fue un error haber dado el golpe del 10 de marzo. Eso, en su interior, él lo tiene que haber entendido. Fue un error porque todo lo que él había construido en Cuba y había hecho a favor de la constitución, lo echó abajo en 24 horas.

¿Era Batista candidato presidencial en las fallidas elecciones de 1952?

Sí, claro. Iba de candidato por el partido de Acción Unitaria. Él era uno de los candidatos, al igual que el Dr. Roberto Agramonte del Partido Ortodoxo y el Ingeniero Carlos Hevia del Partido Auténtico. Los tres corrían por la presidencia de la República.

¿Cree que de haber llegado hasta el día de la elección, Batista hubiera perdido?
Indudablemente.

¿Por qué?
Porque el pueblo de Cuba, y sobre todo los políticos, se inclinaban a apoyar al Partido Ortodoxo, mejor dicho, no estaban ni con los Auténticos, ni con la gente de Batista. El Partido Ortodoxo era el que traía un mensaje nuevo contra la corrupción y el desenfreno que había en la República.

Es decir que, si Batista no hubiera dado el golpe, el presidente fijo hubiera sido el Dr. Agramonte...
Agramonte, por supuesto. Fue el quien heredó el puesto que tuvo Eduardo Chibás como presidente del Partido Ortodoxo. Era el candidato que más opción tenía en esas elecciones. Por amplio margen le iba ganando a Batista.

¿Fue esa la razón por la que Batista se decidió a dar ese golpe de estado el 10 de marzo de 1952?
Fue una de las razones, indudablemente. El sabia, de antemano, que en una elección presidencial, tenía muy pocas probabilidades de ganar. Su tiempo ya había pasado. Eso también lo sabía el pueblo.

Entonces ya Batista sabía eso desde 1951, año para el cual estaba previsto inicialmente el golpe...
Si, aun cuando el método que utilizaría entonces sería bien diferente. En 1951 pretendía poner a gobernar al vicepresidente Guillermo Alonso Pujol y permanecer «a la sombra» durante un corto período, para luego llamar a elecciones y hacerse con el poder. Descubierta la treta, le tocó postularse como candidato y viendo su elección difícil, dio el golpe.

Pero el hecho de alzarse con el poder a tan pocos días de las elecciones generales y además perdiendo en las encuestas debió interpretarse como un verdadero «raponazo» del poder, algo que tiene muy poca aceptación en todas las esferas de opinión. ¿Cómo pudo la sociedad civil aceptar que un candidato perdedor se quedara con el poder?

No solo la sociedad civil. La Secretaría de Estado de los Estados Unidos, la Organización de Estados Americanos, los industriales, los comerciantes, todos aceptaron implícitamente la llegada del General Batista al poder.

Veo que, incluso usted, se refiere a Fulgencio Batista como «el General». Leí en la obra ya citada de Louis A. Pérez, Jr. que, para poder presentarse como candidato presidencial a las elecciones de 1940, él renunció al Ejército en julio de 1939 con el grado de coronel. Cuando da el golpe de estado el 10 de marzo de 1952 no es militar. ¿Ese golpe lo da, entonces, como civil?

Batista condujo ese golpe en condición de civil, pues como usted lo afirma, efectivamente dejó el Ejército en el año 1939 con el grado de coronel. Sobre eso hay un hecho que merece la pena ser precisado. En aquel entonces, buscando no perder las prerrogativas económicas como oficial del Ejército por asumir como candidato en la elección presidencial de 1940 –sobre todo los beneficios que le proporcionaría su condición de oficial en retiro– pero no teniendo la edad reglamentaria para entrar a disfrutarlas, presionó en ese entonces al Congreso de la República para que modificara la Ley Orgánica de las Fuerzas Armadas para otorgarle, desde 1940, una pensión completa, lo cual fue una de sus exigencias durante los comicios electorales que lo llevaron a la presidencia en ese año. Para esto, el Congreso decretó que los oficiales que, sin tener el tiempo reglamentario para recibir su pensión de retiro pero teniendo, como mínimo, veinte años de servicios y además hubieran recibido la Cruz de Honor, la más alta distinción del Ejército Cubano, podrían disfrutar su pensión de retiro completa. Acto seguido, después de expedido ese decreto, el Ejército procedió a otorgar a Batista la Cruz de Honor para que pudiera disfrutar de su correspondiente pensión vitalicia.

Volvamos al 10 de marzo. ¿Cuál fue la reacción del General Ruperto Cabrera, Jefe del Ejército, al sentirse traicionado por muchos de sus oficiales?

Bueno, tiene que haber sido de una gran decepción y sorpresa, aunque yo creo que, en su interior, él esperaba algún movimiento de las Fuerzas Armadas contra el gobierno. Cuando llegó el destacamento que se designó para arrestarlo, le golpearon a la puerta de su residencia y él se levantó bastante sorprendido. Se le notificó, para su estupor, que Batista había tomado el campamento y que sería conducido a un lugar seguro; que tendría todas las garantías para él y los suyos. Sin contratiempos fue sacado y conducido a la casa de Emelina Miranda de Fernández, la suegra de Batista. Ahí fue donde él estuvo por varias horas, hasta que se aclaró su situación, y en horas de la tarde se le envió de regreso a su casa. Una casa que tenía ahí mismo, en La Habana.

¿Pero fue apresado?

Fue arrestado provisionalmente y conducido a la casa de la suegra de Batista, como le digo, hasta que se tuviera el control de toda la nación. Tenía que permanecer incomunicado y bajo arresto mientras se consolidaba el golpe y se reorganizaran las jefaturas y los mandos y por esa razón estuvo allí hasta las horas de la tarde.

¿Que destino finalmente tuvo el General Ruperto Cabrera, una vez instalado el nuevo régimen?

Fue retirado del Ejército pero se quedó viviendo en Cuba; recuerdo que, inclusive, algún tiempo después, cuando me casé, pase la luna de miel en el Hotel Internacional de Varadero y él estaba alojado allí. Nos saludamos efusivamente, con el afecto de antiguos compañeros de armas.

Regresemos al golpe. ¿Como trascurrieron los eventos en la toma de la Fortaleza de la Cabaña?

El Teniente Pablo Miranda destacado en el Regimiento No. 7 de Artillería en la Fortaleza de La Cabaña fue a buscar a mi padre, General Francisco Tabernilla y Dolz a su casa en el reparto Miramar donde vivía, dirigiéndose a un lugar previamente convenido en la Calzada de Jesús del Monte, donde lo esperaban el Capitán Julio Sánchez Gómez, Jefe de la Compañía de Tanques, el Primer Teniente José de la Campa Méndez de la Compañía de Armas Auxiliares del Batallón No. 1, y el Teniente Juan González González del Batallón No. 2 de Artillería, todos destacados en la Fortaleza Militar de La Cabaña.

Salieron hacia La Cabaña en dos carros. En el primer carro manejado por el Capitán Julio Sánchez Gómez iban el Primer Teniente José de la Campa y el Teniente Juan González González. En el segundo carro iban el General Tabernilla Dolz, el Teniente Pablo Miranda, el Sargento Rafael Hernández, el vigilante (PN) Rolando Sánchez Gay, y el Sargento Edelmiro Macías.

Al llegar frente la Posta de Guardia Exterior en la carretera de Triscornia, el centinela de guardia les ordenó «avancen para ser reconocidos» y una vez identificados los dejó pasar al campamento. Al legar a la Compañía de Armas Auxiliares, el Primer Teniente Campa entró en la unidad y mandó a formar la tropa explicándoles a los soldados que el Presidente Carlos Prío Socarrás había sido substituido por el General Fulgencio Batista. Una vez dicho esto hizo pasar al General Tabernilla Dolz quien ratificó las palabras del Primer Teniente Campa siendo muy aplaudido. Esta fue la primera unidad que se sumó al golpe, siguieron hasta el Batallón No. 3 y las demás unidades hasta donde radicaba la Compañía de Tanques que mandaba el Capitán Julio Sánchez Gómez que esperaba en formación y los tanques con los motores encendidos la llegada del General Tabernilla Dolz. El Teniente Manuel Ugalde Carrillo, uno de los complotados llegó un poco después.

Desde allí el General Tabernilla Dolz se dirigió hacia la fortaleza, donde se encontraba la Jefatura del Regimiento No. 7 de Artillería, tomando el mando secundado por los oficiales Juan Moreno Bravo, Serafín Menduiñas Magañón, Juan González, los sargentos Caridad Fernández y Alberto García, del Batallón No. 2, que radicada dentro de la fortaleza.

El Jefe del Regimiento, General José Velásquez, se encontraba durmiendo en su residencia, fue sorprendido por la visita del Capitán Julio Sánchez Gómez quien cumpliendo órdenes del General Tabernilla Dolz le explicó lo sucedido y lo condujo a la Jefatura del Regimiento donde el General Tabernilla Dolz lo trató de manera cortés y respetuosa, autorizándolo a que permaneciera en su casa el tiempo necesario hasta que pudiera mudarse para la ciudad de La Habana.

La toma de la Fortaleza de La Cabaña por el General Tabernilla Dolz se realizó de una manera ordenada, sin ningún incidente. Por el contrario, los soldados recordaron a mi padre al que le llamaban con cariño el Viejo Pancho, respondiendo con entusiasmo al conocer el cese del gobierno constituido que mantenía un estado de zozobra e inquietud en toda la nación por falta de autoridad y su apoyo a los grupos gansteriles que minaban el bienestar de la ciudadanía y el progreso de la nación.

Los detalles de estos eventos me los informo el Coronel José de la Campa, quien el 31 de diciembre de 1958 ostentaba el cargo de Jefe del Regimiento Numero 7 de Artillería destacado en la Fortaleza de La Cabaña.

Cuando su padre toma La Fortaleza de La Cabaña era un general retirado del Ejército. ¿Cómo logra ese objetivo sin tener ni mando ni tropa?

Como le dije anteriormente, mi padre era una persona de mucha ascendencia sobre los oficiales y la tropa, por el trato y la equidad con que manejó los asuntos militares mientras estuvo en el Ejército. Eso le hizo posible cumplir con su misión.

¿Cuándo se hace efectivo el reintegro de su padre al Ejército, nuevamente?

Después que triunfa el movimiento, ese mismo 10 de marzo, uno de los primeros decretos que firma Batista es ése, nombrándolo Jefe del Ejército, en el mismo polígono de la Ciudad Militar. Públicamente lo asciende a Jefe del Ejército, y es allí en el Campamento Militar de Columbia donde mi padre pronuncia el famoso discurso de los tres colores, refiriéndose a las tres ramas de las Fuerzas Armadas, el Ejército, la Marina, y la Policía –el amarillo, blanco y azul– los cuales estuvieron presentes en forma activa durante el golpe, manifestando que, con ellos, había que contar siempre para la mejor marcha de la República.

¿Entonces, definitivamente, cuando se toma La Cabaña, su padre todavía no estaba reintegrado al Ejército?
No, todavía.

¿Y en las demás guarniciones militares reinó el orden y la adhesión al nuevo gobierno?
A lo largo de toda la isla, las guarniciones respondieron afirmativamente al golpe y cuando algún jefe de regimiento no se adhirió, como fue por ejemplo el de Matanzas, comandado por el Coronel Eduardo Martín Elena, se depuso. En Oriente, no respondió el Coronel Margolles y también fue depuesto. A todo lo largo y ancho de la isla los mandos militares fueron, o confirmados o depuestos, por la oficialidad y la tropa adepta al golpe.

¿Se les respetaron sus derechos a esos militares depuestos?
Absolutamente. Todos fueron retirados de acuerdo con la ley y sus derechos fueron reconocidos y, además, todos se quedaron viviendo en Cuba. Ninguno se asiló, pues contaron con todas las garantías que daba el gobierno a sus ciudadanos.

¿Recuerda usted cómo quedo constituida la cúpula de las Fuerzas Armadas inmediatamente después del golpe?
Quedó formada por mi padre, el General Francisco J. Tabernilla y Dolz, Jefe del Ejército. El Ayudante General fue el General

Eulogio Cantillo Porras, el Inspector General del Ejército fue el General Pedro Rodríguez Ávila, el Cuartel Maestre General del Ejército fue el General Luis Robainas, el Jefe del Cuerpo Jurídico fue el General Arístides Sosa de Quesada, el Jefe de la División de Infantería fue el General Jorge García Tuñón y el Jefe de la Fortaleza de La Cabaña fue el Coronel Julio Sánchez Gómez. Esta fue la primera cúpula militar del Ejército.

¿Qué posición ocupó Ud. inmediatamente después del golpe?

Capitán del Ejército y Ayudante Presidencial. Treinta días después fui ascendido a comandante, luego a teniente coronel y a coronel al asumir el mando del Regimiento Mixto de Tanques «10 de Marzo».

¿Quién era Salas Cañizares, a quien usted nombra entre las personas activas en el golpe?

Salas Cañizares era en ese momento Primer Teniente de la Policía Nacional, de la Sección de Perseguidoras. Era un policía muy conocido en todas las estaciones y, además, contaba con todos los recursos de transporte y comunicaciones en La Habana. Juega un papel muy importante en el golpe porque pone a disposición de Batista todos los carros de policía, las llamadas perseguidoras, y la logística de comunicaciones para la entrada a la Ciudad Militar y la inmovilización de oficiales y demás militares que residían por fuera del campamento de Columbia y en los barrios residenciales de La Habana. Todas estas acciones de movilización y control en la calle estuvieron coordinadas por Salas Cañizares. Después del golpe, Batista lo nombró Jefe de la Policía, con el rango de brigadier general.

¿Es cierto que Batista le tenía bastante respeto y hasta cierto... temor?

Si, después del golpe, él casi nunca hablaba directamente con Salas Cañizares sino a través de un ayudante. Casi siempre las órdenes de Batista le eran transmitidas por un intermediario ya que, inexplicablemente, no quería jamás confrontarlo. No sé si era miedo, respeto o alguna razón oculta pero, lo cierto es que no le hablaba directamente. Por tal razón, algunas veces Salas Cañizares tomaba las cosas por su propia cuenta, sin consultar con Batista, lo que lo obligaba, posteriormente, a dar marcha atrás, en sus decisiones. Se dice que uno de los días más felices de Batista fue el día en que asesinaron a Salas Cañizares, en el interior de la Embajada de Haití. «El se lo buscó», fue el frío comentario que me hizo cuando se enteró de su asesinato.

Se ha escrito que el General Salas Cañizares era una verdadera máquina de hacer dinero por cuenta del negocio de las apuestas ilegales...
    Y no solo de las apuestas ilegales. Después de la muerte de Salas Cañizares, Batista le pidió al nuevo jefe de la policía que le investigara la operación del juego que controlaba Salas Cañizares. Batista me comento, asombrado, sobre el reporte del jefe de la policía descubriendo que Salas Cañizares recibía alrededor de $730.000 mensuales por concepto de juegos y apuestas clandestinas e ilegales, una verdadera fortuna. Ese dinero comenzó a entrar a las arcas personales de Batista que le entregaba el nuevo jefe de policía ya que el juego siguió operando de manera oficial. Ese dinero lo utilizaba Batista para obras de caridad de la Primera Dama de La República.

¿Qué sabe de los negocios de Batista para esa época?
    No se mucho en propiedad pues no era de mi competencia, sin embargo, está muy bien documentada la injerencia de Batista, desde el principio, en todo lo que fueron los negocios de Obras Públicas en Cuba. Todos los contratos los adjudicaba él, en persona, llegándose a decir que las comisiones que les cobraba a los contratistas eran aproximadamente el 35% sobre el valor total del contrato. También están muy bien documentados los negocios de Batista en el transporte público, en el de las aerolíneas, en el de los periódicos, en el de las emisoras de radio, mejor dicho, en muchas de las actividades económicamente rentables de la nación.

Para darle una idea de lo que fueron los negocios de Batista desde el comienzo de su régimen, le puedo decir con certeza que la adquisición de Aerovías Q, una importante y próspera aerolínea Cubana, que tenía vuelos diarios a Miami, la realizó por la suma de un millón de dólares, apenas iniciando su mandato. También adquirió todas las acciones de Cuba Aeropostal, otra empresa aérea, por $500 mil dólares y la mayoría de las acciones de Cubana de Aviación. Eso le da una idea de la gran cantidad de negocios personales que tenía desde cuando se tomó el poder y que le ocupaban, como es obvio, una gran parte de su tiempo. He descripto aquí lo que me consta. Los demás negocios de Batista lo llevaban Manuel Pérez Benitoa y Andrés Domingo y Morales del Castillo.

¿Se podría pensar, entonces, que Batista acaparó todas las actividades rentables de la vida cubana, desde los inicios de su cuartelazo?
No todas las actividades rentables, ya que en Cuba había mucho capital privado protegido por las leyes y la constitución. Pero Batista si tenia intereses de negocios substanciales.

Regresemos de nuevo al golpe. Tenemos, entonces, al Jefe del Ejército, General Ruperto Cabrera arrestado y detenido en casa de la suegra de Batista; al Presidente depuesto, asilado en la Embajada de México y al nuevo gobierno despachando desde el Campamento Militar de Columbia, con todos los mandos militares debidamente nombrados o confirmados, directamente por quien encabezó el golpe. Todo esto deja la sensación de que lo que en verdad se produjo fue un alzamiento militar. ¿Cómo logra Batista conseguir, en tan corto tiempo, la lealtad incondicional de todo el Cuerpo Militar si, como concluimos, era solo un civil, un Senador de la República, para ser más exacto.
El movimiento para derrocar a Prío tenía que ser militar porque el Ejército era la única organización que podía hacer que el orden y la tranquilidad retornaran a la nación. Todos los mandos militares respondieron a las órdenes que Batista impartió, ocupando las dependen-

cias del gobierno, las fábricas y todo lo que movía económicamente a la nación, evitando con esto que cualquier brote de inconformidad se tradujera en actos de sabotaje contra el sistema económico de la nación. Con esto, el pueblo sentía, además, la existencia de una fuerza que garantizaba el orden y la normalidad ciudadana. El tuvo la lealtad del Ejército porque la semilla que sembró el 4 de septiembre de 1933 quedo en los cuarteles, se mantuvo y se propago a través de los años, desde luego, la situación para un golpe de estado las propició el Presidente Carlos Prío Socarrás por la manera anárquica en que conducía el gobierno.

Pero estábamos acostumbrados, en aquella época, a que los golpes de estado se produjeran directamente contra las sedes de gobierno o los palacios presidenciales, y desde allí se negociaba la adhesión de los militares. Allí están los ejemplos de Velasco Ibarra en Ecuador elegido en 1946 y destituido ese mismo año por Carlos Mancheno; Rómulo Gallegos en Venezuela en 1948; Otilio Ulate en Costa Rica en el mismo año; en fin, nos volveríamos, en verdad muy extensos...

Siendo así, en Cuba se produjo entonces la excepción. Como quiera, sabíamos de antemano que atándole las manos al comandante del Ejército y presentándonos allí con Batista, la tropa inmediatamente se uniría a este golpe y Prío se quedaría sin el importante respaldo de las Fuerzas Armadas. Y así sucedió, exactamente.

Así parece pero, además, era una forma de asegurar el control de la sociedad civil por medio de la intimidación que da la fuerza del poder militar. ¿Hubiera corrido sangre, es decir, los militares hubieran disparado, si la sociedad civil hubiera rechazado el golpe?

De ninguna manera. Ese cálculo estuvo siempre muy pendiente en los planes del golpe y se sabía que la sociedad civil terminaría aceptando inmediatamente el cambio de gobierno, dadas las condiciones de corrupción y desgobierno reinantes.

Con todo, quedaba pendiente la reacción del Congreso ya que su periodo constitucional no había expirado. ¿Cómo reaccionó el Congreso de la República?

El Congreso fue disuelto por el nuevo gobierno. Eso sí, los emolumentos de todos los senadores y representantes, así como también el de sus asesores, se mantuvieron hasta que termino el tiempo por lo que fueron elegidos. Inmediatamente después del triunfó del golpe militar de 10 de marzo de 1952, se promulgaron los Estatutos Constitucionales que recogieron con ligeras variantes la Carta Fundamental de 1940. Para asumir facultades legislativa se creo un Consejo Consultivo, compuesto de 80 miembros. Esto cuerpo inicio sus deliberaciones el 25 de abril de 1952 y ceso constitucionalmente el 27 de enero de 1955 al tomar posesión los representantes y senadores electos en las elecciones generales de 1954.

Pero muchos de esos senadores ya habían pagado grandes sumas de dinero para sufragar los gastos de la campaña electoral que les garantizaría su reelección; eso debió crearle perjuicios económicos a muchos, quienes debieron sentirse traicionados. No me explico de dónde pudo provenir ese respaldo político al golpe, que usted ha mencionado.

Hubo un respaldo general tácito, ya que no hubo ni una sola protesta ni ningún desorden, ni tampoco el pueblo se lanzó a la calle a protagonizar manifestaciones de disgusto por el golpe. Como el pueblo lo que quería era tranquilidad y orden, eso mismo se le dio. Todo marchó de manera ordenada y en menos de 48 horas la República cambió totalmente, de la zozobra en que vivía, bajo el régimen anterior, a la tranquilidad y el control que prodigaron, en forma combinada, el Ejército, la Marina y la Policía, quienes fueron los que contribuyeron, en últimas, a ese bienestar.

Pero, regresando al Congreso, lo que se percibe es que pudo haber existido algún tipo de trato entre Batista y la clase política, quienes a cambio de garantías, -económicas algunas- guardarían la «compostura» y se abstendrían de perturbar el nuevo orden creado por

uno de los suyos, en este caso el Batista-Senador. Con este acuerdo también lograba la lealtad del Congreso para legislarle todo lo que necesitara. ¿Tiene para usted lógica esta percepción?

Ya le dije anteriormente que lo mío era enteramente el campo militar, no el político lo que, sin embargo no me impide manifestarle que su percepción tiene sentido. El Congreso fue sustituido por el Consejo Consultivo.

¿Qué fue lo que ocurrió ese mismo día en la Universidad de La Habana? Parece que allí sí hubo desordenes en contra del golpe...

En las primeras horas hubo cierta inconformidad cuando se reunieron para protestar algunos estudiantes, pero de ahí no pasó a más, porque Rolando Masferrer, que era uno de los líderes de la universidad, inmediatamente llamó a Columbia para informar de ese peligro. Recibí ordenes de recogerlo, inmediatamente, y conducirlo ante Batista. Me cité con él en el Carmelo y de ahí lo conduje hasta Columbia donde, después de conferenciar con Batista, se comprometió a desbaratar los planes de los agitadores y lograr el apoyo al nuevo gobierno en forma irrestricta a las 48 horas de haberse consumado el golpe de estado.

¿Quién era Rolando Masferrer?

Era un líder estudiantil muy aguerrido que libró del lado de Batista varias luchas. Comandó, años después, cuando las condiciones lo exigieron, un grupo armado para combatir a los rebeldes en la Sierra Maestra. Su grupo se hacía llamar «Los Tigres de Masferrer».

¿Un grupo civil armado?

Si. Un grupo de civiles armados que se unieron a la lucha del gobierno de Batista contra las fuerzas comunistas que se organizaron, poco después, para desestabilizar su régimen, y que eran comandadas por Fidel Castro.

¿Eran civiles armados con la aquiescencia del gobierno?

Si, así mismo.

¿Y de las Fuerzas Armadas?
 Claro.

He olvidado preguntarle por la suerte del vicepresidente Guillermo Alonso Pujol ¿En qué condiciones quedó durante y después del golpe?
 Tengo entendido que el doctor Pujol permaneció, durante el transcurso de todas las operaciones, en su casa. Luego, quedó en buenas relaciones con Batista. Ahí no podía haber nada más que eso. Dentro de las medidas que dictó contra algunos lideres del gobierno de Prío, Batista se cuidó mucho de no tomar ninguna contra el vicepresidente. Es que, de todas formas, con el plantón que le había dado en el fallido golpe de 1951, cuando le ofreció la presidencia y lo dejó esperando, creo que ya no había nada más que agregar. Recuerdo que la noche en que teóricamente debía darse ese golpe, un año antes, Pujol desde Varadero, adonde había ido y esperaba mi llamada para regresar, me dijo: «Dígale al General Batista que yo no me moveré de aquí». Yo había sido nombrado su oficial de enlace. Obviamente, el golpe no ocurrió en esa ocasión.

¿No cree usted que después de ese fallido golpe, el vicepresidente quedó a merced de Batista?
 Es verdad. No solamente quedó a merced de Batista sino que quedó como una herramienta más, en el interior del Palacio Presidencial, para ser utilizado por Batista para desalojar a Prío.

Pero comprometiéndolo en la confabulación eliminaba, de primero, un factor de riesgo para sus ambiciones presidenciales porque bien sabido es que, para tumbar un gobierno, hay que inmovilizar primero al presidente y luego al vicepresidente. Cualquiera de los dos que logre evadir el golpe puede rearmar el gobierno. En este caso, ya Pujol quedaba descartado...
 Así mismo es.

Pujol actuó, sin quererlo, como el «Caballo de Troya» de la conspiración.

Después de eso el doctor Pujol quedaba con muy pocos argumentos morales para hacer parte de cualquier gobierno.

El Partido Comunista era legal en Cuba en esa época. ¿Qué relación tenía Batista con ese partido?

El tuvo relaciones muy estrechas con Juan Marinello y con todos los líderes del Partido Comunista que, inclusive, disfrutaron de un Ministerio sin Cartera, una vez instaurado el nuevo régimen, además de puestos en el gobierno con toda clase de consideraciones. Batista tenía, a mi juicio, una cercana amistad con todos los líderes del Partido Comunista Cubano.

¿Quién ostentaba ese Ministerio sin Cartera?

Me parece que Marinello, quien era miembro activo del Partido Comunista.

Pero Batista rompió con la Unión Soviética, poco después de retomar el poder. ¿Cómo se explicaría ese contrasentido?

El rompimiento del gobierno de Batista con la Unión Soviética ocurrió sin que él lo decidiera voluntariamente, es más, fue uno de los disgustos más severos que tuvo por aquellos días, ya que sucedió sin estarlo deseando. Todo ocurrió cuando el Capitán Salvador Díaz Versón, antiguo Segundo Jefe del Grupo Represivo de Actividades Subversivas (GRAS), fue nombrado en el Servicio de Inteligencia Militar (SIM). Díaz Versón era un declarado anticomunista. Un día abrió ilícitamente la valija diplomática de la Embajada Soviética en el aeropuerto de Rancho Boyeros y descubrió propaganda comunista. Díaz Versón se precipitó a dar la noticia a la prensa. Se formó un escándalo. La Unión Soviética protestó. Vino el rompimiento provocado directamente por decisión de la Unión Soviética. Esto se produjo al fines de 1952.

Batista se disgustó tanto con Díaz Versón que inmediatamente lo sacó del SIM y desde entonces le declaró una cerrada persecución que perduró por siempre. Batista no quería romper con los rusos. Sus vinculaciones con el comunismo cubano eran demasiado estrechas. Su silenciosa y bien guardada hostilidad hacia los Estados Unidos, que era muy antigua, lo impulsaba a aliarse con los comunistas. Aquel rompimiento provocó cierta reacción de hostilidad de los comunistas cubanos. Batista inició, inmediatamente, gestiones privadas para darles garantías a los viejos dirigentes del Partido Comunista Cubano.

Recuérdese que nunca ningún dirigente comunista fue molestado por la policía. Eran frecuentes las llamadas a Kuquine y a Palacio de Blas Roca, Ordoqui, Carlos Rafael Rodríguez y otros, enviando mensajes e intercediendo por miembros del Partido Comunista Cubano que habían sido detenidos por error. Salas Cañizares solía actuar con mucha independencia y Batista, como ya le dije anteriormente, le tenia miedo físico a este Jefe de Policía. Algunas veces Salas detenía a algún comunista y Batista, utilizando un Ayudante Presidencial, le pedía que lo soltara.

«Yo no puedo pelearme con esta gente», me decía. Se refería, desde luego, a los comunistas. Era frecuente que Batista, que se quedaba conmigo a solas durante largas horas, despachando asuntos de estado, pensara en voz alta, sin cuidarse mucho de mi presencia «La única arma que tengo yo para forzar a esta gente de Washington, es precisamente, el fantasma de los comunistas. Ellos» –refiriéndose a los americanos – «han hecho esfuerzos increíbles para llevarme a una posición de franco anticomunismo, y si accediera, quedaría a merced de ellos. No, eso no nos conviene, yo no puedo enfrentarme al aparato internacional del comunismo. Es mejer tenerlos como aliados».

La nómina secreta que se manejaba para ellos en Palacio, y a la cual, dicho sea de paso, yo nunca tuve acceso pero cuya existencia me fue confiada por Andrés Domingo y Morales del Castillo, era de unos veinte mil pesos mensuales. A Nicolás Guillén, por ejemplo, se le enviaba dinero a París. Ordoqui lo recibía en México. A Marinello se le repuso en su Cátedra de la Escuela Normal. Los comunistas, además, tenían infiltrados todos los movimientos conspiratorios que se armaban contra Batista. Tenían gentes infiltradas en la Ortodoxia y en el Partido Revolucionario Cubano Autentico. Lo informaban todo a

Palacio. No puedo asegurarlo, pero siempre tuve la sospecha de que la «Carta Semanal» del Partido Comunista Cubano, que fue la única publicación que nunca sufrió la censura ni fue realmente perseguida por el régimen, era pagada por Batista.

En el juicio contra Marquito Rodríguez se demostró que los dirigentes comunistas actuaban francamente como agentes de la policía de Batista. Todos los asuntos tratados en aquella famosa reunión de Montreal fueron conocidos inmediatamente por Batista gracias a la presencia, en Montreal, de elementos ortodoxos que habían sido previamente situados por los comunistas.

Dentro del Ejército había personal francamente anticomunista. Uno de los hombres que más irritaba a Batista era el Teniente Castaño. No lo podía pasar. Castaño tenía vinculaciones con la Embajada de Estados Unidos y era un sincero anticomunista. Batista siempre lo persiguió. Nunca pudo ascender. Nunca tuvo mando. Nunca se le dieron recursos. La cabeza de Castaño era, precisamente, una de las principales demandas que hacían los comunistas. Obsérvese que cuando Batista emprende la fuga, el primero de enero de 1959, se lleva a Ventura, y a otros, pero se niega a embarcar a Castaño. También Ernesto de la Fe, anticomunista de tiempo completo, fue obligado a renunciar a su cargo de Ministro por su activa campaña contra el Partido Comunista Cubano.

Es decir, y esto es lo que quiero recalcar, Batista operó siempre como aliado de los comunistas para mantener el control y la tranquilidad en el país.

Pero, de otro lado, les sacaba ventaja a los norteamericanos. Eso manifiesta una especie de doble juego, a la par que un evidente desprecio por quienes eran considerados sus más estrechos aliados. ¿Por qué ese odio de Batista hacia los Estados Unidos?

Yo nunca lo pude entender. Es evidente que en 1944 hubo roces muy serios con el embajador Braden, de los Estados Unidos. También es cierto que el movimiento del 4 de Septiembre de 1933 fue, originalmente, un alzamiento de «soldados, obreros y estudiantes» y que en aquella oportunidad se crearon los primeros «soviets» en Cuba, auspiciados por Batista. Luego Batista, por conveniencia, evoluciono hacia la órbita americana. Pero nunca estuvo a gusto. El modelo que quiso siempre imitar fue el de Lázaro Cárdenas, de México, pero le falto decisión.

Sobre ese antiamericanismo hay varias anécdotas. Recuerdo que en 1956 Batista fue invitado por las autoridades de Daytona Beach a realizar una visita a esa ciudad. Se trataba de festejar el «Batista's Day». Yo lo acompañé en aquel viaje memorable. Supuso que al llegar a Daytona recibiría el saludo del Presidente Eisenhower o alguna cortesía del Departamento del Estado. Nada de esto ocurrió; durante horas y horas esperó en vano. Washington no se dio por enterado de la presencia del Presidente Batista de Cuba en Daytona. Esto lo puso de mal humor.

En junio de ese mismo año de 1956 volvió a ocurrir otro incidente que reafirmó su rencorosa actitud hacia Eisenhower. Se celebró la reunión de Presidentes de Panamá. Era el 130 Aniversario del Primer Congreso Latinoamericano que había auspiciado Bolívar. También lo acompañé a esa cita. Lo grave de aquella reunión fue que el orden en que marchaban los presidentes estaba regido por el orden alfabético, Cuba venía después de Costa Rica, por supuesto. El Presidente de Costa Rica, José Figueres, sentía un profundo desprecio por Batista, desprecio bien correspondido por Batista. En esa cita continental, Figueres marchó delante de él. Los dos únicos gobernantes que se dignaban atenderlo eran, precisamente, los dictadores Marcos Pérez Jiménez de Venezuela y Carlos Castillo Armas de Guatemala. Los demás lo evitaban y ni siquiera querían tratarlo.

El día que íbamos hacia la recepción, los automóviles marchaban en fila. El de Costa Rica, con Figueres, delante. El nuestro, detrás. De pronto, Figueres se apeó del carro y siguió a pie. La multitud lo ovacionaba. Batista lo seguía detrás, encerrado en su automóvil. No se atrevió a imitar el gesto de Figueres porque temía un atentado. Eso lo puso furioso. Batista decía que aquello era una conjura de los americanos para desacreditarlo.

El último día, todos los presidentes tenían que ir a saludar a Eisenhower. Batista estaba incomodo. Al fin fue a saludar a Eisenhower. Yo me quedé en la antesala. La entrevista con Eisenhower duró escasos diez minutos. Cuando salimos en el automóvil, iba muy callado.

Sin la ayuda de los militares, Batista no hubiera podido regresar al poder el 10 de marzo, pero una vez «montado», comenzó a tomar distancia de ellos. ¿Es eso cierto?

Es cierto; Batista tomó cierta distancia de los militares desde el momento mismo en que llego al poder. Tan es así que el Batista que alzó la tropa el 10 de marzo, era lógico que apareciera en ropa de campaña o con atuendos militares, pero no lo hizo. Mas tarde, a fines de 1953, la Oficina de Publicidad del Palacio Presidencial daría instrucciones a los diarios de que ninguna fotografía donde apareciera el Presidente acompañado con militares fuese publicada, salvo las tomadas durante los actos del 4 de Septiembre, 10 de Marzo y otras recepciones que debían efectuarse en Columbia, en las cuales no podía prescindirse de la presencia de los uniformados.

Comenzó a desarrollar el «complejo de demócrata»...

Puede ser...

De todos los políticos damnificados por ese golpe, el más lesionado sería el doctor Agramonte, habida cuenta de su virtual elección en esos comicios. ¿Cuál fue su reacción?

El era un político decente y respetable y mantuvo la prudencia y la discreción en todas sus manifestaciones después del golpe; su oposición al régimen fue, desde luego, cerrada pero siempre por los cauces democráticos y normales.

CAPÍTULO III

OPOSICIÓN A BATISTA

Las acciones para destituir a Batista no tardaron en llegar. El 5 de abril, 25 días después del golpe, se produce un confuso hecho que tenía como fin tomarse a Columbia, destituir a Batista y, por supuesto, nombrar un nuevo gobierno. ¿Recuerda cómo fueron los hechos?

    Sí. Ese día, como hacia las 3 de la tarde, se presentó en una de las postas de Columbia, creo que en la No. 4, el profesor Rafael García Barcena, al frente de un grupo de civiles con el propósito de tomar la guarnición militar. El era un profesor de la Escuela Superior de Guerra y, por lo tanto, conocido por algunos oficiales. Ante tan descabellada idea, el Coronel Barrera Pérez, al mando de un pelotón de soldados, los copó, deteniéndolos y enviándolos luego ante los tribunales. Contando quizás con que siendo profesor de muchos oficiales, estos lo iban a seguir, se decidió a dar ese paso, algo verdaderamente inconcebible en una persona cuerda.

¿Y cómo se produce su primer encuentro con Fidel Castro?
    Eso fue en el año 1951, antes del golpe. Fidel Castro fue llevado a Kuquine por Rafael Díaz Balart una tarde, cuya fecha no puedo precisar, para serle presentado a Batista, como una joven promesa de la política y con la intención de que Batista lo integrara a las filas de su partido político. Castro era cuñado de Rafael Díaz Balart. Ese día, después de anunciarle a Batista la llegada de sus invitados, ordenó conducirlos hasta la biblioteca, ya que en ese momento tenía audiencia con otras personas. Castro comenzó a ojear, algo inquieto, algunos libros y a pronunciar exclamaciones de asombro, ante lo bien organizada que halló la biblioteca y la numerosa colección de libros de la casa. Minutos más tarde Batista lo recibió. Tiempo después se dijo que Castro había asistido a esa entrevista, de la mano de Díaz

Balart, para pedirle la postulación de representante por el partido Acción Unitaria, el que dirigía Batista.

Una ocasión de oro para sacarlo de circulación como agitador y «matricularlo» en la legalidad, sin duda...
    Si, pero Batista se negó, según se supo más tarde. Parece que la percepción que tuvo de Castro fue totalmente equivocada pues lo menospreció. Nunca pensó que este personaje, rebosante de juventud en ese momento, fuera, de allí para adelante a producirle tantos dolores de cabeza. Meses después, asalta el cuartel Moncada y comienzan a desgranarse los hechos de sangre que tanto enlutaron a la familia cubana.

¿Cuándo se produce el ataque al Cuartel Moncada?
    Eso ocurre el 26 de julio de 1953.

¿Qué tanto tiempo después de esa frustrada reunión?
    Pocos meses después. No puedo precisarlo.

¿Cómo se desarrollan esos acontecimientos?
    Pues bien, el asalto al cuartel Moncada lo realiza Castro con 162 individuos, –ninguno de ellos mayor de 30 años– quienes se dejaron llevar por las fantasías y mentiras de quien siempre ha estado acostumbrado al engaño. Escogieron esa fecha porque coincidía con un domingo de carnaval y pensaron que la tropa estaría, por tal motivo, más relajada. Al principio, los asaltantes lograron penetrar en el campamento militar desapercibidos ya que vestían las mismas prendas del Ejército Cubano, pero más adelante, la situación cambió cuando el escolta de una de las postas atacadas, rasgó, moribundo, el seguro del timbre de la alarma. El campamento fue alertado y el soldado de la posta, lamentablemente, murió asesinado, cumpliendo con su deber. Los soldados repelieron el ataque con rapidez y valentía neutralizando el alevoso ataque. Fidel Castro, al notar como respondían los soldados al ataque, saltó del automóvil en que venía y se le vio desaparecer, con rumbo desconocido. Ni siquiera penetró en el Cuartel Moncada.

Al tener noticias del asalto, Batista envió un cable al Jefe del Regimiento Militar de Oriente, Alberto del Río Chaviano, ordenándole capturar vivo al cabecilla del asalto. Días más tarde, el 30 de julio, Fidel Castro fue capturado en las montañas por el teniente Sarria y su patrulla, durmiendo plácidamente en un bohío. Sus compañeros de aventura estaban, unos muertos y los otros detenidos. Así terminaría esa primera sangrienta aventura rebelde de este nefasto personaje.

Pero entiendo que la sociedad Cubana se alzó para pedir que le respetaran la vida a Castro. Inclusive un arzobispo hizo un llamado para lo mismo...

Si, hubo llamados de algunas personas y entidades para hacerlo y se entrevistaron con Monseñor Enrique Pérez Serantes para tal efecto.

También estuvo muy activa la esposa de aquella época de Fidel Castro, Mirta Díaz Balart y su hermano Rafael, entonces Subsecretario de Gobierno del régimen...

Así es.

Bastante temeraria esa acción de Fidel Castro, por cierto. Atacar un Cuartel Militar con 162 hombres...

Es evidente. Fidel Castro se burlo de los servicios de inteligencia del Ejército, la Marina y la Policía, porque se traslado desde La Habana, donde él residía, hasta Santiago de Cuba, sin ser detectado por ninguno de los organismos de seguridad del estado; nadie lo descubrió y además llevaba ciento y pico de sus seguidores con él. Ese fue, innegablemente, un error de los servicios de información e inteligencia del gobierno, porque el ataque al Cuartel Moncada sorprendió a todo el mundo, nadie lo esperaba. Se suponía que el Ejército estuviera siempre preparado para cualquier sorpresa, pero en este caso, como se estaban celebrando los festejos en Santiago de Cuba, la verdad es que la seguridad se descuidó y no se tomaron las medidas pertinentes, porque nunca antes un cuartel había sido sorprendido de la manera en que lo fue el Cuartel Moncada. La rápida y valerosa acción de la guarnición impidió que el factor sorpresa se impusiera a la determinación y decisión de repeler el traicionero ataque, por parte de la tropa acantonada en el Regimiento Número 1, Maceo, Cruz de Honor.

Pero, General Tabernilla, ese golpe de mano, así hubiera sido frustrado, alcanzó a tener unos alcances políticos innegables. Les lanzó al pueblo y al gobierno el mensaje de que ya había un movimiento de oposición armada andando. ¿Comprendió el gobierno ese mensaje?

Yo tengo la seguridad de que el gobierno comprendió que era muy grave la expresión violenta de un movimiento armado, por pequeño que este fuera y esa era la consigna buscada por Fidel Castro y sus partidarios. Los partidos políticos tradicionales estaban buscando la manera de reorganizarse para continuar sus trajines políticos, porque esa era su misión y el asunto del asalto al Cuartel Moncada vino a truncar los planes políticos del gobierno para volver a encausarlos a todos para que se sintieran seguros en unas nuevas elecciones.

Unas nuevas elecciones que Batista preparaba para el siguiente año, 1954...
Ciertamente.

¿En el lado del Ejército, como es vista esta acción del 26 de Julio?
El Ejército lo contempló con sorpresa y con pena, en el sentido de que ve a un grupo de cubanos que se inmolan sin una causa justificada o que son detenidos, al ser lanzados a esta aventura por una persona sin escrúpulos, para terminar hiriendo y matando a soldados que estaban defendiendo al gobierno y a la nación y cumpliendo con su deber. Fidel Castro no tenía, en ese momento, ninguna razón para inmolar ni a su gente ni a la nuestra. Su único propósito era buscar notoriedad y publicidad.

¿Cuales fueron las razones que arguyeron los rebeldes para tomar esa acción; porqué lo hacían, contra qué luchaban?

Decían que luchaban contra el golpe militar del 52, lo mismo que dijeron después en la Sierra Maestra; que querían ir a unas elecciones y restaurar la democracia y la Constitución de 1940 en Cuba; esa era la bandera que enarbolaban Fidel Castro y sus seguidores en ese sentido, y así lo hizo saber éste en el juicio que se le llevó a cabo, después de su captura, y que lo condeno a 15 años de prisión.

Lo que deduzco de su respuesta es que la sublevación que se inició con ese atentado al Cuartel Moncada era contra el régimen de Batista, considerado ilegítimo y que la única demanda de ese movimiento era que se regresara a la legalidad, mediante unas elecciones limpias. ¿Estoy en lo cierto?
Así es.

¿Es el asalto al Cuartel Moncada lo que convence al gobierno de que debe convocar a unas elecciones rápidamente?
Hasta cierto punto, si.

Pero, ¿No cree que eso era relativamente fácil para el gobierno en esos momentos? Convocar a unas elecciones para sacar de circulación a un movimiento armado y subversivo que tenía como bandera, para justificar sus malas acciones, la ilegalidad del régimen
Las intenciones del gobierno eran esas. Las elecciones a corto plazo, pero los partidos políticos tradicionales eran los que no le querían hacerle el juego al gobierno y se abstuvieron de convocar a sus seguidores para una nueva elección. En eso se empleó mucho tiempo y el gobierno tuvo mucho desgaste; vinieron las entrevistas entre Batista y los representantes de los partidos políticos tradicionales, tratando de buscarle una solución a ese problema político.

Problema político que había creado el golpe del 10 de marzo de 1952...
Efectivamente.

En otras palabras, no le tenían confianza al régimen.
No le tenían confianza a Batista. Pensaban que no iba a hacer unas elecciones honradas y además sabían que Batista no quería dejar el poder.

No existía la voluntad política de los líderes para sacar adelante un acuerdo razonable de gobernabilidad y, además, tampoco se notaba, por lo que deduzco, la transparencia de Batista para garantizar unas elecciones diáfanas. De esa forma no era fácil desarticular ese movimiento sedicioso que objetivamente estaba luchando por reinstaurar un régimen legal.
Así mismo es, y Cuba estaba como paralizada en ese sentido y había que buscarle una solución que Batista podía proporcionar pero no la hacía, mejor dicho, se resistía a darle solución a un problema político que él creó por su ambición de poder.

¿Finalmente, cómo terminó el juicio a Castro?
Con una condena a 15 años, de los cuales solo cumplió dos, ya que salió amnistiado en mayo de 1955, a raíz de una ley general que cobijaba a todos los presos políticos de Cuba.

¿No le parece muy ilógica esa decisión de amnistiar a quien era, en aquel momento, un perturbador profesional, un avezado elemento sedicioso y como si fuera poco, un individuo que había propiciado la muerte de soldados y civiles cubanos?
Si. La decisión fue del todo ilógica e inconveniente. Mi padre trató de persuadir a Batista del error que cometía. En una carta del 24 de agosto de 1960 mi padre le escribió a Batista diciéndole:

> «Usted amnistió a Castro y su pandilla después de asesinar a mas de veinte soldados en el frustrado ataque al Cuartel Moncada, siendo muchos de ellos ultimados en la misma enfermería del Regimiento. Yo le rogué que no amnistiara a esos criminales, y usted me contestó: 'Pancho, tu no entiendes de política, esto lo

hago yo para buscar la cordialidad de manera que el pueblo me lo agradezca.' Y yo le contesté: 'Pero no se lo agradecerán las viudas y los huérfanos de nuestros compañeros ni tampoco el Ejercito'».[2]

Rafael Díaz Balart, pariente político de Castro, también se ocupó de advertirle a la clase política sobre lo que podría suceder si se excarcelaba a Fidel Castro. No fue posible convencer a Batista ni a sus aliados políticos en el Congreso. Castro salió libre y como un héroe.

Regresemos al 30 de julio de 1953, fecha de la aprehensión de Castro por los hechos del Moncada. Batista debió haber visto crecer su «ego demócrata», al presentar vivo a Fidel Castro, después de su detención...

Evidentemente. En medio de sus pretensiones de aparecer como un gobernante demócrata, el presentar vivo al enemigo público número uno, después de ser detenido por la ejecución de esos actos crueles y sanguinarios, no dejó de hacerlo ver como un gobernante compasivo. Esto le causó un gran orgullo y una enorme satisfacción, ya que siempre estaba en búsqueda de aparentar esa imagen.

Un punto a su favor, con miras a las elecciones que había programado efectuar para darle legitimidad a su régimen, supongo.

Un punto muy a su favor, que se unía al que obtenía con la febril actividad de la construcción de obras públicas que eran mostradas con mucha publicidad, haciéndolo aparecer como un verdadero reformador de La Habana. En las oficinas del Presidente en el Palacio se comentaba que, en cada andén, en cada puente, en cada calle pavimentada; en cualquier lugar en donde se pusiera un ladrillo, por cuenta del estado, el 35% del costo de ese ladrillo iba a parar al bolsillo de Batista.

¿Y cómo se decide a hacer unas elecciones, con todo el aparato político cubano en su contra?

---

[2] El Anexo VII contiene el texto de la carta completa.

Porque varias semanas antes de las elecciones, que se efectuaron el primero de noviembre de 1954, Batista había logrado convencer a los jefes provinciales del Partido Auténtico, que dirigía su tradicional adversario, el doctor Grau San Martín, de que concurrieran a las elecciones convocadas por su gobierno. Este partido político tenía profundas y serias divisiones pero ya Batista había socavado sus bases, haciendo pactos secretos con los dirigentes provinciales, de espaldas a Grau San Martín, su líder máximo. No era extraño ver en Kuquine, su finca privada, a los principales dirigentes de los Auténticos, disfrutando de la hospitalidad de su contendor político, todo ello rodeado, desde luego, de un sigiloso misterio, pues no estaba interesado en que trascendieran estas reuniones con sus adversarios políticos. También eran sus asiduos visitantes los contribuyentes de su campaña, representantes de las grandes empresas, industriales extranjeros, cubanos del azúcar, y comerciantes de distinta naturaleza, entre los cuales logró recaudar la astronómica suma de 19 millones de dólares, de esa época, para su campaña presidencial. Las cuentas de lo gastado en la campaña presidencial las llevaron, contando hasta el último centavo, sus hombres de confianza para esos asuntos de dinero que eran el Dr. Andrés Domingo y Morales del Castillo y el Dr. Manuel Pérez Benitoa, quienes recibían las donaciones en dinero y especie, destinados a la campaña. Según las cuentas que se conocieron posteriormente, solo gastó un poco más de $7 millones. Además de la presidencia, se ganó casi $12 millones del dinero sobrante.

Y además le ponía un sello de legalidad a su régimen...
Desde luego.

Pero también con más compromisos políticos y económicos...
Efectivamente.

Se dice que en aquella época, después de esas elecciones, la prensa se convierte en su principal crítica, en su más dura opositora. ¿Es eso verdad?
Sí, algunos periódicos y algunas emisoras de radio.

Pero él mismo era propietario de algunos periódicos y a otros los mantenía silenciados con prebendas y obsequios.

Sí, pero no a todos. Había prensa independiente que no subvencionaba su gobierno, además, las agencias internacionales de noticias informaban, en sus despachos, con independencia y claridad meridiana sobre todo lo que acontecía en el país. Publicaban los hechos, como se presentaban.

¿Cómo vio el gobierno de los Estados Unidos esta nueva elección presidencial de Batista?

Nuevamente fue reconocido sin tardanza por el Departamento del Estado y por todos los gobiernos acreditados en la isla.

Es decir, avalaron la legitimidad del régimen...

Efectivamente.

Y partidos políticos, ¿cómo reaccionó?

Inmediatamente después de las elecciones, la oposición interna estaba escindida; había apatía y ningún sector oposicionista atacaba al gobierno.

¿Y la Universidad?

Bueno, eso si es diferente. Hay que reconocer que los disturbios estudiantiles eran cada vez más frecuentes. Los líderes políticos de la oposición estaban contra la pared, acorralados por los reclamos de los estudiantes, quienes cada vez se mostraban más agresivos.

¿Cómo maneja Batista esta nueva situación?

La frase del Coronel Cosme de la Torriente lo resume todo: «Hablando se entiende la gente. Peleando no». Coronel Cosme de la Torriente, un venerable patriota de la guerra de independencia, quiso, infructuosamente, un dialogo cívico para regresar a la República a sus cauces institucionales. En 1956 trato en una entrevista con Batista en persuadirlo a que convocara a elecciones generales, pero Batista se negó a discutir sobre las elecciones hasta 1958. Esta decisión movió a los estudiantes en Santiago de Cuba y La Habana a organizar mítines de protesta en contra del gobierno. Batista nunca propició ese gran dialogo nacional y, en cambio, dejo que la situación política se deteriorara, alterada ahora por los atentados y las agresiones de los «Fidelistas».

Quienes tenían a su líder, en ese momento, encarcelado...
Encarcelado y a punto de salir amnistiado.

Algunos autores han calificado la tramitación de esa ley de amnistía como un ardid de Batista para bajarle presión a las críticas sobre corrupción administrativa, peculados, sobornos a empleados del gobierno, mejor dicho, todas las marcas que iba dejando su régimen corrupto. ¿Qué opinión le merecen estos comentarios?
Eso tiene mucho de cierto porque para esa época se presentaron en la prensa nacional muchas quejas sobre el particular. Tiene lógica esa apreciación.

¿Tenia el gobierno planes de contingencia para cuando Castro saliera amnistiado de la cárcel?
Si, desde luego. Además en el Ejército sabíamos que este sujeto y sus secuaces, tarde o temprano, nos iban a ocasionar problemas. Por esa razón Batista, como uno de sus primeros objetivos, trató de eliminar a Fidel Castro, poco después de su amnistía. Trató de hacerlo a través de familiares, parientes o amigos de los soldados asesinados en el asalto al Cuartel Moncada. Para el efecto, se enviaron agentes de seguridad e inteligencia a buscar, dentro del Ejército, a algunos de esos parientes que quisieran y estuvieran en condiciones de cometer ese asesinato. El gobierno les garantizaría un juicio simulado y un indulto posterior. Después de mucho andar en la búsqueda de ese personaje y de contactar a algo más de 10 militares y exponerles el plan, debió cancelarse porque ninguno de esos soldados quiso prestarse para tal empresa. Eso dio al traste con los planes del gobierno para eliminar a Castro, inmediatamente después de su indulto. El Jefe de

Regimiento No. 1 Maceo, Cruz de Honor, Alberto del Río Chaviano, fue el encargado de coordinar esta misión.

Una acción del gobierno bastante ambigua, porque por una parte permitió el indulto de un asesino y, por la otra, trataba de liquidarlo con un plan «non muy sanctus»...
Así mismo fue. Esa era la manera de actuar de Batista.

¿Como podríamos interpretar la actitud de las personas que se negaron a asesinarle: miedo, cobardía o ya, en ese punto del conflicto, simpatía hacía el personaje?
No, no creo que fuera simpatía por Castro, todo lo contrario. Lo que ellos no querían era prestarse para matar a alguien a sangre fría pues, para eso, hay que ser un asesino y ellos no lo eran. Fue la impresión que me dejó ese incidente.

¿Cómo fue recibida por el Ejército la amnistía de Castro y su posterior viaje a México?
Para las Fuerzas Armadas fue como una bofetada que nos propinó Batista a todos quienes éramos sus compañeros de armas. Nunca pudimos aceptar que el régimen le permitiera la impunidad a un sujeto de esa calaña, quien tanto mal le había ocasionado al país y a las Fuerzas Armadas. Se sabía que Castro no iría a México en planes de veraneo y turismo. Sabíamos que, desde allí, estaría conspirando para causarle problemas a la nación y no podíamos aceptar las razones que el gobierno tenía para dejarlo en libertad.

¿Se le siguieron los pasos a Castro en México?
Por supuesto, el gobierno tenía espías en México y en Miami, que eran los principales centros de oposición al régimen. Había varios de esos espías. Inclusive recuerdo uno que llegó alguna vez a Columbia. Yo no lo conocía. Se me informó, un día cualquiera, que «fulano de tal» quería ver al Presidente, que era «su amigo personal». Ya habíamos recibido instrucciones que tan pronto llegara ese personaje, lo recibiéramos y lo hiciéramos pasar al despacho presidencial. Así,

en efecto ocurrió, y tan pronto lo recibí, informé al Presidente de su presencia, siendo autorizado para permitirle el ingreso a su despacho. Allí estuvieron dialogando, él y Batista, por largo rato.

Poco después de que el sujeto dejara el despacho del Presidente, estuve hablando con él unos minutos. Era un espía, contratado por el régimen para asesinar a Castro. La verdad, quien resultó siendo fusilado por Castro, meses después, en la Sierra Maestra, fue él mismo.

Pero si existían esos servicios de inteligencia detrás de la pista de Castro, ¿por qué éste pudo armar desde México la expedición del «Granma», y desembarcar en las costas cubanas, según se dice, con 82 de sus secuaces? Además, estaban, también, los servicios de inteligencia de México. ¿No fallaron también estos al no detectar a un extranjero organizando una invasión a un país amigo, desde el territorio mexicano?

Usted tiene razón. Ambas fallaron. Tanto la inteligencia cubana en México, como la mexicana en su propio país. El gobierno mexicano nunca nos informó que el yate Granma, que sabíamos que estaba anclado en un puerto mexicano y que estaba siendo frecuentado por personas desafectas al régimen cubano, había zarpado, con un voluminoso armamento, con destino a las costas cubanas. Como se puede deducir, la vigilancia asignada a Castro falló en todo sentido.

¿Cómo consigue Castro los fondos para la financiación de esta empresa, o mejor, para esta aventura subversiva?

Según los informes con que contábamos, el Granma fue comprado con fondos provenientes del doctor Carlos Prío Socarrás.

¿Y las armas, la paga y la dotación militar de estos expedicionarios?

También con dineros del doctor Prío Socarrás. Cualquier acción que tuviera como fin el derrocamiento del régimen de Batista, contaba con el apoyo financiero del doctor Carlos Prío. Siempre estuvo confabulando para conseguir ese propósito.

En 1955, después de las elecciones que realizó Batista en el 54, el doctor Carlos Prío regresa a Cuba. ¿Qué hechos producen el retorno del ex-presidente derrocado?

El gobierno, después de las elecciones generales del 54 y por intermedio del doctor Anselmo Alliegro, quien fue Presidente del Senado, y del doctor Jorge García Montes, Primer Ministro, contactaron a Prío, a instancias del recién elegido Batista, para que le dijeran que tenía todas las garantías, económicas y judiciales, para regresar a Cuba, a ponerse al frente de sus partidarios; podría desenvolverse libremente por el territorio cubano e inclusive, hacer política. Este mensaje enviado por Batista estuvo respaldado, inclusive, con el respeto que Batista tuvo para todos los bienes y negocios de Prío en la isla, que no eran pocos. Sus negocios, sus propiedades, todos sus bienes fueron escrupulosamente respetados por el régimen y nunca sufrieron menoscabo alguno. Este mensaje, unido a los que le envió Batista, con los mencionados personajes, hicieron que Prío regresara a Cuba, y no para dedicarse a la política, en el buen sentido de la palabra, es también justo decirlo.

¿Cree que fue conveniente, para los intereses de la nación, el regreso de Carlos Prío a Cuba?

De alguna manera si, porque era una demostración de que el gobierno, que había ido a elecciones, estaba encausando al país por la senda de la democracia y el respeto a los derechos, así que el regreso de Prío respaldaba las declaradas intenciones del gobierno en ese sentido.

Pero yo discrepo de esa afirmación porque pienso que la presencia del doctor Carlos Prío en Cuba, en ese momento, agitaría los rencores políticos en forma inoportuna. Hizo, como se puede demostrar, que se despertaran viejas pugnas partidistas debido a lo reciente de los hechos, sin que el nuevo régimen estuviera plenamente consolidado. El partido de Carlos Prío, los Auténticos, como se les denominaba, seguía operando; sus bases estaban

intactas y existía el antecedente de que había sido forzado a dejar el poder antes de cumplir reglamentariamente su período de gobierno; ¿eso no dejaría de ser un inconveniente para la gobernabilidad de Cuba en ese momento?

No lo creo así. El partido Autentico sacó en las elecciones del 54 a varios senadores electos, aunque el ex-presidente Grau, que corría como candidato, se retiró de esa contienda electoral. Cuando Prío llega a Cuba, en el 55, promete hacer una vida normal y dedicarse a la política. Batista no se imaginó que empezaría a conspirar de la manera que lo hizo y creo que Prío, en ese sentido, actuó mal; si se hubiera dedicado a hacer política, correctamente, habría podido encauzar al país con sus ideas y hubiese ayudado a enderezar al país en su camino hacia la democracia.

¿Pero no cree usted que el doctor Prío tenía suficientes motivos para desconfiar del régimen?

Sí, los tenía, es cierto, pero al aceptar ese ofrecimiento del gobierno aceptaba también el compromiso de actuar dentro de los causes constitucionales. Y la verdad es que no actuó así.

El 4 de abril de 1956 ocurre una conspiración desde el interior de los cuarteles militares contra el régimen. Es conocido como el «Barquinazo» ¿Qué recuerdos tiene de ese complot?

Ese fue un conflicto muy grave que puso a prueba la estabilidad del gobierno. En ese complot estuvieron comprometidos más de 600 oficiales del Ejército, encabezados por el Coronel Ramon Barquín. Fue detectado simultáneamente en Columbia y La Cabaña. El Coronel Antonio Blanco Rico, Jefe del Servicio de Inteligencia Militar, y yo fuimos comisionados para enterar al Presidente Batista sobre los pormenores de la conspiración. Le entregamos los nombres de los comprometidos en ella, los cuales nos habían sido dados por otros oficiales con quienes los conspiradores habían establecido contacto, tratando de convencerlos de participar en la misma. Se procedió al arresto del Coronel Barquín y los más comprometidos y fueron juzgados en Consejo de Guerra Sumarísimo en el edificio que ocupaba el Consejo Superior de Guerra, en la Ciudad Militar.

¿Además de Barquín, qué otros oficiales de confianza del régimen fueron arrestados, juzgados y condenados?

Bueno, puedo mencionarle al Teniente Coronel Manuel Varela Castro, Jefe del Regimiento de Tanques de la Ciudad Militar, y al Comandante Enrique Borbonet, quienes fueron los segundos de Barquín en la conspiración. Además, el Comandante José Orihuela Torra, de la Academia Militar, el Comandante Pedro Ríos Morejón, de la Fortaleza de La Cabaña, los Capitanes Vásquez, Despaigne y Travieso, en fin, muchos otros, inclusive oficiales que habían tenido una limpia hoja de servicios en la institución. En realidad fueron muchos los comprometidos con Barquín y pocos los juzgados en Consejo de Guerra Sumarísimo. Fue una decisión política del Presidente contra las normas y reglamentos que rigen estos casos.

Pero el Coronel Ramón Barquín estaba asignado como agregado militar en la embajada de Cuba en Washington. ¿No era muy sospechoso que una persona que estaba representando los intereses militares de Cuba en los EE.UU. pudiera fraguar una trama de esa naturaleza, sin que los servicios de inteligencia norteamericanos se enteraran?

Ellos sí estaban enterados, desde luego.

¿Quiere decir que en ese complot militar hubo más intereses de por medio?

El único interés, diferente al de los militares complotados, fue el que se le comprobó a la CIA, Agencia Central de Inteligencia de los Estados Unidos, quien apoyó al Coronel Barquín en esa aventura.

¿En qué sentido la CIA empujó este complot de Barquín contra el régimen de Batista?

Los contactos que tenía Barquín en los Estados Unidos, con elementos de la CIA, fueron desde siempre muy estrechos y él así se lo hacia saber a las personas que iba comprometiendo en el complot; les decía que tenía todo el respaldo del gobierno americano para remover a Batista del poder, que su gobierno era una dictadura que no podía admitirse en América. Que los Estados Unidos les darían su apoyo, una vez se hicieran con el poder.

¿Cree usted que lo que afirmaba Barquín era cierto?
Positivamente cierto.

¿Qué impresión causa en las filas castrenses la traición de Barquín?
Entre las diferentes ramas del Ejército siempre existían rivalidades, propiciadas por la forma en que Batista conducía los asuntos militares y del gobierno. Su forma de gobernar no llamaba a la simpatía, se veían muchos favoritismos a la hora de los ascensos, entre la oficialidad profesional. En el Ejército se asciende por selección, antigüedad y por oposición y para Batista estas dos últimas categorías no existían. Para él, todo era selección, él ascendía al que creía que debía ascender, no por sus méritos. Eso le hizo un gran daño a la institución militar, creó fricciones entre nosotros mismos, en una palabra, fue una política muy desafortunada. Por ejemplo, en el caso relacionado con el complot de Barquín, nosotros sabíamos que con esos 600 oficiales comprometidos con él, jamás podíamos contar. Sin embargo, Batista se negó a condenarlos y se empeñó en mantenerlos en la institución.

Su impopularidad fue creciendo entre la oficialidad. En varias oportunidades, yo personalmente lo invitaba a que compartiera con la tropa en alguna celebración, algún almuerzo, etc., a que confraternizara con los soldados. Jamás aceptó esas invitaciones. Alrededor de julio de 1958, cuando el batallón del Teniente Coronel Sánchez Mosquera llegó a Columbia, después de un fuerte combate con la guerrilla, del que salió mal herido, ofrecí un almuerzo, para recibirlos, en el Club de Oficiales de la Ciudad Militar. Batista, estando en las instalaciones, a pesar de mis ruegos para que se presentara, no asistió, ni siquiera para agradecerles a los soldados su acción valerosa en esta guerra y su sacrificio en defensa de la patria. Ellos sabían que Batista estaba allí en su residencia el la Cuidad Militar y no quiso darles la cara a los hombres que lo estaban manteniendo en el gobierno. Ese acto fue muy mal visto por los oficiales y por la tropa. Además, jamás visitó la zona de operaciones en la Sierra Maestra. Esa actitud, también, lo perjudicó grandemente.

En noviembre de 1956, es cerrada la Universidad de la Habana. Hay, según el gobierno, movimientos insurrecciónales en su interior. Es de muy mala aceptación cerrar un claustro universitario, en cualquier lugar del mundo, por razones políticas. ¿Qué consecuencias trajo consigo ese cierre?

La Universidad de La Habana fue siempre un faro de luz de las ideas de libertad de la nación. Cuando en un país los estudiantes salen a la calle, algo anda mal y el Ejército cubano, siempre respetuoso de los estudiantes y de lo que ellos representaban, sentía mucho esas manifestaciones desfavorables del estudiantado. Tuvo una pésima repercusión en la disciplina y en los sentimientos del soldado cubano.

Hubo algunos líderes que manejaban, de todas maneras, la opinión en la vida universitaria cubana. ¿Quiénes eran Blas Roca y Lázaro Peña?

Blas Roca y Lázaro Peña eran miembros del Partido Comunista Cubano, pero, como ya le dije antes, el Partido Comunista fue, desde siempre, muy amigo de Batista –hasta cierto punto, su soporte– y él siempre los estuvo apañando y ayudando en todos sus problemas, así que yo no los consideraría enemigos del régimen. En mi opinión, en sus actividades en la universidad, no estaban complotando en contra del gobierno de Batista.

¿Y Juan Marinello?

Otro comunista. Marinello fue, inclusive, Ministro sin Cartera del gobierno de Batista, como ya lo dije antes. Ya usted podrá sacar sus propias conclusiones.

¿Es decir, que las conspiraciones que se descubren para derribar al régimen en el año 1956 no provienen del Partido Comunista Cubano sino de algunos sectores de la oposición y del propio Ejército, apoyados por la CIA?

Ciertamente.

Dicho de otra forma, el régimen de Batista mantenía neutralizada la capacidad de los comunistas para desestabilizar su régimen con base en prebendas y cargos públicos. ¿Coincidían los intereses de Batista con los del Partido Comunista Cubano?

No se si sus intereses coincidieran o no. Lo que le puedo decir es que el Partido Comunista de Cuba nunca trato de desestabilizar al gobierno de Batista. Todo lo contrario, ellos cooperaban con el régimen, aunque en 1958 algunos de sus miembros se incorporaron a Fidel Castro en la Sierra Maestra.

El 29 de abril de 1956, es decir 25 días después del «Barquinazo», ocurre otro ataque, esta vez al Cuartel Goicuría, en Matanzas. ¿Que recuerda de este hecho?

Que fue un fracaso para los atacantes. Este fue un complot cívico-militar organizado por elementos afines al Dr. Carlos Prío. Mejor dicho, fue otro complot más de Prío contra el gobierno de Batista. Todos los recursos logísticos y económicos que se requirieron fueron aportados por él. La guarnición repelió el ataque con valentía y rapidez. El Jefe del Regimiento era el Coronel Pilar García.

¿Qué ocurre con el doctor Carlos Prío después de develarse este nuevo complot en el cual, según dice, queda comprobada su participación?

Pues abandona el país, nuevamente, en forma precipitada y desordenada. Se marcha a Miami a continuar sus manipulaciones desestabilizadoras.

Se produjeron atentados contra la vida de grandes personalidades civiles y militares del país, como por ejemplo el que le costó la vida

al Teniente Coronel Antonio Blanco Rico, Jefe del Servicio de Inteligencia Militar, en octubre de 1956. ¿Cómo se explica el asesinato de un oficial que, justamente, debía ser la persona más custodiada de la isla, por las informaciones que manejaba y que, además, sabía sobre todos los movimientos de los insurgentes en la isla?

El Coronel Blanco Rico que era un oficial digno y de gran prestigio en el Ejército, era, efectivamente, Jefe del Servicio de Inteligencia Militar y fue asesinado, por un grupo de terroristas, al salir del Cabaret Montmartre. Con él iba mi hermano Marcelo Tabernilla quien era Teniente Coronel de la Fuerza Aérea y su esposa. Iba también el Capitán San Pedro acompañado por su esposa. Todos, menos el capitán San Pedro, recibieron heridas, ya que fueron ametrallados mientras estaban dentro de un elevador en ese cabaret. Blanco Rico murió al instante porque las balas fueron dirigidas directamente a él. Fue un duro golpe para el Ejército y para todos sus amigos que tanto lo apreciábamos y admirábamos.

¿A quien se le atribuyo ese asesinato?

Al principio, lógicamente, toda la culpa recayó en el movimiento que encabezaba Fidel Castro, pero tiempo después, se descubrió que fue cometido por Rolando Cubela, miembro de otro grupo revolucionario.

La escritora Claudia Furiati en sus notas para una biografía de Fidel Castro afirma que Rolando Cubela hacia parte de una organización denominada Directorio Revolucionario donde militaba José Antonio Echeverría, del todo opuesta al movimiento de Castro. Cuenta también que las armas con que fue eliminado el Coronel Blanco Rico fueron proporcionadas por los Auténticos, con fondos de Prío, para eliminar a Batista en un atentado que se perpetraría en un tramo de la carretera que recorría diariamente. Cambiada la rutina de Batista el día del atentado, no les quedó más remedio que utilizarlas contra otro personaje importante del gobierno. ¿Cree que es cierta esta versión?

Tiene todos los elementos necesarios para ser cierta, pero no lo puedo confirmar.

¿Fueron detenidos los autores de este magnicidio?
Fueron buscados por la policía, pero nunca detenidos, nunca fueron localizados. Ellos se escondieron o abandonaron el país. Eso nunca se supo.

Pues citando también a la misma autora, da cuenta de que en el asesinato del Coronel Blanco Rico el sábado 28 de octubre de 1956 participaron Juan Pedro Carbó Serviá, Machadito, Fructuoso Rodríguez, Rolando Cubela y Ramón Guin. Los dos últimos, también dice, participarían en una conspiración para eliminar a Castro, después del triunfo de la revolución. ¿Le son familiares algunos de estos nombres?
Desde luego. Todos ellos eran conocidos por su militancia en organizaciones extremistas

Un día después es asesinado el Brigadier Salas Cañizares. Son dos hechos sumamente graves que podrían dar a entender que las cosas podrían estar saliéndose de cauce, que el gobierno era incapaz de controlar la situación...
Esa fue otra pérdida grande para el gobierno y para la policía, porque Salas Cañizares era un jefe que cumplía cabalmente con sus obligaciones, y la prueba es que fue más allá de su deber, cuando trató de penetrar en la embajada de Haití, donde se suponía que se escondían los asesinos del Coronel Blanco Rico, lo que le costó la vida. El no debía haber entrado en la embajada de Haití, porque eso es considerado territorio extranjero, pero él lo hizo sin medir las consecuencias y perdió la vida.

¿Hay alguna otra relación entre el asesinato de Blanco Rico y el de Salas Cañizares?

Aparte del mencionado, ninguno. El homicidio del Coronel Blanco Rico fue premeditado y planeado, y el de Salas Cañizares fue fortuito.

De todas formas, es un mal mensaje para la opinión pública que está observando los acontecimientos, metida en medio del conflicto, ¿No lo cree?

La opinión pública recibió la noticia del asesinato del Coronel Blanco Rico con sentimiento porque él se había ganado la simpatía y el respeto de sus conciudadanos por la manera como se conducía personalmente y como operaba militarmente, ya que era un militar de carrera, que cumplía con su deber. Contrario a cuando el Jefe de la Policía, Brigadier Salas Cañizares, muere a la entrada de la embajada de Haití. Esa reacción fue diferente, ya que la policía es vista con resquemores por la opinión pública y sus funciones son, lógicamente, diferentes a las del Ejército. La policía siempre tiene mas contacto y roce con el pueblo y hubo en algunos sectores muestras de entusiasmo y alegría por el fallecimiento de Salas Cañizares. Como sea, él murió cumpliendo con su deber.

¿Cual fue la reacción de Batista ante el asesinato del Coronel Blanco Rico?

A Batista le afectó grandemente el asesinato del Coronel Blanco Rico porque lo apreciaba de verdad. Fue un duro golpe para él.

¿Es por esta razón que inicia una furiosa cacería violando masivamente muchos derechos ciudadanos?

No me parece que hubiera sido de esa manera. El gobierno debía cumplir con su deber de dar con el paradero de los asesinos de una figura pública, asegurándose de que una acción de este tipo no volviera a ocurrir. En ese orden de ideas podemos suponer que se pudieron haber cometido desafueros pero nunca fueron órdenes emanadas del Estado Mayor del Ejército.

Es que generalmente, cuando un régimen comienza a ser atacado de esa forma, las respuestas no se hacen esperar y hace su aparición el fenómeno de la represión oficial y lo que es conocida como la «guerra sucia». ¿Ocurrió eso en Cuba?

En algunos momentos, al inicio de las acciones sediciosas eso existió en el Ejército y la policía, no me queda la menor duda, y después, cuando ocurren los hechos que estamos aquí comentando, se incrementaron más. En realidad, esa fue una situación que le ocasionó mucho daño a la imagen del gobierno, pero a mi juicio, se hacía con el beneplácito del Presidente, quien tenía pleno conocimiento de lo que estaba ocurriendo.

¿Quiere decir eso que sí hubo represión oficial indebida y crímenes por parte del gobierno?

Así es.

¿Volvieron a suspenderse las garantías constitucionales de los ciudadanos durante esa época, es decir, se gobernaba mediante los decretos de estado de sitio?

Batista, cuando en su opinión había necesidad, suspendía las garantías constitucionales por determinado numero de días y después la reestablecía. El gobernada de acuerdo con su leal saber y entender, el era quien daba las ordenes directas, el lo controlaba todo.

Prácticamente un «régimen de facto».

Así se puede entender.

CAPÍTULO IV

DESEMBARCO

Hablemos del día 2 de diciembre de 1956, fecha del desembarco de Fidel Castro en el yate Granma por el oriente de Cuba. ¿Cómo recuerda ese episodio?

Por ese tiempo, a Batista le había dado una afición desmesurada por el juego de canasta. Eso, la verdad, era algo que muchos no entendíamos. Todo un jefe de estado, con un país en crisis y con problemas gravísimos que requerían su atención, y él desperdiciando el tiempo en forma inmisericorde, jugando canasta diariamente.

Ese 2 de diciembre de 1956, día que se produjo el desembarco de Castro en Oriente, se recibió un telefonema oficial temprano del jefe del escuadrón de la guardia rural en Manzanillo, notificando el desembarco. Habían llegado más de cien hombres. Me pase el día entero esperando instrucciones del Estado Mayor del Ejército, en mi condición de Jefe del Regimiento Mixto de Tanques «10 de Marzo». Vi con preocupación que no se había ordenado ningún movimiento de tropas. No se hacia nada. Todo estaba en calma.

Por fin, por la noche, alrededor de las diez, llamé por radio al SIM para que me informaran dónde se encontraba el Presidente. Me dijeron que en casa del doctor Jorge García Montes y, al llegar allí, lo encontré jugando canasta. Después de saludar a los presentes, me le acerqué y me preguntó «¿Qué pasa Silito?». Le respondí en voz baja «Ha habido un desembarco en Oriente y no observo movimiento de tropas». «Ya hablaremos luego», me contestó. «No quiero que se entere Martica, que se pone muy nerviosa», me dijo, refiriéndose a su esposa.

Cuando terminó el juego de canasta, pasaron al comedor. La espera fue de horas. Allí estaban el Jefe del Estado Mayor Conjunto de las Fuerzas Armadas, General Francisco Tabernilla Dolz, el Jefe de la Marina de Guerra, Almirante José Rodríguez Calderón y el doctor

Andrés Rivero Agüero, todos con sus respectivas esposas. Al finalizar la comida, Batista caminó hacia el pasillo, entre el comedor y la sala, y pidió un mapa. Alguien le trajo un mapa de la Esso, de los que daban en las estaciones de gasolina, lo abrió y preguntó:

«Pancho, ¿por dónde fue el desembarco?»

Se adelantó el Almirante Calderón y le dijo señalándole: «Por aquí, Presidente, por Belic».

«Bueno Pancho», expresó Batista «vamos a mandar cuarenta hombres.»

Cuando yo escuché esa barbaridad, –habían desembarcado cien hombres y fácilmente podrían burlar el cerco de cuarenta soldados y alcanzar la Sierra Maestra, internándose en ella– no me pude contener y le dije:

«¿Me permite, Presidente?» Se quitó los espejuelos, haciendo un gesto de aprobación, como para oírme, y le dije:

«Lo que yo haría sería enviar dos mil hombres y los desplegaría desde Niquero al Cabo de la Cruz, con el objeto de ponerlos de espaldas al mar y allí, o exterminarlos u obligarlos a rendirse».

El me replicó, textualmente:

«Silito, ¿tu estás loco? Lo que hay que hacer es obligarlos a que se internen en la Sierra Maestra. ¿Tú no sabes que en la Sierra Maestra no hay quien viva?»

Después de escuchar semejante barbaridad por parte de todo un jefe de estado, y ex-militar, para más señas, ya no quise hablar más. Es que con Batista no se podía. El pretendía saberlo todo y más que nadie. Sabia de economía, de periodismo, de literatura, de cocina, de pesquería, de todo. Batista presumía saberlo todo.

Después de algunos debates y discusiones entre los presentes que duraron largo rato, lograron el General Francisco Tabernilla Dolz y el Almirante José Rodríguez Calderón convencerlo de cambiar esa orden y enviar un batallón del Regimento No. 7 de Artillaría, destacado en la Fortaleza de La Cabaña.

Finalmente, el Comandante Juan González del Regimiento No.7 de Artillería, destacado en la Fortaleza de La Cabaña, fue el jefe designado para que se trasladara con su batallón a la Provincia de

Oriente, mejor dicho, a Manzanillo, y desde allí emprendiera las operaciones contra los forajidos. En Alegría de Pío se produce un encuentro entre estos y la compañía que comandaba el pundonoroso Capitán Juan Moreno Bravo, que avanzaba al frente y con la pistola en la mano. Se incendia el cañaveral donde combatían y Fidel Castro con 15 ó 20 hombres logra escabullirse. Hubo bajas en ambos bandos y cuando el Comandante Juan González ya había logrado reagrupar su tropa, llega desde La Habana el General Luís Robainas Piedra, Inspector General del Ejército, quien le ordena al Comandante González regresar a La Cabaña, al mismo tiempo que le comunica que están en marcha unos aviones que lanzarán unos volantes, conminando a rendirse a los forajidos que se habían quedado rezagados. El Comandante González, frente a sus oficiales y soldados, viendo que de cumplir esa orden le permitiría a Castro y sus secuaces evadirse, adopta la posición de atención y dirigiéndose al General Robainas, le dice que al enemigo derrotado hay que perseguirlo hasta su destrucción, tal y como está prescrito en todos los reglamentos militares. El General Robainas le responde que él le había transmitido una orden del Presidente y que su obligación era cumplirla.

    No obstante, el Comandante González envió un mensaje en clave al Estado Mayor del Ejército, pidiendo una semana más para capturar a Fidel Castro y sus lugartenientes, ya que sabía con precisión en que zona se encontraban escondidos. El Estado Mayor le respondió que regresara inmediatamente pues lo que quedaba por hacer, le correspondía a la Guardia Rural. El batallón regresó a La Habana en pequeños grupos como castigo por orden Presidencial. Jamás fue recibido ni aclamado por sus compañeros, tal como merecía hacerlo. El Comandante González nunca regresó a su puesto de partida, en el Regimiento No. 7 de Artillería con sede en la Fortaleza de La Cabaña. Fue destacado en el Cuartel Maestre General del Ejército, despojado de su mando como jefe del batallón que combatió a los forajidos de Fidel Castro. En una palabra, fue castigado injustamente por Batista por tratar de cumplir con su deber y con los reglamentos militares en materia de persecución y destrucción del enemigo en retirada.

Batista personalmente manejo esta operación militar. No permitió que los militares profesionales condujeran los movimientos militares, cualquier decisión militar envolvía la política para dar la sensación de que no había una guerra verdadera. En lugar, convirtió una operación militar en maniobra política, para desgracia de Cuba y de todos los que observábamos como persistía en ligar la política con lo militar. Sus indecisiones se hicieron tan notorias que los oficiales y soldados en operaciones comenzaron a pensar, desde ese momento, que el Presidente no quería capturar a Fidel Castro. Ese sentimiento contagió pronto el sentir de toda la tropa.

¿Pero, en verdad, se hubiera podido capturar a Castro, en esa operación militar?

Positivamente cierto. Pero cuando los soldados vieron que tenían a Fidel Castro acorralado y que de pronto el propio Batista daba la orden de paralizar la persecución, se les vino el alma a los pies. «Primero lo amnistió, y ahora no quiere cogerlo. Aquí pasa algo raro», comentaban los soldados.

Y desde allí comienza el desbarajuste en la Sierra.

¿Se refiere usted a que, desde allí en adelante, desde el inicio de las acciones contra Castro, los militares comienzan a desconfiar de las verdaderas intenciones de Batista?

Si. Los oficiales no podían entender la forma tan descabellada en que se producían las decisiones militares de parte de quien era el llamado a impartir las órdenes, es decir, del propio Batista. Batista no aceptaba el consejo de los militares, e insistía en personalmente hacer todas las decisiones militares. Sus instrucciones para las acciones militares eran del todo inconsistentes y eso dejaba mucho qué pensar entre la oficialidad y la tropa. Al final, hasta el más ignorante se daba cuenta que desde la presidencia se quería mantener ese estado de zozobra permanente, de inseguridad ciudadana, de inacción ante un enemigo que, desde el comienzo pudo haber sido vencido fácilmente. Eso fue dejando secuelas entre la oficialidad y la tropa. Después de dos años en operaciones nadie quería pelear. ¿Para qué?

Hubo un caso, hacia la mitad de la contienda, en que el Coronel Barrera elaboró un buen plan, cuidadosamente estudiado. El plan era evacuar a los campesinos y asignar suficiente tropa para copar a los rebeldes; parecía que la cosa iba de veras. Barrera llegó a tener dos mil hombres comprometidos en ese plan. Presentó el plan en La Habana y Batista lo aprobó. Empezó a trabajar y hubo un momentáneo renacimiento de la fe y la moral en los soldados. Lo exteriorizaban dando vivas a Batista. Cuarenta y ocho horas después, vino la contraorden de suspender el plan. Aquello fue el derrumbe. «Están de acuerdo», murmuraban oficiales y soldados. La mayor parte de las tropas fueron dedicadas a cuidar los cafetales de los amigos de Batista. Todas las fincas de sus amigos, en aquella zona, tenían protección militar.

«Lo importante, Silito, es salvar las cosechas», me decía. «Eso es dinero. Lo demás ya se resolverá,» agregaba. En efecto, mientras los rebeldes estaban confinados en la Sierra, los soldados cuidaban las cosechas.

Al poco tiempo, en 1957, apareció una entrevista en el *New York Times* magnificando las hazañas de Castro en la Sierra Maestra...
Si. El periodista del *New York Times*, Herbert Mathews, logró una entrevista con Fidel Castro la cual fue publicada con algunas fotografías que lo mostraban a él con algunos de sus lugartenientes. Cuando Batista las vio, mandó a buscarme a mí y a Rafael Díaz Balart y nos mostró las fotografías.

«¿Tú crees que ese es Fidel Castro?» le preguntó a Díaz Balart.

«Nunca, Presidente», respondió Díaz Balart. «Ese no es Fidel Castro. Fidel no tiene barbas; es lampiño».

Alborozado por el «descubrimiento», Batista redactó unas declaraciones y llamó al Ministro de Defensa, Santiago Verdeja, para que las firmara y las diera como suyas. En ellas, se desmentía a Mathews. Por supuesto, Verdeja hizo el ridículo. Al poco tiempo se comprobó que la fotografía sí era de Castro. Lo irónico es que una semana después, Batista me diría:

«Este Verdeja es un irresponsable».

Por lo que se observa, 1957 no es un buen año para las Fuerzas Armadas Cubanas, en lo que atañe a su lucha contra la insurgencia. ¿Que opina usted?

Es que en ese año es cuando las Fuerzas Armadas se van dando cuenta de que el Presidente Batista no esta haciendo lo debido para darles la guerra a los bandoleros y capturar a Castro, es decir, que esta dando palos de ciego. Vemos que no logra articular ningún plan efectivo que pueda traer la victoria y el descanso a los soldados que ya llevaban un año largo sin relevo en la Sierra Maestra.

¿Se criticaban ya, entre la oficialidad, las ordenes impartidas desde la Presidencia para combatir a la insurgencia?

Lógico. Es que cualquier militar, por muy rudimentaria que fuera su instrucción, se daba cuenta de que las órdenes de Batista no tenían sentido. Por eso fue creciendo la falta de entusiasmo para atacar y acabar con Fidel Castro. A esa situación llevó Batista a los miembros del Ejército. Se tenía la percepción de que lo que quería era defender la vida de este sujeto o prolongar indefinidamente las operaciones militares con fines políticos.

¿Cree usted que la opinión pública percibió la desmoralización del Ejército?

El Ejército se refleja en el pueblo y ese sentimiento y esa desilusión que sufrió el Ejército con Batista, también lo sintieron la sociedad civil y el ciudadano común y corriente. Es algo insólito pero, por fantástico que parezca, Batista nunca fue a la Sierra Maestra a ver y analizar el teatro de operaciones; nunca fue a darles apoyo moral a los soldados ni a sus oficiales; nunca fue a la Sierra Maestra para estrechar la mano de ninguno de los soldados que se batían, heroicamente, contra el enemigo. Eso, seguramente, llegó hasta el pueblo, no hay duda.

Se tiene la percepción de que las campañas militares, tanto del Ejército como de la subversión, se llevan a cabo únicamente en la

zona rural. **¿Es en el año 1956 cuando comienza la escalada terrorista en las propias calles de Cuba?**

No. Desde que nace el movimiento castrista en 1953, el terrorismo es usado como arma militar y política. El terrorismo en Cuba es, efectivamente, iniciado por el movimiento «26 de Julio» y es Castro quien lo pone en marcha. En los peores momentos hubo noches que, en la Habana, explotaban hasta 120 bombas, lo recuerdo muy bien. Así que había un terrorismo bastante activo, y no solamente por parte del movimiento 26 de Julio, sino de otras organizaciones que se encontraban haciéndole oposición al régimen. Estoy hablando de facciones políticas que contaban con dinero suficiente para comprar explosivos y elaborar bombas, las cuales atentaban contra todos los ciudadanos, sin distinción de clases. Así que, había terrorismo de parte de los hombres de Castro y de parte, también de los miembros de la oposición política al régimen, ambos, desde luego, reprochables, por ser actos criminales y terroristas.

¿Mientras tanto, el pueblo qué hacía? ¿Cómo reaccionaba la gente de la calle?

El pueblo no veía con buenos ojos esas acciones de los movimientos opositores. La primera víctima del terrorismo es el propio pueblo. Recuerdo ahora el conocido caso de la pobre muchacha que perdió un brazo en el Cabaret Tropicana, con una bomba que pusieron en una ocasión los elementos sediciosos para atentar contra la vida de otros que lograron salir ilesos. Este y otros casos más que se dieron a lo largo y ancho de la isla ilustra muy bien lo que le estoy diciendo. Todo esto causó gran conmoción entre la opinión pública y, desde luego, la desaprobación general. Nadie puede ver con buenos ojos la muerte de personas inocentes. Una guerra es una guerra y cuando se esta combatiendo hay bajas de ambas partes, pero en este caso, con el terrorismo, las bajas son los inocentes, casi siempre.

¿Capitalizaba de alguna manera el gobierno las bajas de esos civiles inocentes para tratar de ganarse la voluntad del pueblo y mostrarle que esos actos delictivos, cometidos por los grupos

opositores, iban prácticamente dirigidos hacia el pueblo y no le hacían ningún mal al régimen, o simplemente el régimen callaba y continuaba en su afán de no darle importancia a todas estas expresiones subversivas y opositoras?

Batista siempre quiso ocultarle al pueblo que había una guerra. Ese fue uno de sus más grandes errores tácticos. Si, por ejemplo, se iba a mandar un tanque para que reforzara las fuerzas de Oriente y ese tanque había que enviarlo en un tren, quería que se perdiera tiempo buscando tapar el tanque de tal manera que no se supiera que allí iba y que nadie supiera que la situación de orden publico en Oriente exigía el envío de ese tanque. Así sucesivamente podría contarle infinidad de situaciones. Cualquier comunicado, pertrecho de guerra, recursos, cualquier cosa que se enviara a cualquier regimiento, todo tenia que ir disfrazado, como queriendo ocultar que había una guerra y que teníamos que mandar ese material para aplacar a los focos subversivos. El gobierno condenaba diariamente los ataques terroristas por la prensa, la radio y la televisión.

A estas alturas, en 1957 a 1958, cuando el régimen tiene tan poca aceptación entre la opinión pública, ¿qué posición toma la prensa de oposición?

Los diarios de oposición le hicieron un gran daño a la República, porque ellos sabían que la táctica que estaban usando los insurgentes, los revolucionarios o forajidos, como quiera llamársele, era una táctica de ir contra el inocente para sembrar el caos y el descontento, una táctica terrorista, la cual es despreciable y condenable, desde todo punto de vista. No obstante, le daban enorme publicidad a estas acciones, como si se tratara de hechos heroicos de los forajidos.

Pero el silencio del gobierno también ocasionaba mucho daño. El régimen o, mejor, Batista, era dueño de varios diarios, revistas y emisoras de radio y estos también podían informar lo que estaba ocurriendo. ¿No cree que la prensa adepta al gobierno también peco por omisión?

Fue el gobierno quien pecó por omisión, porque no le dio, ni a la prensa ni al pueblo, toda la información acerca de lo mal que estaba la situación de orden público, ni los datos verídicos sobre lo que realmente estaba sucediendo en el país. En otras palabras, mantenían al pueblo totalmente ciego, con los ojos vendados y ese pueblo no recibía la verdad de lo que estaba aconteciendo.

Lo que entiendo, entonces, es que había una prensa opuesta al régimen que magnificaba los actos de los rebeldes y que informaba sobre los atentados y el permanente accionar de los guerrilleros y, por otro lado, una prensa oficialista, carente de información y con las manos atadas para generarla, por temor a ofender al régimen para el cual trabajaba. ¿Estoy bien en esa percepción?

Yo diría que si porque la intención de Batista era ofrecerle a la opinión pública interna y al mundo exterior la imagen de que en Cuba no estaba ocurriendo nada; que nada estaba pasando, que en Cuba no había guerra, que todo cuanto acontecía eran solo «acciones sin importancia de un grupito de desadaptados» y le decía a Fidel Castro «cabecilla» de ese grupito, es decir, lo subestimó desde el principio y no hay enemigo pequeño. La verdad simple y sencilla, es esa: Batista subestimó a Castro, llamándolo «cabecilla de un grupito», en lugar de darle la preponderancia que le correspondía como «terrorista» y «guerrillero», que estaba matando soldados y personas inocentes. Lo ocultó todo, hizo parecer como si Castro estuviera en la Sierra Maestra con las manos cruzadas, sin hacer nada y cuando vino a ver, ya todo era una conflagración a lo largo y ancho de la isla que era muy difícil contener.

En aquella época, Batista era todavía invitado a las reuniones de mandatarios de los países del hemisferio, sobre todo de la OEA y de la Liga Interamericana de Naciones. Según su percepción, cómo era visto Batista en el concierto de gobernantes suramericanos. ¿Cómo era recibido en esas reuniones de mandatarios?

Era evidente que a Batista lo recibían con reservas. El no tenía una buena acogida entre la mayoría de los miembros de la Organización de los Estados Americanos, tanto es así que, mientras que estuvo de presidente, se pudieron contar con los dedos de la mano las invitaciones que recibió de otros países del hemisferio, para que los visitara en forma oficial. En realidad, su aceptación no era buena.

¿Cuál es el hecho que más golpea al régimen, durante los violentos actos cometidos por los opositores en los años 1956 y 1957? Le recuerdo detalles puntuales: El fallido golpe del Coronel Ramón Barquín, el ataque al Cuartel Goicuría, que se inicia desde el interior de los cuarteles militares, el magnicidio del Coronel Blanco Rico, el magnicidio del Jefe de la Policía de La Habana, Brigadier Salas Cañizares, la colocación de las bombas en las ciudades o la llegada de Fidel Castro, procedente de México, a bordo del yate Granma. Todos estos actos son agobiadores para un régimen que, además, está siendo sometido a un fuerte escrutinio por parte de la oposición política y presionado por a las críticas de la opinión pública nacional e internacional. ¿Cuál, le repito, es el momento más crítico y delicado del régimen, en esos años?

Yo creo que la conspiración de Barquín, el asalto al Palacio Presidencial, y el asalto al Cuartel Goicuría, le causaron mucho efecto al Presidente porque eran hechos que repercutían en toda la nación y eran golpes directos contra el poder constituido. Batista en esos momentos se torna confuso y sin capacidad de dirección. Fueron momentos muy oscuros y tormentosos para él.

Sin embargo, continuaba con su manejo personal de todos los recursos económicos y la contratación de las obras civiles en la isla.

Pareja a la inestabilidad política, corría una bonanza económica enorme, había dinero en abundancia y emprendió obras multimillonarias, que están a la vista. Todavía están ahí, paradas, muchas de las obras que él hizo y con tal de mantener su maquinaria de obras publicas funcionando. Batista tenia el control absoluto de todas las obras de construcción en la República, el era el único que daba y quitaba los contratos multimillonarios. Y de todos es sabido que había contratistas que entraban a Palacio a ver al Presidente, con una maleta y luego, cuando salían de entrevistarse con él, ya esa maleta no salía con ellos, se quedaba en Palacio y esa maleta, todos sabíamos, estaba repleta de billetes. Batista sacrificaba los presupuestos económicos que debía haber otorgado a las Fuerzas Armadas para terminar la guerra, es decir, lo que debió fue buscar primero la paz del país y después seguir con las obras publicas, y el lo hizo al revés, primero eran las obras publicas y después a ver que podía hacer para terminar con Fidel Castro.

¿Qué hacía el Congreso, en tanto?
El Congreso trataba de complacer a Batista en sus proyectos de obras públicas aprobándoles los créditos que solicitaba.

La oposición política en el Congreso estaba, pues, acallada por la buena situación económica del país...
La situación económica era lo principal para ellos y era lo que mantenía a todo ese sistema funcionando. ¿Como? No se sabe, pero así fue. En lugar de hacer un receso en las construcciones civiles y dedicar sus esfuerzos a terminar la guerra que había iniciado Fidel Castro el 2 de diciembre de 1956, Batista creyó que podía apagar el clamor revolucionario del pueblo, por cambios en sus políticas, con toda esa cantidad de obras y proyectos que hacía en toda la nación.

En los primeros meses de 1957 se produce un hecho gravísimo, el asalto al Palacio Presidencial. ¿Recuerda cómo ocurrió?
Eso ocurrió en el 13 de marzo. Yo desempeñaba el cargo de Jefe del Regimiento Mixto de Tanques «10 de Marzo», en la Cuidad Militar de Columbia y en ese momento me dirigía al Palacio, poco después del almuerzo, entre la 1:00 y las 2:00 de la tarde. Aquel día, cuando iba pasando por el Monumento al Maine, por la radio me dan el informe de que el Palacio Presidencial esta siendo atacado. Inmediatamente ordene al chofer retornar a Columbia y por radio ordene la movilización de todo el regimiento de tanques y que un pelotón de

tanques ligeros al mando del Teniente Bacallao saliera inmediatamente hacia Palacio.

Cuando llegué a Columbia, el regimiento de tanques estaba formado en el polígono y enseguida partí con el resto del regimiento y los tanques hacia Palacio. Cuando llegamos, rodeamos al Palacio y las calles adyacentes estaban llenas de gente. Era el pueblo que estaba enardecido, no supe propiamente lo que en ese momento se proponía pero, de todas formas, no lucia amigable. Era como si estuvieran esperando que tuviera éxito el ataque para ingresar al Palacio y cometer actos vandálicos, tal vez saquearlo. Ordené, entonces, romper fuego al aire y cuando la turba escuchó el estruendo de las ametralladoras calibre 50 de los tanques, las bocacalles quedaron desiertas, totalmente vacías. Allí nos mantuvimos, asegurando ese punto, y media hora después, el mismo Teniente Bacallao me informa que los atacantes se están rindiendo. Le ordene que tome a los prisioneros y los agrupe en la calle, frente al Palacio, hasta que yo llegue al lugar. Al llegar, no encuentro a ningún prisionero detenido y le pregunto, «¿Dónde están los prisioneros?» Este me responde tajantemente: «Los han matado».

Las tropas enviadas desde Columbia se limitaron a proteger el Palacio, evitando que llegaran refuerzos de los atacantes. La guarnición de Palacio fue suficiente para repeler el ataque.

Me dirijo, entonces, al segundo piso del Palacio, es decir, al despacho del Presidente y de ahí, todos pasamos al salón de recepciones que está en ese mismo piso. Allí Batista pronuncia un discurso a la nación, dando las gracias a los soldados y oficiales por la defensa de la institucionalidad y por la lealtad mostrada por todo el cuerpo militar que lo custodiaba. No mencionó nada sobre los atacantes.

Pero General, si minutos antes el mismo Teniente Bacallao le informó que había asaltantes que se estaban rindiendo, ¿por qué estos no aparecieron con vida?

Pienso que fueron asesinados en el interior del Palacio por miembros de la guardia Presidencial. Nunca se inició una investigación de cómo se produjeron estos hechos.

¿Cuál fue el balance de pérdidas humanas en ese episodio?
La verdad, el número exacto no lo podría precisar, pero creo que fueron alrededor de 30 de los atacantes dados de baja.

¿Y por parte del Ejército ?
Hubo entre 4 y 5 bajas.

¿Hubo detenidos por esa acción posteriormente?
No recuerdo que se hubiera producido alguna detención. Eso quedo en manos de los servicios de inteligencia.

Además de esos rebeldes muertos en el interior del Palacio, ¿Hubo posteriormente mas asesinatos atribuidos a la retaliación violenta del régimen?
Si. Paralelo al asalto a Palacio se inicio une verdadera cacería de todo aquel que pareciera sospechoso de estar implicado en esa acción. Comenzaron a correr los más absurdos rumores y acusaciones de conspiración por todos lados. Como consecuencia de esto, esa noche perdió la vida trágicamente al doctor Pelayo Cuervo, un reconocido dirigente político. Este asesinato fue uno de los errores más grandes que pudo haber cometido la policía, no solamente por lo repugnante que es un asesinato si no también por el daño que le hizo al gobierno. Muchos líderes de la oposición estuvieron, igualmente, a punto de ser asesinados, lo que le hubiera hecho mucho más daño al gobierno, que la acción misma del asalto. Era competencia del gobierno hallar a los culpables del crimen del doctor Pelayo y no lo hizo. Todos estos actos repercutían en las Fuerzas Armadas que veían la complicidad manifiesta del gobierno con la impunidad y ejerciendo indiscriminadamente el terrorismo de estado.

Ese asalto al Palacio Presidencial el 13 de marzo de 1957 no fue ni planeado ni ejecutado por Fidel Castro, según lo comenta Carlos Márquez Sterling en su libro, *Historia de Cuba, Desde Colon hasta Castro,* **(Las Américas Publishing Company, 1963, Págs. 432 y ss.). ¿Quiénes y porqué asaltan el Palacio Presidencial?**

De acuerdo con investigaciones adelantadas después de esos episodios sangrientos, se concluyó que la Federación de Estudiantes Universitarios y el Directorio Estudiantil Universitario coincidieron llevar a efecto un acto sensacional y tremendo, que pusiera en ridículo a Castro quien venía criticando las acciones de estos jóvenes que, desde la Universidad, se negaban a subir a la Sierra Maestra a ponerse a sus ordenes. Acordaron en llevar a cabo, entonces, el asalto al Palacio Presidencial, la ocupación de Radio Reloj y además usar la universidad como cuartel general, aprovechando que era autónoma y que a la fuerza pública se le tenía prohibida entrar a ella. La federación, dirigida por José Antonio Echeverría ocuparía Radio Reloj y el directorio, el Palacio Presidencial. Echeverría cumplió su cometido, tomó la estación radial CMQ y al poco tiempo lanzó al aire una proclama: «Cubanos: Por fin hemos liquidado un tirano en su propia madriguera». No pudo conservar la posición de Radio Reloj y se lanzo a la calle en huida. Su automóvil enfrentó una perseguidora de la policía produciéndose un intercambio de disparos en los cuales el joven cayó muerto.

Mientras estos hechos están sucediendo, Carlos Gutiérrez Menoyo, combatiente de la guerra civil española y otros revolucionarios mas, entre los que se encuentra Menelao Mora, Representante a la Cámara, Juan Pedro Carbó, José Briñas, Evelio Prieto, Luís Almeira y otros, llegan al Palacio en dos autos y un camión con la leyenda *Fast Delivery* y entran por la puerta de Colon, dándole muerte a dos soldados allí apostados. Penetran en el despacho de Batista en el segundo piso, pero el Presidente está en ese momento en el tercero. Aunque Batista despachaba siempre en el segundo piso, aquel día se encontraba en el tercero, un verdadero *bunker*, asegurado con candados y cerraduras. Allí quedaban además, las habitaciones presidenciales. De todo este accionar y de lo que ocurrió adentro, solo vine a enterarme posteriormente porque, como ya le dije, todo el tiempo, durante la acción, estuve al frente del regimiento de tanques, controlando los exteriores de Palacio.

¿Que opinión le merecía José Antonio Echeverría?

Tenía la mejor referencia de él, un muchacho joven, revolucionario, que quería lo mejor para Cuba. Un muchacho limpio, anticomunista, que mantenía en alto la bandera de Cuba y la tradición universitaria de luchar contra toda dictadura. Era un joven idealista.

¿Cómo recibe la sociedad civil el fallecimiento de Echeverría?
La sociedad civil quedó conmovida con la muerte de Echeverría como quedaron, yo creo, todos los cubanos, porque era una vida joven la que se perdía y con un gran futuro por delante.

¿Y el ataque al Palacio Presidencial, cómo es percibido por la misma?
Bueno, para serle franco, yo creo que las reacciones estuvieron divididas. El pueblo lo recibió con reservas y algunos sectores, hasta con beneplácito, sin embargo las clases económica y política le ofrecieron todo su respaldo al gobierno, condenando lo repulsivo de esta acción.

Bueno pero es que inclusive hasta Fidel Castro rechazó el ataque al Palacio. Con esto desacreditaba el movimiento estudiantil y se erigía como «Pontífice Máximo» de la lucha contra el régimen. Así que había mucha confusión en ese sentido.
El asalto al Palacio Presidencial mereció, irónicamente, duras críticas por parte de Fidel Castro. La revista *Bohemia* publicó unas declaraciones suyas condenando el hecho y por otra parte el Partido Comunista Cubano, que nunca simpatizo con Echeverría porque este no transigió con el comunismo, también condeno el asalto al Palacio. El periodista norteamericano Herbert Mathews, desde sus columnas periodísticas, inserta una carta de Juan Marinello en la que este ratifica la línea del Partido Comunista Cubano, diciendo que ellos estaban en contra de esos métodos. También la CBS Televisión de New York, subió sus cámaras y sus periodistas hasta la cima mas elevada de Cuba, donde Fidel Castro quería hablar. Wendel L. Hoffman se encargó de las cámaras y el periodista Bob Taber de los reportajes. Así fue filmada, por los norteamericanos, para que fuera conocida de costa

a costa en los EE.UU., la lucha de Fidel Castro y sus guerrilleros. Fue presentada como la «historia de los combatientes cubanos de la Manigua», un reportaje que retorcía la realidad de las intenciones de Castro y, como si fuera poco, después del impacto de este reportaje fílmico y televisivo, la revista *Bohemia* de La Habana en su # 28 de mayo de 1957, se encargo de difundir ese equivocado mensaje de Hoffman y Taber para 300,000 lectores en español de la isla. La revista corrió de mano en mano por toda Cuba. Cuando le preguntaron a Fidel Castro, en ese reportaje, su opinión sobre el reciente asalto al Palacio respondió hipócritamente: «Es un inútil derramamiento de sangre. La vida del dictador no importa». Fidel Castro condenó ese audaz y suicida asalto más por envidia que por cualquiera otro motivo. Luego dijo que consideraba que no era un objetivo adecuado, que era opuesto al terrorismo y que era desde la trinchera de la Sierra Maestra desde donde se debía organizar la lucha contra el régimen. En una palabra, trató de desacreditar esa acción del movimiento universitario. Como se ve, era muy difícil saber qué era bueno o malo para el régimen, en esos momentos. El hecho en sí de la toma del Palacio, fue una locura, porque ellos nunca hubieran podido llegar hasta donde estaba Batista. Militarmente era imposible aprehender al Presidente Batista y derrocarlo con esa acción. Ellos nunca hubieran podido haber llegado al tercer piso, donde él se encontraba.

Pocos días después del asalto al Palacio, en el mes de mayo, un grupo de opositores al régimen desembarca en las costas de la isla, a bordo del yate *Corinthia*. ¿Cuál era su intención?

Esa expedición partió de Miami en el yate *Corinthia*, comandado por Calixto Sánchez Whyte, quien era presidente de la Federación Aérea Nacional. Desembarcaron en un sitio conocido como Cabonico, un puerto situado al norte de la Provincia de Oriente. Tenían la intención de alcanzar la Sierra Cristal y desde allí iniciar acciones contra el gobierno de Batista, sin embargo, fueron sorprendidos por el Ejército. Al verse descubiertos, se rindieron a la patrulla del regimento que comandaba el Coronel Fermín Cowley Gallegos quien envió una consulta al Presidente Batista, pidiéndole instrucciones para el traslado de los prisioneros. Lo que recibió fue una orden terminante de asesinar a todos los combatientes detenidos, incluido su líder Calixto Sánchez. Todos fueron masacrados por el Teniente Chirino el día 28 de mayo de 1957. Los ayudantes presidenciales de guardia ese día conocieron la disposición y mas tarde conversando sobre el particular me lo dejaron saber a mí. Esa fue una mancha más que recayó sobre el Ejército, ocasionada por decisiones del ejecutivo, ya que los detenidos debieron haber sido presentados como prisioneros de guerra ante los tribunales correspondientes.

¿A qué movimiento o grupo de la oposición pertenecían?
Por lo que se supo posteriormente, fueron patrocinados, organizados y pagados por el doctor Carlos Prío Socarrás en un acto totalmente irresponsable, ya que ellos no eran personas entrenadas para una aventura de esta naturaleza, aunque habían recibido cierto entrenamiento militar en República Dominicana, por un acuerdo secreto logrado entre el doctor Prío Socarrás y el dictador dominicano Rafael Leonidas Trujillo. Es al doctor Carlos Prío a quien le cabe la responsabilidad de esta insensata expedición del *Corinthia*, del todo descabellada.

Pero, siendo francos, es al Ejército a quien le cae la mayor responsabilidad de este hecho de sangre, ya que da de baja, fuera de combate, a un grupo de opositores...
Al Ejército no. Al régimen, ya que las órdenes fueron impartidas directamente por el comandante supremo, es decir, el Presidente de la República, Fulgencio Batista. Para ilustrarle, aun más, como funcionaban esas órdenes de que le estoy hablando, le contaré un doloroso episodio que me tocó vivir: cierto día, del cual no recuerdo bien la fecha, llegó hasta mi casa en la Ciudad Militar un capitán del Ejército, graduado de la Academia Militar, el cual solicitó verme. En aquel momento yo ostentaba el cargo de Jefe de Despacho de la Oficina del Presidente en la Ciudad Militar y muchos asuntos de suma importancia pasaban por ese lugar, para ser transmitidos al Presidente. Lo atendí, poco después de mi desayuno, una vez que mi ayudante, el

Teniente Adalberto Bouza, lo hiciera pasar a la pequeña oficina que tenía en mi casa. Al encontrarnos noté que se encontraba en un elevado estado de excitación, con el rostro visiblemente demacrado, como si hubiera permanecido sin dormir por muchas horas y gesticulando en forma nerviosa, bastante descontrolado. «¡General, mis manos se han manchado de sangre!», me dijo sorpresivamente. «Anoche, el Coronel Manuel Ugalde Carrillo me dio la orden de asesinar a Mario Fortuny. Yo quisiera que usted hablara con el Presidente para que me enviaran a un consulado extranjero, fuera del país, cuanto antes». El hombre no podía ocultar su nerviosismo y su angustia, mirando hacia todas partes y con manos temblorosas. Traté de calmarlo y lo despedí con la promesa de hablar lo más pronto posible con el Presidente.

Hacia las tres de la tarde me dirigí a Palacio y le expuse a Batista este triste caso: un capitán del Ejército utilizado por otro militar de mayor rango para sacar de prisión y asesinar a un cubano preso, era algo que me parecía del todo inmoral y criminal. La actitud de Batista fue fría y distante. Sin hacer ningún comentario, accedió a mi petición y el capitán fue asignado a una misión en el extranjero. Ugalde Carrillo, por su parte, continuó como Jefe del Servicio de Inteligencia Militar.

¿Quién era Mario Fortuny?

No lo se. Nunca había oído su nombre ni supe bajo qué cargos estaba detenido en el SIM.

¿Dónde fue asesinado?

El lugar exacto en donde fue asesinado no lo sé, pero su cadáver apareció con varios balazos en los terrenos de la residencia de mis amigos, Ricardo Suárez y su esposa Virginia Hasting en la Avenida Segunda entre Entrada y Real del Sur, Reparto del Country Club, en Marianao. Ya estando aquí, en el exilio, Ricardo Suárez me contó que el Jefe de la Policía, Rafael Salas Cañizares, se apareció en su casa la noche del homicidio, haciendo preguntas y averiguando por el crimen.

¿Se comentó este crimen entre el resto de la oficialidad y la tropa?

No de forma abierta pero era del conocimiento de todos lo que había ocurrido. Repercutió muy hondo entre la moral de las tropas acantonadas en la Ciudad Militar. De allí para adelante, hasta la opinión pública comenzó a tener dudas y desconfianzas sobre la dignidad y el decoro de sus Fuerzas Armadas.

¿El Presidente Batista le dio alguna vez la orden de matar a alguien?

Nunca, pero yo sí estaba preparado para recibir una orden de esa envergadura y presentar mi renuncia al instante en el caso de que esto sucediera. Pude comprobar por los hechos que llegaban a mi conocimiento que muchas de los asesinatos llevados a cabo en su régimen eran ordenes emanadas de su persona.

Los primeros meses de 1957 hacen presagiar un año duro para el régimen. Primero los actos terroristas de la oposición; después el asalto al Palacio Presidencial y luego un nuevo intento de desembarco de fuerzas de oposición al régimen. ¿Calibró el gobierno esta creciente inconformidad del pueblo?

Efectivamente, las cosas se fueron complicando día a día y la incertidumbre estaba creciendo en la población y en las Fuerzas Armadas. Los apoyos que recibía Fidel Castro desde el exterior, ya fuera de exiliados en Miami que eran opuestos al régimen, como del Departamento del Estado de los Estados Unidos, eran decisivos en esta caótica situación y por eso, cada día se hacían más difíciles las cosas. Batista, que era indudablemente un hombre astuto y un político muy habilidoso, venía buscando, desde tiempo atrás, una salida decorosa, una especie de «jugada maestra» para contrarrestar esa situación. Pensó entonces en las nuevas elecciones.

Las elecciones generales se efectuaron el 3 de noviembre de 1958. Por el gobierno concurrieron los partidos Acción Progresista, Liberal, Demócrata, y Unión Radical. Por la oposición el Partido Revolucionario Cubano (Autentico) que llevó de candidato presidencial el Dr. Ramón Grau San Martin. El Partido del Pueblo Libre, cuyo candidato presidencial era el Dr. Carlos Márquez Sterling, y el Partido Nacional Cubano, independiente llevó de candidato al periodista Alberto Salas Amaro. Por la coalición gobiernista aspiraba el Dr. Andrés Rivero Agüero.

Pero unas elecciones convocadas por el «hombre fuerte» de un régimen de facto jamás han sido prenda de garantía para legitimizar un gobierno, en ninguna parte del mundo. La opinión pública siempre tendrá en mente el fantasma del fraude. Esa salida no debe haberles gustado mucho a los grupos opositores ni a la guerrilla castrista.

Claro que no les gustó y el anuncio de la convocatoria de esas elecciones lo que hizo fue exacerbar más los ánimos, hasta el punto que los atentados terroristas se multiplicaron y la virulencia de la oposición se radicalizó, a lo cual siguieron los ataques constantes de la prensa opositora del régimen.

Lo de los «ataques constantes de la prensa» y la arremetida de la oposición pasa, porque son instrumentos legales de toda democracia, pero los atentados terroristas son otra cosa. ¿Qué hacía el gobierno para apresar a los terroristas?

Desde luego tomó medidas, la policía no dejaba pasar semana alguna sin detener a terroristas y elementos que ponían bombas en las calles pero, inexplicablemente, en muchos casos, después de permanecer detenidos algunas horas, eran dejados en libertad, algunas veces con la orden emanada desde el propio Palacio Presidencial, algo que no se podría explicar. Aunque se exageraban las noticias sobre la represión policíaca del gobierno, de la oficina presidencial salían frecuentes recados para que los cuerpos investigativos y represivos no persiguieran a los conspiradores o los liberaran de los centros de detención. Muchas veces, después de la orden, se añadía: «Esto es de interés del Presidente». Ante una orden de esa naturaleza, el indicado volvía a la calle en cuestión de horas.

¿Tenía esa acción alguna explicación estratégica?

En mi opinión, no.

Con todo, los preparativos para las elecciones en 1958 continuaron llevándose a cabo.

Así es, esos preparativos se continuaron adelantando en forma ininterrumpida.

¿Era Batista candidato para la reelección o comisionó a alguien para que fuera el candidato del gobierno?

En esta oportunidad Batista no estaría en la boleta presidencial. Para eso comisionó, primero, a Gastón Godoy, al cual inexplicablemente, después de los primeros anuncios, degradó a candidato a la vicepresidencia, posiblemente porque no se plegó totalmente a sus ordenanzas ni se prestó a seguir el libreto que Batista trataba de exigirle. Luego, el candidato oficial fue el doctor Andrés Rivero Agüero. Gastón Godoy dejó de ser hombre de confianza de Batista y en privado lo calificaba de testarudo. No supe nunca la razón de su cambio hacia Godoy.

¿Estuvo usted enterado de la visita que le hizo el periodista Herbert Mathews al Presidente Batista para el mes de julio de 1957?

Si, yo estuve enterado de esa entrevista, pero lo que nunca supe fue lo tratado en ella porque Batista no me lo comento. Nunca supe sobre que tema trataron, pero se comentó que Herbert Mathews había llevado un recado de Fidel Castro. Me imagino que a lo que aspiraba Fidel Castro era a que Batista dejara el poder y utilizó al periodista norteamericano para hacerle la propuesta, pero Batista no estaba en esa disposición.

Usted dice en una respuesta anterior que la situación de inseguridad en Cuba había crecido, en parte debido al apoyo que el Departamento de Estado de los EE.UU. le estaba dando a la guerrilla de Castro. ¿Podría precisar en qué consistía ese apoyo?

Todos los indicios que los servicios secretos y los altos mandos militares teníamos era que en el Departamento de Estado había dos funcionarios, William Wieland y Roy Rubotton, que eran los que manejaban todos los asuntos relacionados con Cuba y que estaban manipulando la información sobre lo que ocurría, verdaderamente, en la isla. Inclusive se dice que el embajador en Cuba, Earl T. Smith iba al Departamento de Estado para hablar con el Secretario de Estado y estos personajes no lo dejaban pasar al Despacho del Secretario. Allí morían todos los informes sobre la realidad cubana, por lo que el gobierno norteamericano no podía tener cabal conocimiento de nada de lo que allá ocurría.

Y porque querría el Departamento de Estado Americano darle ayuda a Castro y negársela a Batista. ¿Qué indicios lo llevan a afirmar esto?

Bueno, porque cuando el Departamento de Estado nos suspende la venta de armas el 14 de marzo de 1958 sin una causa y motivo, mejor dicho, sin ninguna razón de estado, ya eso quiere decir que esta prestándole un apoyo directo a las fuerzas que estamos combatiendo con esas armas, en este caso las fuerzas comunistas de Fidel Castro. Ese fue el más duro golpe que se le propinó al Ejército cubano desde el Departamento de Estado de los Estados Unidos. También el relevo del embajador Arthur Gardner, amigo personal de Batista que estorbaba a los planes del Departamento de Estado y el hecho de que desde la base naval de los Estados Unidos en Guantánamo trasladaban armas y personal para las fuerzas comunista en la Sierra Maestra.

¿Cree usted que había simpatías hacia Fidel Castro en el Departamento de Estado?

Indudablemente, en ese organismo había mucha simpatía por Fidel Castro, especialmente de esos dos nefastos funcionarios William Wieland y Roy Rubotton. Castro había logrado fascinarlos desde la lejanía. Lo consideraban un héroe, peleando por las más caras virtudes de la justicia. Creo que en eso influyó mucho la propaganda de los medios americanos, quienes veían el conflicto cubano como un guión cinematográfico, con héroes y villanos incluidos. El famoso «punto de vista americano» para ver, desde la lejanía, todo conflicto que no les atañe. Esa simpatía por Castro de estos dos funcionarios fue nefasta para los intereses cubanos en ese momento histórico.

¿Entonces, usted cree que desde aquí, desde los EE.UU. se manejaron algunos hilos para la desestabilización del régimen de Batista y la subsiguiente toma del poder por Castro?

Desde luego. Después de las acciones del Departamento de Estado, los hilos más importantes eran los de la CIA que estaban interviniendo en todo lo relacionado con la caída del régimen de Batista y hablando y ofreciéndoles dinero a los altos oficiales del Ejército. Recuerdo que una vez el Teniente Coronel Raúl Corzo Yzaguire me comunico que uno de los oficiales del ejercito norteamericano destacado en Cuba le propuso, ofreciéndole dinero si fuese necesario, para que se reuniera al grupo de otros militares que se habían comprometido a luchar contra Batista. Se lo informe al Presidente Batista y nada hizo al respecto.

¿Quién hubiera sido el candidato ideal para suceder a Batista en esos momentos?

Yo creo que el Dr. Carlos Márquez Sterling.

¿Tenían el Departamento de Estado y la CIA cercanías con el Dr. Carlos Márquez Sterling?

Eso yo lo desconozco.

CAPÍTULO V

RELEVO EN LA EMBAJADA AMERICANA

Revisando las entrelineas de algunos artículos escritos por el periodista Herbert Mathews en el *New York Times* de esa época y publicados posteriormente en el libro «The Cuban Story», se nota cierta antipatía de este periodista contra el anterior embajador americano en la isla, el señor Gardner. Se afirma que esta antipatía hacia el embajador Gardner, se debe a la cercanía de este con Batista. Se sospecha inclusive que Matthews, en su visita al Secretario de Estado en Washington, John Foster Dulles, le pide el relevo de éste, cosa que sucede cuando es nombrado Earl T. Smith para reemplazarlo. ¿Influye Matthews en el relevo del embajador Norteamericano en Cuba?

El embajador Gardner sirvió en Cuba desde el año 1953 hasta 1957. El era muy amigo de Batista y también de mi padre. Se llevaban muy bien, al igual que apoyaba todo lo relacionado con el Ejército. El cooperaba en lo que le era posible para defender y proteger al cubano porque sabia que lo que estaba sucediendo en la Sierra Maestra era una intromisión del comunismo internacional. Estaba muy bien informado sobre esto y así se lo había reportado al Departamento de Estado.

Pero posiblemente, por ese motivo, era considerado por Mathews una persona incomoda para sus intereses. Sabido es, de sobra, que Mathews actuaba como agente de Castro, por lo que no sería tan descabellado pensar que hubiera podido haber recibido instrucciones de aquel para buscar desacreditar al Embajador.

El embajador Gardner se convirtió en un obstáculo para los planes del Departamento de Estado y del periodista Herbert Mathews, para ayudar a Castro, así de simple.

¿Qué sabe usted de los negocios que, se dice, tenía el embajador Gardner con Batista? El Embajador era un importante hombre de negocios, accionista de una importante empresa de tubos aquí, en los Estados Unidos a quien Batista le compraba todos los insumos para las obras públicas que febrilmente ejecutaba.
No se nada de eso.

A raíz del relevo del embajador Gardner, Batista queda digamos, huérfano de representación en Washington...
Así mismo. Gardner tenia acceso directo con el Presidente Eisenhower, ya que eran muy amigos.

Lo que resulta fatal para el régimen por el avance de las fuerzas castristas que ya se mueven a todo lo largo y ancho de la Isla. ¿No fue ese cambio de embajador una victoria estratégica del movimiento «26 de Julio»?
Efectivamente, lo fue.

Para reemplazar al embajador Gardner se nombra al embajador Earl T. Smith. ¿Lo conoció? ¿Que impresión le produjo a usted?
Lo conocí en Cuba y más lo conocí después aquí, en el exilio. Allá en Cuba lo traté nada más que en asuntos oficiales, pero recuerdo que una vez fue al Club de Oficiales de la Ciudad Militar, donde teníamos una recepción. Estábamos todos los oficiales vestidos de gala con nuestras esposas y a ese acto el Embajador se presentó vestido de sport, con zapatos mocasines y sin medias, lo cual nos causó una impresión muy desagradable, ya que era un acto oficial el que celebrábamos. Nosotros le dábamos la seriedad y la importancia que requería y el Embajador apareció como si fuera a ver un juego de pelota o de football. No estuvo a la altura de las circunstancias.

No obstante, pudo reconocer, al ver la realidad, que el movimiento de Fidel Casto era comunista-terrorista por la forma y métodos en que actuaban, y a pesar de la posición negativa del Departamento de Estado de EE.UU., hizo todo lo posible por lograr un cambio de actitud por parte del Secretario de Estado, John Foster Dulles.

La llegada a Cuba de este Embajador concuerda con un hecho trágico. El sepelio de Frank País, asesinado el día anterior. ¿Quien era Frank País?

Frank País era un joven revolucionario de tendencias democráticas, dirigente del movimiento 26 de Julio en la provincia de Oriente, que tenia mucho arraigo en Santiago de Cuba. Estaba en la mira de Fidel Castro y según rumores, Castro estuvo involucrado en su muerte.

¿Cuales fueron los hechos que desencadenaron este asesinato?

Más que todo, su militancia política y sus ideas revolucionarias.

O sea, fue un crimen político...

Si, fue un crimen político.

Un crimen de estado.

No, no me consta que fuera un crimen de estado.

¿Tenía cuentas pendientes con la justicia?

La policía lo estaba buscando. Por algún motivo, él estaba escondido, ya que estaba conspirando con Fidel Castro. El, en Santiago de Cuba y Fidel Castro en la Sierra Maestra.

Márquez Sterling dice en su libro que, a su llegada a La Habana, el embajador Smith se encontró con una gran multitud de mujeres portando cartelones que condenaban al tirano Batista y relacionaban la muerte de Frank País con el régimen. Condenaban el asesinato de Frank País y le pedían cuentas al gobierno. ¿No cree que con esta bienvenida al nuevo embajador se manchaba desde el principio la relación entre éste y el gobierno?

La actitud del embajador fue la de «casi franco apoyo» a la manifestación por la muerte de Frank País. Es decir, «casi en contra» del gobierno.»

Pero al tomar parte en un acto de esa naturaleza, comienza a marcar distancias hacia el gobierno...

Así es, pero también puedo decirle que, con el transcurso del tiempo, el embajador se fue dando cuenta de que había caído en una trampa tendida por Herbert Mathews, Fidel Castro y el Departamento de Estado y trató de enmendar su error y de que el Departamento de Estado cambiara su política hacia el gobierno cubano para que Castro no llegara al poder. Entendió que esto seria muy perjudicial para Cuba, para los Estados Unidos y en general para el continente entero, cosa que finalmente ocurrió.

En pocas palabras, ¿el embajador Earl T. Smith se dio cuenta de que Castro era en realidad un comunista no conveniente para los intereses de los Estados Unidos?

Así mismo.

Pero un poco tarde. Ya sus informes iniciales, dando cuenta de la situación cubana, habían causado una impresión desfavorable hacia el gobierno de la isla, en el Departamento de Estado.

Cuando se convence de la realidad del juego Castro-Matthews ya es muy tarde, ya nada puede hacer y sus esfuerzos por corregir la conducta del Departamento de Estado hacia Cuba son neutralizados por los dos funcionarios norteamericanos antes mencionados, quienes nunca le permiten llegar hasta el despacho del Secretario de Estado. Ya no podía hacer nada, y el tiempo corría en contra del gobierno. Intentó hablar con el Presidente Eisenhower pero tampoco pudo. Ya la suerte estaba echada.

Había entonces una decisión del Departamento de Estado de derrocar a Batista a como diera lugar...

Si.

Mientras tanto se siguen preparando las elecciones. Se presentan infinidad de candidaturas. El Movimiento de la Nación que estaba presidido por Pardo Llada. Estaban también los Auténticos, los

Ortodoxos Inscriptos, los Ortodoxos Libres, los Demócratas, los Republicanos, los de Liberación Nacional, en fin. ¿No cree que eso fue un gran error, sobretodo cuando el oficialismo iba con un solo candidato?

Si, la oposición estaba muy fraccionada, es verdad, y no lograban ponerse de acuerdo. Es lógico que, en esa situación, la ventaja sería para el gobierno y su candidato.

En Septiembre de 1957, la Estación Naval de Cayo Loco, en Cienfuegos, es tomada por oficiales de la Marina de Guerra del Ejército, en un intento de golpe de estado ¿Cómo ocurrieron esos hechos?

La Estación Naval de Cayo Loco era una estación de la Marina de Guerra, no del Ejército. Era un puerto naval, dependiente del Ministerio de Defensa. En la madrugada del 5 de septiembre de 1957, grupos de civiles se infiltraron en el Distrito Naval de Cienfuegos en Cayo Loco facilitándoles la entrada en el puerto algunos miembros de la Marina de Guerra complotados. Fue hecho prisionero el Capitán de Navío Roberto Comesañas, Jefe del Distrito, así como los demás oficiales y alistados que no aceptaron la sedición. Una vez ocupado el puesto naval los civiles que penetraron en el mismo se dirigieron a las jefaturas de policía y al cuartel de la Guardia Rural en Cienfuegos. Fue tomada la jefatura de la policía y preso su jefe, el Comandante Luis Beltrán. De Columbia salieron aviones y tanques y de Santa Clara tropas al mando de Teniente Coronel Cándido Hernández, que fue herido durante el rescate de la jefatura de la policía, resultando muertos entre otros el Teniente Gregorio Moya Aguila y el propio hijo del Teniente Coronel Hernández. La rebelión fue sofocada. Hubo, desde luego, oficiales de la Marina de Guerra detenidos, quienes fueron juzgados en consejo de guerra, de acuerdo con las leyes.

Este parece ser el último intento militar por derrocar a Batista, o mejor, para hacerse con el poder, antes de que caiga en manos de Castro y sus hombres. ¿Estuvo alguien más detrás de este intento golpista, además de los militares?

Sí, principalmente la CIA y el Dr. Carlos Prío Socarrás, nuevamente, con la colaboración de algunos grupos de exiliados cubanos residentes en Miami. Todos ellos estaban apoyando logísticamente y económicamente ese movimiento.

El Departamento de Estado ya estaba advertido de esa intentona golpista y permitió que se llevara a cabo, sin advertirle al gobierno cubano. Por esa razón el recién posesionado embajador Smith tuvo que salir a hacerle declaraciones a los medios, aclarando que el Departamento de Estado nada sabía al respecto. ¿Cree usted que el embajador Smith estaba comprometido también en ese fallido golpe?

El embajador Smith salió a dar unas declaraciones y dijo que él se había enterado por la CIA y por algunos elementos del Departamento de Estado que iba a haber una sublevación en Cayo Loco pero que no tenía mayores informes al respecto y lo que esa declaración deja flotando en el ambiente es que el Departamento de Estado y el Embajador ya estaban enterados de lo que iba a ocurrir y lo permitieron, al no informarle al Presidente Batista, como hubiera sido lo correcto. Tratándose de un miembro del cuerpo diplomático acreditado en el país, lo correcto hubiera sido dar cuenta al gobierno amigo de los planes de desestabilización que se estaban planeando, lo cual no ocurrió. El embajador Smith se quedó callado ante la inminencia del suceso, a pesar del conocimiento que tenía de ello y sabiendo que en medio de todo estaba la CIA. Por supuesto que el embajador Smith también estuvo comprometido, sino por acción, al menos por omisión, lo cual no lo hace menos responsable.

¿Tenía la Marina de Guerra alguna posibilidad de derrocar a Batista?

La Marina de Guerra no tenía fuerza alguna para derrocar al gobierno, estando el Ejército en su puesto y cumpliendo con su deber. Este intento golpista fue un esfuerzo baldío. Otro intento irresponsable de la oposición por lograr el poder. Ese fue un trabajo de la CIA para tratar de derrocar a Batista.

Mientras todos estos intentos por sacarlo del poder van ocurriendo, a Batista se le va acabando su período constitucional como presidente. ¿Cree usted que en ese momento calculaba que podía permanecer en el poder?

Batista quería conservar el poder, pero de forma indirecta. Por eso propuso a su amigo Andrés Rivero Agüero como candidato a presidente, lo cual despertó todo tipo de reacciones negativas y descontentos entre los grupos que conformaban la oposición. Era como si él mismo siguiera gobernando. Si en realidad Batista hubiera estado desprovisto de toda ambición personal, su mejor gesto hubiera sido apoyar a doctor Carlos Márquez Sterling para la Presidencia de la República y así hubiera evitado, muy posiblemente, que Fidel Castro llegara al poder. Con esto, se hubiera cambiado totalmente el panorama en Cuba.

Sin embargo, Batista no podía estar muy tranquilo con la campaña internacional que venían adelantando en todas partes del mundo, los fidelistas. El mismo doctor Márquez Sterling manifiesta en su libro, cuyo título ya he mencionado, que en las portadas de las revistas *Time*, *París Match* y *Life*, apareció, por aquella época (mediados de 1957) la fotografía de Fidel Castro. Eso nos indica que, hasta cierto punto, las campañas propagandísticas habían dado sus frutos. Castro era considerado un héroe y Batista un tirano. ¿Cómo se sentía usted observándose del lado del «malvado de la película»?

En el Ejército veíamos con preocupación las campañas de propaganda que la prensa liberal del mundo publicaba contra el régimen y, sobre todo, a favor de Castro. Hasta ese momento, Fidel Castro no había demostrado nada que ameritara esa desproporcionada publicidad en favor de su causa; todo lo contrario, lo que tenía como historial era un pasado delictivo. Era gangster en la Universidad de La Habana. Estuvo involucrado en el «Bogotazo» que produjo el asesinato del líder político Jorge Eliecer Gaitán el 9 de abril de 1948,[3] y después logro notoriedad cuando ataco al Cuartel Moncada en Santiago de Cuba el 26 de julio de 1953. Sin embargo, en mi pensar, desde la visita del periodista Herbert Mathews a la Sierra Maestra, la figura de Castro comienza a ser vista, en el mundo, como una especie de Robin Hood, que robaba a los ricos para dárselo a los pobres, cosa que, como a estas alturas de la historia, todo el mundo sabe que no fue cierto.

Sin embargo mi pregunta no ha sido contestada. ¿Cómo se sentía usted, estando del lado del «malvado de la película»?

Es que yo no estaba del lado del «malvado de la película». Yo estaba y sigo estando del lado de la causa de la libertad cubana. En aquel entonces, como oficial del Ejército cubano, mi lugar estaba del lado de la causa de la institucionalidad en Cuba. Debía estar allí, prestándole un servicio a la patria desde mi humilde posición. Intentando evitar que las cosas que me competían se salieran de curso, aconsejando, cuando fuera oportuno, qué era lo más conveniente para el bienestar del pueblo cubano y para la causa de la institucionalidad. Desde luego que desde mi posición, era poco lo que podía lograr porque no tenía influencia alguna en las decisiones políticas ni militares que adoptaba Batista. Era él quien, motu proprio, legislaba, aprobaba y ejecutaba sus propias decisiones, sin hacerle caso a nadie. Como ya lo dije anteriormente, Batista creía que sabía de todo y frente a alguna de sus decisiones, nadie podía interponerse; nadie podía llevarle la contraria. Siempre hacía lo que le parecía. De tal manera que, mi lugar era del lado de Cuba, no de ninguna persona en particular. Pienso que la mejor manera de servirle a mi patria, en esos momentos, era permanecer en el lugar en donde estaba y, dadas las

---

[3] Una anécdota curiosa es que mi tío, Dr. Carlos Tabernilla y Dolz, diplomático de carrera, era embajador de Cuba en Colombia y le dio protección en la embajada a Fidel Castro, Rafael del Pino y Enrique Ovares. El Presidente Dr. Ramón Grau San Martin ordenó que un avión de la Fuerza Aérea del Ejercito de Cuba piloteado por el Capitán (PA) José Antonio Fernández y el Teniente (PA) Felipe Catasús recogiera a los tres cubanos en Bogota y así lo hicieron. Fidel Castro hablando con la prensa agradeció públicamente al embajador Carlos Tabernilla y Dolz las atenciones recibidas durante su estancia en la embajada de Cuba en Bogota.

circunstancias, hacer lo mejor posible mi trabajo, en este caso, sirviendo en la institución militar.

No obstante, hay quienes dicen que usted era la persona más influyente del círculo privado de Batista.
  Están equivocados. Yo deje de pertenecer a ese círculo, si es que alguna vez pertenecí, a mediados del año 1955, cuando fui nombrado Jefe del Regimiento de Tanques, cargo desde el cual era bastante difícil tener una cercanía física con el Presidente, dadas las múltiples responsabilidades que me competían. Antes de ese año, mi puesto era Jefe de Despacho de la Oficina del Presidente de la República en la Ciudad Militar. Batista era un individuo que no escuchaba consejos y yo no podía influir en sus decisiones. Después, en el año 1958 cuando nombró al General Cantillo, Jefe de Operaciones en la Sierra Maestra y me nombro a mi Jefe de la División de Infantería in sustitución de Cantillo, mi lejanía con Batista se hizo más notable, ya que me encontraba con él solamente cuando iba a Columbia o cuando era llamado a Palacio, a cualquier reunión a la que él me citara.

Para consultarle algo...
  No. Para ordenarme algo, en su condición de Jefe de Estado. Ya le dije que Batista no consultaba con nadie. Y cuando lo hacía, siempre terminaba haciendo lo que él mismo pensaba que estaba bien.

Así salieran las cosas mal...
  Si salían mal las cosas, se las achacaba a quien hubiera consultado con anterioridad, como en el caso de Verdeja.

¿Se supo en Cuba de la izada de la bandera del movimiento castrista 26 de Julio, en lo más alto de la Torre Eiffel en París?
  Se supo lo que la prensa internacional comentó, que en realidad fue muy poco.

Esa amplificación de la propaganda castrista no les indicaba a ustedes, los militares cubanos, que en el mundo entero la figura de

Castro había adquirido una dimensión extraordinaria? ¿Qué hicieron para contrarrestarla?

El Ejército contaba con un buró periodístico desde el cual se daba cuenta a la población sobre la realidad de las operaciones militares que se realizaban en la Sierra Maestra aunque en realidad, algunas partes salían desde Palacio. Frente a las informaciones que publicaba la prensa internacional, la diferencia era enorme. Toda acción del Ejército rebelde era considerada una gran hazaña militar, mientras que los triunfos del Ejército para desbaratar la subversión eran ignorados maliciosamente. Ante esas diferencias, la opinión publica, tanto nacional como internacional, lo que hacía era desinformarse.

Si, pero se corría el riesgo de que, dentro del Ejército, la información también se manoseara...

No lo dudo. Pero, si se hacía, no era en forma tan abierta como la presentaban las agencias de noticias internacionales. Mientras que el Ejército mantenía una campaña consistente en el teatro de operaciones, las acciones de los hombres de Castro eran «muerde y huye». De esa forma, las aparentes victorias militares de la subversión eran poco menos que nada. Los asesinatos en emboscadas de uno o más soldados del Ejército regular era presentados con gran despliegue propagandístico, pero las acciones legales eran ignoradas.

Citando también al doctor Márquez Sterling, es curioso saber que a principios de 1958 la revolución castrista se «nutre, afianza y solidifica con la crema del poder financiero de las más conocidas fortunas cubanas. Hacendados, banqueros, terratenientes, colonos, rentistas propietarios, corredores de azúcar, todos, además de los comunistas, ayudan a Castro». ¿No decía Batista que el envío de más soldados a los frentes de batalla era materialmente imposible debido a que más del 60% del Ejército estaba cuidando las fincas, los ingenios azucareros y las casas de recreo de los más ricos? ¿Cómo se entiende que, por un lado, ellos recibieran protección del régimen para poner a producir sus bienes de capital y

por el otro, con el producto de esas rentas ayudaran al enemigo a derrocarlo?

Eso hay que analizarlo desde diferentes puntos de vista. Prácticamente, quien movía a algunos terratenientes y banqueros a cooperar con el movimiento 26 de Julio, desde Miami, era el doctor Carlos Prío Socarrás, quien prácticamente se arruinó económicamente, tratando de derrocar a Batista. Casi no hubo acción alguna que se llevara a cabo en contra del régimen de Batista, en donde no estuviera de por medio Carlos Prío. La invasión en el Granma, la del *Corinthia*, la preparación de los expedicionarios desde República Dominicana en acuerdo con el Generalísimo Rafael Leonidas Trujillo y casi todas las demás acciones desestabilizadoras, traían el sello de los dineros aportados por Prío para ser llevadas cabo. Por otro lado, no niego que, dentro de la isla, algunos, no todos, los terratenientes y hombres de dinero, ayudaran a Castro y eso lo entiendo desde el punto de vista de que, si no lo hacían, corrían el riesgo de ser asesinados o secuestrados, sus haciendas incendiadas y sus bienes dañados por atentados. Actuaban de esa manera, más que todo, extorsionados por el miedo.

Pero el gobierno debió enterarse de que a mayores ganancias de los terratenientes, mayores tributos recibiría el enemigo. ¿Nadie le decía esto a Batista?

Todo aquel que tuviera algunos bienes, estaba en peligro de ser extorsionado por el movimiento de Castro y eso lo conocían las agencias de inteligencia del Ejército. En alguna ocasión interceptamos una comunicación en la cual el propio Fidel Castro se quejaba de que le estaba llegando demasiado dinero, que tenía algo más de cinco millones de dólares en efectivo con los cuales no sabía qué hacer.

Supongo que los asesores de Batista se lo decían pero su miopía militar no le permitía entender que destinando más soldados para las operaciones militares, más posibilidades habría para terminar la guerra. Yo estaba presente cuando el General Cantillo le presento al Presidente Batista su plan «Ofensiva de Verano». Cantillo le pidió que le dejara reunir todas las tropas diseminadas protegiendo las propiedades privadas ingenios azucareros, la recogida de café, etc.

Pues podría formar 16 batallones, avanzar con diez batallones, dejando seis de reserva. Cantillo le repetía, nuestro objetivo es Fidel Castro, una vez apresado se acabo la revolución. Batista solo le permitió avanzar con cuatro batallones y ninguno de reserva.

El 17 de mayo de 1958 secuestran a un hijo del General Cantillo y se sospecha que algunos oficiales han hecho contactos con Castro, en pos de alguna negociación. Entre ellos se menciona al mismo General Cantillo. ¿Es verdad que Cantillo habló con Castro para proponerle alguna negociación secreta, traicionando a Batista?

Indudablemente. Cantillo se reunió con Castro. Como lo hicieron otros oficiales. Batista se enteró de los planes de Cantillo y fingió ignorarlos con el fin de utilizarlo y manejarlo a su antojo hasta el último momento. El mismo Batista así lo reconoce en su libro.

¿Cómo manejaba el Ejército esa situación, sabiendo que había un alto oficial hablando con el enemigo?

Después que los rebeldes liberan a su hijo secuestrado, Cantillo cambia su actitud hacia Batista. Sus órdenes se tornan confusas, los oficiales que estaban al mando de tropas en la zona de operaciones, observaban con desconfianza sus pocos deseos de combatir a un enemigo que los acechaba constantemente, que atacaba por sorpresa y huía, para no presentar batalla formal. Al sentirse fracasado en su mando ya que nunca pudo obtener una victoria destacada en su lucha con el enemigo, Cantillo decidió conspirar y elaborar sus propios planes de supervivencia en el poder. Conspiró con su hermano, el Coronel Carlos Cantillo, jefe del Distrito Militar de Matanzas, con el General de Brigada Alberto del Río Chaviano y con el Coronel Florentino Rosell y Leyva, Jefe del Cuerpo de Ingenieros. También con el Comodoro Manuel Carnero de la Marina de Guerra y con el Coronel José M. Rego Rubido, Jefe del Regimiento No. 1 Maceo. También se le conocieron tratos con el grupo de oficiales que permanecían en prisión, en Isla de Pinos, encabezados por el Coronel Ramón Barquín López. Cantillo conspiró, incluso, con el propio Presidente Fulgencio

Batista, quien le había adelantado secretamente que le entregaría el mando del Ejército de la República el 6 de enero de 1959. Como se ve, tenía tratos conspirativos con todos, desde Fidel Castro hasta el propio Presidente Batista.

¿Y cómo estaban las lealtades del resto de la oficialidad?
Desde la conspiración de Barquin en abril de 1956 no existía confianza en los 600 oficiales comprometidos. No puedo asegurarle que a esta altura del conflicto la mayoría de los oficiales hubieran defeccionado pero, de todas formas, la moral de muchos oficiales sí había decaído mucho por culpa del mismo Batista; los militares estábamos allí para salvaguardar las instituciones constitucionales que se encontraban amenazadas por una pandilla de bandoleros encaramados en la Sierra Maestra. De ahí que nuestra misión fuera capturarlos o darlos de baja en combate, por ser los elementos que atentaban contra la institucionalidad del país y contra el bienestar del pueblo cubano, pero las órdenes que recibíamos eran contrarias a esos objetivos. Las órdenes que seguía dictando Batista para combatir a Castro eran contradictorias. En la opinión de muchos oficiales, la gran cantidad de negocios particulares que ocupaban el tiempo de Batista y ese afán enfermizo por controlarlo todo, hacían que le prestara muy poca atención a lo que realmente estaba ocurriendo en la nación. A la par, ninguna acción militar podía ser tomada sin ser revisada, criticada y desfigurada por él mismo. De esa manera no se podía tomar ninguna acción acertada contra el enemigo porque los que verdaderamente conocían la situación, en el terreno de batalla, eran criticados y desautorizados por alguien que ni siquiera había visitado, de lejos, los lugares donde se libraba esta guerra.

Sobre los negocios de Batista es mucho lo que se ha dicho y escrito desde tiempo atrás, tratando de vincularlo con diferentes personajes del bajo mundo americano. Hace poco encontré algunos fragmentos de un libro de Enrique Cirules en el que se menciona la vinculación de Batista con el negocio del juego en la isla y su estrecha relación con algunos miembros de la mafia americana,

entre ellos Albert Anastasia, Santos Traficante y Joe Stasi. ¿Le son familiares algunos de estos nombres?
Solamente lo que de ellos se ha escrito en la historia de este país.

Sin embargo se afirma que parte de la gran fortuna que amasó Batista en Cuba, después de 1952 provino de esa actividad...
Bueno, para empezar tengo que decirle que en Cuba el juego no era legal, sin embargo, por acuerdos del gobierno de Batista y algunos inversionistas extranjeros, los casinos operaban grandes concesiones de juego. Se conocía que desde Palacio se enviaban recaudadores que pasaban por las oficinas de los casinos y recogían grandes sumas de dinero que iban, aparentemente, a organizaciones e instituciones de caridad, algunas de ellas manejadas y dirigidas por la propia primera dama de la nación y el resto, ni se sabía a dónde iba a parar.

Pues en el libro que le estoy citando se habla, no solamente de eso, sino de que el operador de algunos casinos de La Habana llamado Meyer Lansky, quien era administrador de algunos negocios pertenecientes a familias del bajo mundo americano, se quejaba de la voracidad del gobernante cubano y de su insaciable codicia cuando de dinero se trataba. ¿Oyó mencionar alguna vez el nombre de Meyer Lansky?
Nunca oí mencionar ese nombre estando en Cuba.

¿Quién era Santiago Rey Pernas?
Santiago Rey era el Ministro de Gobernación.

Entonces era la persona encargada de controlar que ninguna actividad ilegal se desarrollara en la isla...
Así es, pero su estrecha cercanía con Batista le impedía cumplir a cabalidad con esas funciones ministeriales. Era la mano derecha de Batista para esos trajines.

En 1939, cuando Batista abandona el Ejército para presentarse y ganar las elecciones de 1940, lo hace con el grado de coronel. En enero de 1958, ejerciendo la presidencia desde 1952 como civil, crea de un plumazo el Estado Mayor Conjunto de las Fuerzas Armadas y se otorga, en ese mismo decreto, el grado de General en Jefe, reorganizando, de allí para abajo, todos los mandos del Ejército. Este episodio está bastante bien documentado en la obra de José Duarte Oropesa, Historiología Cubana (Tomo III, página 524). ¿Por qué, a estas alturas del conflicto, casi a las puertas de entregar la presidencia, decide volver a reincorporarse al Ejército, con el máximo grado de la institución?

Batista no decide reintegrarse al Ejército. El solo se otorga el grado de teniente general, retirado, Jefe del Estado Mayor Conjunto. Yo no sabría explicarle, sinceramente, qué finalidad perseguía con esa acción. A simple vista, luce incongruente y poco lógica, es cierto, pero ninguna acción de Batista era tomada al azar. Al otorgarse el grado de general de cinco estrellas, Jefe del Estado Mayor Conjunto, retirado, subió el sueldo de su retiro.

Se pensaría que al designar a su amigo Rivero Agüero en la presidencia podría asumir automáticamente el mando del Ejército, manejando desde la sombra los hilos del poder. ¿Le «suena» esa hipótesis?

Podría ser. Como le digo, nada en Batista era dejado al azar. Era una verdadera máquina de confabulaciones. Como quiera, conociendo al doctor Rivero Agüero, creo que le iba a resultar muy difícil manipularlo porque él sí sabía muy bien cómo era Batista y no iba a prestarse a esas manipulaciones.

Esos primeros meses de 1958 son fatales para el Ejército. Se presentan deserciones, hay conspiraciones y planes frustrados, asaltos a cuarteles por parte de los rebeldes, secuestros y amenazas. ¿Cuál era el estado de ánimo del primer círculo interno de mando y qué comentarios se hacían?

Toda la isla ardía en protestas contra Batista. Las tropas, con más de dos años en el teatro de operaciones, estaban agotadas y observaban cómo el presidente no ponía en marcha ninguno de los planes que le presentaban los militares más veteranos. Las conspiraciones estaban a la orden del día y la moral de la tropa era cada día peor. En el círculo interno de mando notábamos la actitud irresoluta de Batista para enfrentar los problemas que sacudían a la nación. Lo peor de todo fue que, en algún momento, hasta se llegó a pensar, en la línea de mando, que ya Batista no estaba en sus cabales. Ese fue el peor momento, y llegó a afectarnos bastante.

¿Pensaron que Batista se había vuelto loco?
No loco, pero irresoluto.

El 23 de febrero se produce el secuestro del automovilista Juan Manuel Fangio. ¿Cómo recuerda ese episodio?
Fue otro revés para el gobierno y un golpe a la opinión pública. Afortunadamente tuvo un desenlace feliz pero el daño publicitario que esto causó fue lo suficiente como para hacerle pensar a la ciudadanía que los rebeldes podían hacer impunemente lo que quisieran en la cuidad de La Habana.

Pero, en mi opinión, ese desenlace no pudo haber sido tan feliz. Hubo seis muertos y más de cincuenta heridos debido al sabotaje que los rebeldes le hicieron a la carrera. Batista, en sus memorias (*Respuesta*, Primera edición, Pág. 70) afirma que los rebeldes regaron aceite en la curva de la embajada de los Estados Unidos, consiguiendo con esa acción que un auto de la competencia se saliera de la pista, diera varias vueltas en el aire y cayera aparatosamente, matando e hiriendo a todas esas personas.
Pero la consigna de los guerrilleros era evitar, con sus acciones, que la carrera se efectuara, lo que no consiguieron. A pesar de todos estos factores en contra, la carrera se realizó, el campeón Fangio fue devuelto a las 24 horas y el pueblo de Cuba tuvo, una vez más, la

certeza de que el Movimiento 26 de Julio y su líder, Fidel Castro, lo que querían era sembrar el terror y la zozobra en el país.

En medio de la confusión creada por la inseguridad, las elecciones que debían realizarse en el mes de Junio, son pospuestas para Noviembre, por instancias del Departamento de Estado de los Estados Unidos. ¿No perjudicaba esta prórroga aun más la situación cubana?

Si. La perjudicaba, es cierto, pero en verdad en aquellos momentos, era prácticamente imposible celebrar unos comicios. Los partidos de oposición no habían podido adelantar satisfactoriamente sus campañas electorales y la inseguridad y las amenazas para los candidatos que, como en el caso del doctor Márquez Sterling, eran incluso agredidos físicamente, no permitían tal celebración. Por eso Batista accedió a posponerlas. Para él era lo mismo antes que después. Los resultados ya los tenía asegurados. Los Estados Unidos intervinieron indirectamente, pues presionaban al gobierno por elecciones generales, imposibles de realizarse en un ambiente de guerra e inseguridad que Batista nunca quiso reconocer.

¿Por qué dice que los resultados estaban asegurados?

Porque el fraude para esas elecciones ya estaba listo y andando desde tiempo atrás. Estuvo minuciosamente preparado desde el interior mismo del gobierno.

¿Cómo se preparó ese fraude para las elecciones de 1958?

Batista designó a uno de sus ayudantes más cercanos, el Comandante Manuel Atorresagasti para que llevara a cabo el fraude. Fue una monstruosidad sin nombre porque Batista jugó con los deseos más caros del pueblo cubano. Se burló del pueblo, que votó en las elecciones, y de los candidatos que adelantaron sus campañas y gastaron su dinero, creyendo en la limpieza del juego. Atorresagasti utilizó la llamada «Casa de Salazar» como centro de operaciones, que estaba situada entre el Campamento Militar de Columbia y el terreno que ocupaba la Fuerza Aérea del Ejército de Cuba. Allí solo podían entrar, además del Presidente, el imprentero del Tribunal Superior Electoral de apellido Sotomayor, su ayudante y su secretario. Todas las noches, después de elaborar durante el día las boletas oficiales en la imprenta nacional, se transportaban a esa casa las matrices, las tintas y los cuños con las firmas de todos los secretarios y presidentes de las juntas electorales. Todo el material para las elecciones se hizo en duplicado, siendo tan bien planeado el fraude, que hasta el papel para la impresión de las boletas electorales, la tinta que se utilizaría y todo lo demás, se le compró a una empresa norteamericana en el doble de la cantidad requerida, asegurando con ello que todo se iba a hacer con papel y tintas oficiales y que nada de eso iba a hacer falta para cometer el fraude. Una vez elaboradas las planillas fraudulentas, estas eran llenadas por personal disciplinado desde la oficina de Atorresagasti, con el nombre del candidato oficial al senado, la cámara y la presidencia, siguiendo un patrón previamente acordado. De esta manera, la elección de Rivero Agüero y los candidatos oficiales quedaba asegurada.

¿Se enteró usted de la preparación de ese fraude?
Jamás hablé con Batista sobre ese tema ni tampoco con Atorresagasti. La Casa de Salazar constituía un signo de que algo secreto estaba sucediendo es ese lugar, las luces encendidas gran parte de la noche, prohibida la circulación de automóviles no autorizados. Además me informó el Comandante (PA) Cosme Varas Rodríguez, quien era un Ayudante Presidencial, que allí se estaban duplicando las boletas para las elecciones generales.

Pero el hecho de preparar ese costoso y gigantesco fraude para darle la presidencia a Rivero Agüero puede indicarnos que en sus planes estaba permanecer detrás del poder, al menos, por otro período.
Efectivamente.

En julio de 1958 se planeó la famosa «Campaña de Verano», gigantesco proyecto de movilización militar para acorralar a las tropas de Fidel Castro en la Sierra Maestra. Háblenos de ella.

Ese plan se denominó «Ofensiva Verano» y la idea no fue de Batista; él fue, más bien, el que la descompuso con sus escasos conocimientos militares y sus obtusos puntos de vista en materia de estrategia militar. Esa idea la preparó en forma minuciosa y detallada el Mayor General Eulogio Cantillo Porras. Era un plan de movilización gigantesco que pondría en acción aproximadamente 16.000 hombres. El plan fue expuesto en una reunión de más de tres horas, delante de todos los oficiales que conformaban la élite del Ejército cubano. Batista la presidió.

El plan consistía, a grandes rasgos, en el avance de diez batallones por diferentes sitios estratégicos, en procura de acorralar a las fuerzas de Castro que se encontraban en las estribaciones del Pico Turquino, el más elevado de Cuba. Otros seis batallones estarían de reserva para utilizarlos, a medida que el avance de las tropas lo exigiera. Los batallones serian apoyado por aviones bien equipados y con suficiente capacidad de fuego para garantizar el avance seguro de las tropas de infantería. Era, en efecto, un plan muy bien pensado y ahora más que nunca, estoy convencido que hubiera acabado de raíz con la tropa rebelde y con sus cabecillas, los hermanos Castro y el Che Guevara.

Sin embargo, se interpuso la arrogancia de Batista y lo nulo de sus conocimientos sobre estrategia militar. Uno a uno fue desbaratando los inteligentes planes del General Cantillo, con pueriles argumentos como los de la escasez de tropas para adelantar las avanzadas, sabiendo todos los presentes que la mayoría de los soldados se encontraban en misiones de tiempos de paz, cuidando ingenios azucareros y casas de recreo de sus amigos y socios más cercanos; también como guardaespaldas de personalidades y amigos personales de Batista, mejor dicho, en labores que nada tenían que ver con el estado de guerra que se venía librando en el país. Para estupefacción de los allí presentes, todos militares de academia, con la excepción, claro, del mismo Batista, accedió a asignarle a este meticuloso plan tan solo la cuarta parte de los recursos y efectivos. ¡La cuarta parte! Con eso perdió la última oportunidad que nos quedaba de haber derrotado al enemigo.

El plan fue un estruendoso fracaso, un completo desastre. Los batallones iban cayendo uno a uno en manos enemigas con sus armamentos, como en el caso del Comandante Quevedo quien estuvo durante más de 72 horas incomunicado y copado por el enemigo, sin comida ni pertrechos, por lo cual tuvo que rendirse al enemigo, con los hombres que le quedaban, –400 aproximadamente. La emisora rebelde, desde las montañas, estuvo tres días radiando los partes de victoria por lo que la moral de los soldados y oficiales se vino abajo. En el poblado de Santo Domingo también rodearon al Teniente Coronel Sánchez Mosquera, herido de gravedad durante el combate. Lo sacaron en helicóptero de la zona, la cual quedó sembrada de cadáveres.

Lo más denigrante de todo es que después de todos estos desastres militares, el propio Batista redactaba desde Palacio los partes de guerra en los que decía que la campaña militar iba por muy buen camino, que las tropas del gobierno habían puesto en huida a las huestes rebeldes, de acuerdo al elaborado plan del Comandante en Jefe, –es decir, de él mismo– introduciendo en esos «partes de victoria» palabras rimbombantes y frases napoleónicas. Quedaban redactados de forma tan histriónica, que más parecían una broma de mal gusto que un parte militar. Después de elaborado ese informe, se lo enviaba al Comandante Boix Comas, Jefe del Bureau de Prensa del Ejército, para que lo firmara y se lo enviara a todos los medios de comunicación nacionales y extranjeros.

Un parte de guerra fraudulento...

¡Todo! Un verdadero y completo fraude. Un engaño que no tiene perdón pues ningún bien le hacia ni al pueblo ni a su gobierno.

¿Cuál fue el epílogo de esa «Ofensiva Verano?»

El plan inicial de Cantillo, como le afirmé, estuvo muy bien pensado. Recuerdo que Batista, tratando de desvirtuarlo, le arguyó:

«No puede ser, Cantillo. Yo no puedo distraer las tropas de la custodia de las fincas. Estoy comprometido con Manolo Arcas, con Aguilera, y con muchos más».

«Presidente», le dijo Cantillo «deje que se pierdan las cosechas. No nos preocupemos ahora por eso. Lo importante es aplastar a esta gente.»

«De ningún modo», concluyó «confórmate con cuatro batallones, y ya es mucho».

Vi a Cantillo desolado.

«Lo que usted ordene, Presidente», dijo, muy serio.

Al salir de la reunión, Cantillo me pasó el brazo y me dijo:

«No hay esperanzas Silito. Así no acabamos con Fidel Castro».

Ese fue el epílogo de la famosa Ofensiva Verano. En todas las provincias el descontento entre los militares era incontenible. Era evidente que Batista, por un desconocimiento total de la penosa situación de recursos militares por la cual atravesaba el Ejército –porque pienso que nunca le prestó la verdadera atención a los asuntos de la guerra que se libraba– por arrogancia o por ignorancia, no quería enfrentar la realidad y aprehender de una vez y por todas a Fidel Castro. Los oficiales quedaron desmoralizados y confundidos.

Fueron varios los planes elaborados por los jefes en campaña y todos fueron inaceptables para Batista. Por ejemplo, cuando el Coronel Barrera Pérez, el primer Jefe de Operaciones en la Sierra Maestra, le propuso a Batista evacuar a todos los campesinos de la zona donde operaban los rebeldes en la Sierra Maestra para evitar que los campesinos fueron forzados apoyar los rebeldes, Batista aprobó el plan. Seguidamente, Batista envío a tres ministros para estudiar la situación dentro de la población civil. Estos, a regresar de Oriente, le rindieron un informe desfavorable y a las 72 horas Batista cancelo el plan de evacuación de los campesinos. (Este es el mismo plan que realizo el General Valeriano Weyler durante la guerra de independencia y Fidel Castro durante las operaciones rebeldes en el Escambray en 1959 cuando todas las familias de la zona las mudo para la provincia de Pinar del Río terminando con la rebelión de los patriotas cubanos contra su régimen.)

¿Logró Castro infiltrar espías dentro del Ejército para mantenerse informado de los planes militares?
Absolutamente cierto. Hubo espías dentro del Ejército. Gente que ya no estaba de acuerdo con el gobierno y cooperaba con el enemigo.

Y se acentúan los brotes de la llamada «guerra sucia»...
Desafortunadamente sí. Tengo un caso que lo ilustra perfectamente. Cuando el General Cantillo era Jefe de la División de Infantería de la Ciudad Militar de Columbia, una noche sonaron dos explosiones que estremecieron al campamento militar. Una bomba había sido colocada en la piscina y otra en el cine-teatro. Afortunadamente nadie resultó herido y los daños fueron mínimos. Pasaron unos meses y las investigaciones no arrojaban resultados sobre los culpables de dicho atentado. Mientras Cantillo estuvo al mando, nunca se supo quiénes habían sido los autores. En 1958, Batista lo nombra Jefe de Operaciones de las tropas destinadas por el Estado Mayor del Ejército a la captura de Castro y me designa a mí para ocupar el cargo que dejaba vacante Cantillo.

Al poco tiempo, el servicio de contra-inteligencia descubre a los tres individuos que intervinieron en el hecho, entre quienes figuraban el cabo Acosta Diviño a quien conocía personalmente, perteneciente a la Compañía de Tanques del Regimiento 10 de Marzo y otro, cuyo nombre no recuerdo. El tercero, creo de apellido Bermúdez, licenciado desde tiempo atrás, ya no pertenecía al Ejército. Los tres fueron apresados e internados en los calabozos de la Ciudad Militar. Inmediatamente ordené al Jefe del Cuerpo Jurídico de la División, Teniente Coronel Abogado Arce Madruga, que iniciara los trámites para juzgarlos, de acuerdo a la ley, en un Consejo de Guerra Sumarísimo, atribuciones que me correspondían, de acuerdo con la ley, por el rango que ostentaba. Al mismo tiempo informé a todas las unidades bajo mi mando que estaban presos los presuntos acusados de poner las dos bombas y que serían juzgados. Llamé por teléfono a Palacio y le dije al Ayudante de Guardia, Comandante Cosme Vara Rodríguez, que le informara al Presidente sobre lo sucedido.

Como a la media hora me llama el Comandante Manuel Atorresagasti con el recado del Presidente Batista de que, «Había que dar un escarmiento».

«Por eso los voy a juzgar en un Consejo de Guerra Sumarísimo», le dije a Atorresagasti.

Luego de esta conversación, llega a la jefatura un telefonema oficial del Estado Mayor del Ejército ordenando que trasladaran al Servicio de Inteligencia Militar, a los tres acusados para continuar la investigación. Cité a mi despacho al Capitán Jiménez, Jefe de la Compañía «A» de Tanques y le dije que los entregara al SIM y me trajera copia del acta donde constaba que los estábamos entregando vivos. Y se hizo.

Una semana después, el SIM expidió un comunicado en el que informaba que los tres habían sido dados de baja cuando trataban de escapar, camino a la prisión de la Fortaleza de La Cabaña. El Teniente Rivero, quien murió en España, junto a Batista, era el jefe de ese destacamento que los conducía a La Cabaña. Este asesinato resquebrajó mi confianza y la moral de los oficiales y soldados que combatían a nombre de este régimen que había jurado defender la nación y sus instituciones. Tuvo mucho que ver en las conspiraciones, desengaños y desconfianzas que sucedieron al correr de los días. Con ese acto, Batista me quitó la autoridad que tenía para juzgarlos en Consejo de Guerra Sumarísimo y dio paso a la comisión de un crimen que manchó el honor del Ejército.

¿Registró la prensa cubana ese episodio?

No, no fue divulgado por ningún medio de comunicación. Hubo un silencio total sobre ese particular.

¿No contradice ese episodio alguna de sus afirmaciones anteriores, acerca de que el régimen no estaba «manchado con sangre»?

A estas alturas del conflicto armado, si estuvo manchado de sangre.

Narra Duarte Oropesa, en su obra antes citada, que el Departamento de Estado de los Estados Unidos violó el embargo de armas decretado por el gobierno de los Estados Unidos. Habla de la entrega de, al menos, 300 cohetes de cinco pulgadas para la Fuerza Aérea Cubana. ¿Quiere decir eso que todavía, en aquel momento, Batista contaba con amigos en la administración americana?

No. Después de marzo 1958, La Fuerza Aérea Cubana no recibió, por aquel entonces, ningún tipo de cohetes ni armamento alguno proveniente de los EE.UU. Ese rumor lo consulté con mi hermano Carlos, quien era el Jefe de la Fuerza Aérea del Ejército y me confirmó que, después de ese embargo, nunca se recibieron ni cohetes ni armas de ningún tipo.

¿Qué impresión causó en el Ejército cubano el secuestro en junio 16, 1958, de aproximadamente 17 norteamericanos, técnicos de empresas de ese país, y de 28 infantes de marina del Ejército norteamericano ordenado y ejecutado por Raúl Castro? Es obvio que, prácticamente, puso en jaque a la administración de Batista y, después, le sirvió de propaganda a la causa rebelde, al ser devueltos todos los secuestrados con vida.

Ese secuestro fue un hecho de repercusión internacional, planeado con fines propagandísticos. Con esto los guerrilleros lograron amplia publicidad y se ganaron las simpatías en muchas partes del mundo. Más, cuando los fueron entregando a cuenta gotas, armando todo un show publicitario cada vez que iban a soltar a alguno de ellos. Fue un show muy bien orquestado con el cual ganó simpatías la guerrilla y perdió, por supuesto, el gobierno.

Después del descalabro de la «Ofensiva Verano» en julio de 1958, Castro, a través de una alocución radial, invita a las Fuerzas Armadas a dialogar, bajo la condición de la entrega de Batista a los tribunales de justicia. ¿No fue esa una oportunidad ideal para explorar otro camino, que no fuera la guerra, para lograr la pacificación del país?

Ese diálogo era virtualmente imposible en ese tiempo ya que el régimen tenía el control de todo. Fue más un acto propagandístico de Fidel Castro, no le quede duda alguna. El sabía que con el Ejército le iba a resultar imposible poder dialogar.

Sin embargo ya algunos oficiales estaban «dialogando» con Castro y conspirando en favor de su causa...
Si, pero eran casos aislados.

Pero de todas maneras, marcó el comienzo de la desintegración monolítica del Ejército, como se pudo apreciar más tarde...
Es verdad, eso fue dejando una huella que muchos fueron siguiendo.

¿Es cierto que, a raíz del fracaso de la Ofensiva Verano y por la contrariedad que esto ocasiona en Batista, entre los más altos oficiales se presenta un «impasse», achacándose los unos a los otros la culpa por la derrota? ¿Por qué este impasse si ya se conocía de antemano lo ineficaz de esa ofensiva?
Todos sabíamos que la ofensiva iba a ser un fracaso menos Batista. Este plan fracasó desde antes de comenzar, cuando Batista no aprobó los planes del General Cantillo.

Pero la primera parte de mi pregunta no ha sido contestada aun. ¿A raíz de esa derrota, los oficiales se enfrascaron en una disputa, achacándose mutuamente la culpa?
No, eso no ocurrió. No podía ocurrir porque todos sabíamos desde el principio que la ofensiva sería un fracaso.

Todos menos Batista...
...Qué triste verdad.

Oficialmente, el 14 de marzo de 1958 los Estados Unidos suspenden la venta de armas norteamericanas a Cuba, cuando devuelven, en plena travesía, al vapor Villanueva que había zarpado

desde Nueva York, llevándole armas a Batista. Este episodio está documentado en el libro del doctor Márquez Sterling (Historia de Cuba, pág. 426). Días antes, altos oficiales de la marina y el Ejército de los Estados Unidos habían condecorado a Batista en una ceremonia militar. ¿Cómo entender este extraño proceder del gobierno norteamericano?

La verdad, no recuerdo esa condecoración otorgada a Batista por los militares americanos pero, de haber ocurrido, podría explicarse porque una cosa era el Departamento de Estado, cuyas políticas estaban inclinadas, fuertemente, a ayudar a Fidel Castro y otra muy diferente era la percepción que tenían los militares norteamericanos sobre la crisis cubana. Precisamente el Comandante Ramón Martínez Morejón, que operaba con un batallón de infantería en una zona cercana a la base naval norteamericana en Guantánamo, un día se traslado a dicha base y conversando con el Almirante Richard Ellis, el jefe de la misma, le expresó su disgusto por la aparente ayuda de la base naval a Fidel Castro. El jefe le contesto que ellos tenían que cumplir las órdenes de su gobierno. No obstante el Almirante al ver una bandera comunista ocupada por las tropas del Comandante Martínez Morejón dice comprender que en la revolución de Castro está el apoyo comunista.

Para ese momento, ya Cuba les había pagado a los americanos por la compra de 15 aviones de entrenamiento. Esos aviones tampoco fueron enviados a la isla por el temor de que fueran utilizados en faenas de combate. ¿Militarmente qué explicación tiene esta decisión?

En ese momento, Raúl Castro tenía secuestrados a cuarenta y siete ciudadanos norteamericanos. Quizás para congraciarse con los rebeldes, quienes tenían rehenes norteamericanos, quizás por la presión misma de la sociedad civil de Norteamérica, el gobierno americano detuvo la entrega de esos aviones a Batista. Lo cierto es que, después de ese episodio, los americanos secuestrados fueron dejados en libertad poco a poco, sin ningún daño ni ofensa.

¿Podría pensarse en un acuerdo entre los americanos y la guerrilla?
No lo creo así.

Era imposible luchar contra la guerrilla sin pertrechos ni armamento. ¿Por qué no se los compraron a otros países?
Lo intentamos. Le pusimos un pedido a Inglaterra y enviamos todas las garantías y el dinero requerido para la compra y cuando ya nos iban a embarcar el armamento, el gobierno americano dialogó con los británicos, cancelándonos el pedido. El Coronel Corzo hizo varias compras en Europa, pero el armamento llegó cuando ya Castro estaba en el poder. También, adquirimos carabinas San Cristóbal de la República Dominicana, pero su funcionamiento era defectuoso.

Sin embargo Castro sí recibió varios lotes de armas por la vía de Venezuela. Se habla de ocho tanques ligeros, seis camiones blindados y catorce jeeps, todos de facturación norteamericana. ¿Cómo fue vista esa acción por el Ejército?
Castro jamás recibió tanques ni camiones blindados, ni cosa que se le parezca. Por la forma en que estaba patrullando la Marina, les quedaba físicamente imposible arribar a las costas cubanas y desembarcar un cargamento de esa naturaleza. Eso no es cierto.

Las acciones militares arrecian, para aquel momento, y hay quienes dicen que el Ejército comenzó una sistemática violación de los derechos humanos en el campo de batalla. ¿Es eso cierto?
En las operaciones militares, el Ejército observaba los derechos humanos. Sin embargo, estos principios a veces fueron violados por órdenes superiores emanadas del Palacio Presidencial. De otra parte, el gobierno tenía sus servicios de inteligencia en la Marina, la Policía Nacional, en el Buró Represivo de Actividades Comunistas (BRAC) y en el Ejército. Algunas de estas personas podrían haberse prestado para cometer cualquier tipo de desafueros, como evidentemente lo hacían. Sin embargo, ninguna de esas acciones provenía de las tropas en operaciones en la Sierra Maestra. Para obtener la simpa-

tía del pueblo, los rebeldes en la Sierra Maestra secuestraban a los campesinos vestidos con uniformes del Ejército y si ellos no cooperaban con los rebeldes, los mataban.

Pero entonces, si se cometían desafueros...
Si, pero como ya le dije, las tropas en campaña no tenía nada que ver en ellos. Los rebeldes solían vestir a sus hombres con uniformes del Ejército y enviarlos a cometer crímenes en los poblados cercanos, con la intención de achacárselos al gobierno en general y al Ejército en particular.

Durante la campaña presidencial es asesinado Nicolás Rivero Agüero, hermano del candidato presidencial oficialista, Andrés Rivero Agüero. ¿Recuerda cómo fueron los hechos?
Fue un asesinato más de los que cometían diariamente los rebeldes, en contra de ciudadanos indefensos. El movimiento 26 de Julio asesino a Nicolás Rivero Agüero en Santiago de Cuba para castigar a su hermano.

En las filas extremistas militaba un hermano de ambos, Luís Conte Agüero. ¿Cómo era visto ese hecho?
Las circunstancias lo situaron, en ese momento, frente a Batista. Después, se dio cuenta que Fidel Castro había traicionado la revolución y es uno de los luchadores mas activos en el exilio en busca de reconquistar la libertad y democracia en Cuba.

En el libro de Batista ya citado, este se queja de la prolongación de la lucha armada sin que se notaran los éxitos militares. ¿No es acaso esto inconsistente con sus afirmaciones de que Batista bloqueó la Ofensiva Verano y otras importantes acciones militares?
Batista, después de la derrota, quiere culpar a todo el mundo sin reconocer que el verdadero responsable fue él por su incapacidad militar, su falta de decisión y su manera de gobernar.

En la misma obra, Batista sugiere que los militares querían que él permaneciera en el poder, encabezando una Junta Militar. ¿No le parece que esta paladina afirmación hecha por tierra las aseveraciones de que la guerra se perdió por su culpa?

Eso es absurdo. Si de Presidente no quiso pelear, mucho menos pelearía al mando de un Ejército que le estaba demostrando que deseaba acabar con esa lucha entre hermanos.

Tres altos oficiales fueron comisionados, en diferentes oportunidades, para derrotar a Castro y los tres fracasaron: Ugalde Carrillo, Río Chaviano y Eulogio Cantillo. ¿Quién hubiera sido el oficial ideal para haber conseguido el triunfo?

Había otros dos, Teniente Coronel Pedro Barrera Pérez y Coronel Rafael García Casares. Con los hombres, la autoridad y los medios, cualquiera de ellos hubiera logrado vencer a la guerrilla desde sus inicios. Pero ya, a estas alturas del conflicto en noviembre de 1958, con un gobierno que tiene medio Ejército en contra y la constante injerencia del ejecutivo en las cuestiones militares, ninguno lo hubiera logrado.

¿Cuando afirma que, a esta altura del conflicto Batista tenía medio Ejército en su contra, a qué oficiales en concreto se refiere?

La conspiración del Coronel Ramón Barquín y los otros oficiales que fueron condenados en el Consejo de Guerra Sumarísimo y de lo cual ya he hablado anteriormente, había comprometido a otros seiscientos oficiales más. Entre los documentos ocupados a los conspiradores se decomisó un folleto que contenía el escalafón del Ejército, es decir, la lista de los oficiales del Ejército, clasificados por orden de grado y antigüedad, comprometidos en ese episodio. Batista nunca comprendió la gravedad de esta realidad y la mayoría de los oficiales comprometidos en esta confabulación permanecieron en el Ejército. Varias veces le recordé esta situación, pero no actuaba.

Además, los planes que elaboraban los oficiales en las zonas de operaciones fueron siempre rechazados por Batista con el pretexto de que era más importante cuidar las propiedades y dar una sensación de control y confianza, entre la ciudadanía, lo mismo que recaudar los millones que ingresaban por la recogida del café, el azúcar y otros productos agrícolas, antes que escalar las acciones militares. Las campañas se adelantaban en medio de estas desconfianzas, lo que ocasionaba deslealtades de los oficiales, a la hora de cumplir con sus deberes.

Para acabar de completar el cuadro de adversidades, los Generales Rió Chaviano y Cantillo tuvieron incidentes y discrepancias por lo que fue necesario separar y definir las zonas de mando de ambos: el General Cantillo mandaría, además de las tropas en operaciones, la Guardia Rural desde la Carretera Central hasta Manzanillo y Cabo Cruz; el General Río Chaviano, por su parte, mandaría sus tropas en operaciones y las fuerzas de la Guardia Rural desde la Carretera Central y Santiago de Cuba, hacia el este, hasta Baracoa y Punta de Maisí.

Por otra parte, las relaciones entre mi padre y el General Cantillo tampoco eran cordiales. Ya en el exilio, mi padre me contó que le había pedido a Batista juzgar a Cantillo como traidor por mover el batallón del Comandante Quevedo hacia la Sierra Maestra sin apoyo y sin consultar la operación con el Estado Mayor. Batista nunca accedió a esta petición. Todo lo contrario, se trasladó a Río Chaviano para Las Villas, dejando el mando total de las jefaturas de Bayamo y Santiago de Cuba al propio Cantillo, pensando que unificando así el mando militar, no obstante el fracaso de Cantillo en la Ofensiva Verano, éste podría desenvolverse con mayores posibilidades.

En La Habana, a fines de 1958, el mayor General Martín Díaz Tamayo estaba conspirando con la CIA para deponer a Batista. Esta conspiración fue totalmente comprobada y Batista optó por retirarlo para evitar especulaciones sobre el particular. Rió Chaviano en Las Villas no daba señales de que ejercía el mando con eficiencia. Es retirado y parte hacia la República Dominicana. También es relevado del mando del Distrito de Camaguey el Coronel Víctor Dueñas Robert. A Río Chaviano lo sustituye el Coronel Joaquín Casillas Lumpuy y el Coronel Pérez Coujil sustituye al Coronel Dueñas. En diciembre de 1958, el Mayor General (abogado) Arístides Sosa de Quesada pide su baja, y en un acto patriótico y leal con la República, le sugiriere a Batista, en la residencia de la Ciudad Militar, que buscara la fórmula para dejar el poder.

En los días finales se pudo conocer que los generales Cantillo, Rió Chaviano y Martín Díaz Tamayo también estaban conspirando con la CIA. El Coronel Florentino E. Rosell y Leyva, jefe del Cuerpo de Ingenieros, también estaba en estos trajines. Por esa razón le digo que, a esta altura del conflicto, en los últimos meses de 1958, Batista tenía a medio Ejército en contra. ¿O no?

¿Con cuántos hombres contaba el Ejército cubano en los últimos meses de 1958?

No tengo a mano documentos para comprobarlo, pero estimo que el Ejército disponía de unos 40,000 hombres.

Además del Ejército estaban la Marina y la Fuerza Aérea. ¿Podría calcular su número?

Sí, estaban también estas dos fuerzas y además, en las zonas más peligrosas de las ciudades y pueblos, la Policía. Serían unos 12 o 15 mil hombres más entre Marina, Policía y Fuerza Aérea.

¿Se justificaba tener unas fuerzas armadas tan numerosas para darle la batalla a una guerrilla tan irrisoria?

Lógico. Es más, hicieron falta muchos hombres más. Se combatía en toda la isla, los atentados con bombas y los asesinatos de policías y soldados en sus propios domicilios eran frecuentes. El movimiento subversivo-terrorista usaba tácticas comunistas para llevar a cabo sus fechorías. Allí se ve el error de Batista de tratar de ocultar o restarle importancia a las acciones de los terroristas para minimizar sus acciones. Nadie, en ninguna parte del mundo, sabía la gravedad de lo que estaba ocurriendo en Cuba en esos momentos, todo por culpa del mismo gobierno que, a toda costa ocultaba la gravedad de estos hechos. El pueblo se iba sumando paulatinamente a la propaganda de la subversión y al engaño que salía de la Sierra Maestra mientras que el gobierno, en lugar de darle frente a la situación y movilizar militarmente a los hombres e instituciones partidarios del gobierno, no lo hacía.

Recuerdo que Eusebio Mujal, que presidía la Confederación de Trabajadores Cubanos, le ofreció a Batista un día, en visita oficial a Palacio, 40,000 hombres para luchar contra Fidel Castro. Batista declinó la ayuda que un hombre tan inteligente como Mujal le ponía en sus manos. Mujal sabía lo que venía y cómo operaban los comunistas. El único que no lo comprendía era Batista.

CAPÍTULO VI

ELECCIONES DE 1958

El tres de noviembre de 1958 se realizaron las elecciones. Lógicamente, el candidato ganador fue el Dr. Andrés Rivero Agüero. ¿Hubo disturbios durante la realización de los comicios o por contrario estos transcurrieron en paz?
   Las elecciones presidenciales se llevaron a cabo con algunos disturbios pero sin mayores consecuencias. El Dr. Andrés Rivero Agüero triunfó con la ayuda decisiva de Batista que planeó, como ya le dije anteriormente, ese gran fraude, sin necesidad, implicando de paso en él a las Fuerzas Armadas. Jamás hablé con Batista sobre este asunto tan grave, y el tampoco me lo mencionó. El Dr. Andrés Rivero Agüero, un político íntegro y un amigo sincero quien inclusive le reprochó a Batista esa conducta el mismo tres de noviembre, en horas de la madrugada, cuando Batista lo llamó para felicitarlo por el triunfo. «Usted es el único que celebra elecciones en estas circunstancias», fue la respuesta de Rivera Agüero, lógicamente molesto por haber sido elegido de esa forma.

¿Qué impresión causó entre los oficiales adeptos al régimen la realización de esas elecciones completamente amañadas? ¿Nadie del alto mando le dijo a Batista que lo que se perpetraba era, además de inmoral, inconveniente para la pacificación del país?
   El fraude de la «Casa Salazar» fue un secreto a voces. El daño que hizo a la moral de las tropas fue demoledor. Que yo sepa, nadie se atrevió a decirle a Batista lo que él, como político, sabía mejor que nadie. No obstante, fue una orden y un plan suyo, que mantuvo a toda costa en contra de los derechos constitucionales del ciudadano y la dignidad plena del hombre cubano. Por qué Batista ordenó esta barbaridad, es algo que solo él sería capaz de contestar, aunque le puedo

asegurar, como ya lo hice antes, que desde hacía algún tiempo, en nuestro sentir, sus facultades mentales habían comenzado a fallar.

¿Por qué?
Por muchas razones. En varias oportunidades notábamos que sus decisiones se apartaban completamente de la realidad. De todas formas su salud no fue la misma después de un episodio del cual fui testigo y que ocurrió cuando, en uno de sus frecuentes viajes de pesquería que duraban varios días, me avisaron por radio que el Presidente regresaría apresuradamente a Palacio. No hacía mucho había salido, lo cual me extrañó y me dirigí a recibirlo en el muelle que estaba frente el Estado Mayor de la Marina de Guerra. Al acercarme para saludarlo, noté que su boca y parte del lado izquierdo de la cara, se le habían virado hacia atrás. Se notaba molesto y salió directamente hacia Palacio. Ni los periódicos, ni la radio o la televisión comentaron sobre el particular. La verdad, durante la pesquería le había dado un «stroke», por lo que debieron regresar apresuradamente al muelle, a buscar ayuda médica urgente. Durante algunos días lo note muy decaído, se daba masajes con su mano en el lado izquierdo de su cara y a las pocas semanas su salud volvió a la normalidad. Algún tiempo después llegué a Palacio en horas de almuerzo y el médico personal de Batista, el Dr. Ramiro López de Mendoza, me dice: «Si anoche no estoy aquí, el Presidente se muere». ¿Cómo? -le pregunté- y me replicó: -«Se le fue la lengua hacia atrás y si no lo hubiera atendido oportunamente, se hubiera muerto por asfixia».

Regresemos a las elecciones. ¿Cómo reaccionó la insurgencia ante su convocatoria?
Los insurgentes, como usted los llama, supieron aprovechar el espacio que dejaban las fuerzas del orden, en su afán de garantizar el orden de las ciudades en los comicios. Se debilitó, aun más, el débil cordón de tropas que se encargaba de mantenerlos alejados de los centros urbanos. Para la realización de esos comicios, las tropas que desempeñaban esta misión de control y acecho fueron retiradas y enviadas a los pueblos y ciudades donde se celebrarían las elecciones.

Por lo tanto, el llano quedó libre, bajaron los rebeldes de la Sierra Maestra y ya no regresaron jamás. La reacción de los bandidos, como se ve, fue oportuna pero propiciada por la mala planeación estratégica de la presidencia. El Ejército le dijo a Batista que era un error estratégico mover las tropas a las ciudades para las elecciones. Los rebeldes arreciaron sus críticas al régimen y la gente se comenzó a enterar de lo fraudulento de esos comicios.

¿Y los candidatos perdedores, en especial el Dr. Carlos Márquez Sterling?

Todos, menos el Dr. Carlos Márquez Sterling, esperaban la derrota. Si no se hubiera cometido fraude, el Dr. Carlos Márquez Sterling hubiera sido el ganador. El cuadro político hubiera cambiado radicalmente. Fidel Castro no hubiera tenido otra alternativa que negociar o deponer las armas y entregarse a la política, si aspiraba a ser Presidente. Los demás candidatos que se presentaron a la contienda lo hicieron, más tratando de «pescar en río revuelto», que cualquiera otra cosa. Ellos sabían que la primera opción legítima era el doctor Márquez Sterling.

¿Y cómo reaccionó el Departamento de Estado?

Dos semanas después de las elecciones, cuando el embajador norteamericano Earl T. Smith visitó al Presidente Batista el 17 de diciembre de 1958 en su finca Kuquine, entre los asuntos importantes que le notificó, por encargo del Departamento de Estado, fue que los Estados Unidos no reconocerían el gobierno del Dr. Andrés Rivero Agüero.

¿Notó algún movimiento inusual de enseres, obras de arte u objetos valiosos que presagiaran que el Presidente estuviera preparando su huída?

No. En lo absoluto. Todo se desarrollaba normalmente, al menos en la residencia presidencial de la Ciudad Militar. No sé si en Palacio o en Kuquine ocurriera lo mismo.

¿Es verdad que en esos momentos en Miami existía un plan que consistía en apresar a Batista y a todos los principales responsables de su gobierno, constituir una junta militar, revitalizar el Ejército y derrotar militarmente a Castro? ¿De ser cierto, quiénes conformaban ese grupo?

Al principio de 1958, Batista me habló de rumores desde Miami de ese plan, que lo preocupaban, pero eran rumores sin pruebas ni evidencia.

Sí le puedo informar de otro plan para formar una junta militar, relacionado con dos nefastos funcionarios del Departamento de Estado que ya mencioné anteriormente: Roy Rubotton y William Wieland. En una de las constantes visitas que el General García Tuñón les efectuaba a este par de personajes, ellos le solicitaron los nombres de tres militares con los cuales, en su entender, se pudiera constituir una junta provisional de gobierno en Cuba. Este episodio me lo comentó, años más tarde, el propio General García Tuñón, quien vino a mi casa, desde Miami, para acompañarme durante el funeral de mi padre, (el Teniente General Francisco J. Tabernilla y Dolz, fallecido en la ciudad de Riviera Beach, Florida, el 22 de abril de 1972). El General García Tuñón me compartió sus conversaciones de aquella época con estos dos funcionarios, encargados del caso de Cuba, quienes, en sus palabras, demostraban una simpatía visible por la revolución que lideraba Fidel Castro en la Sierra Maestra. En la terna que aquellos le pidieron llevara al Departamento de Estado para formar una junta militar, él incluyo mi nombre: General de Brigada Francisco H. Tabernilla y Palmero. ¡Pero, cómo!, -exclamaron-, si Tabernilla acaba de depositar la semana pasada 20 millones de dólares en un banco de Chicago.

La sorpresa de García Tuñón, en ese momento fue mayúscula y el asunto de la junta no llegó a ninguna parte. Años después, cuando vino a vernos en el funeral de Papá y constatar que yo trabajaba como *office manager* en una compañía de construcción, comprendió que aquello había sido una gran mentira y que mi vida de exiliado era igual que la de él y la de todos los demás que abandonamos la patria, en contra de nuestra voluntad, presionados por las circunstancias.

¿Tal vez una maniobra de desinformación del Departamento de Estado para crear resentimientos entre la oficialidad?
Completamente cierto, porque ahí se veía la intención que tenían de manchar a todo aquel que estuviera vinculado al régimen batistiano, al gobierno que ellos veían que se caía y como a mí me consideraban un miembro más de aquél, pues era necesario desacreditarme también.

¿Conoce los otros dos nombres que el General García Tuñón les dijo a los funcionarios del Departamento de Estado?
No, el nunca me los dijo, ni yo se lo pregunte tampoco.

En su libro ya citado, el Dr. Márquez Sterling afirma que en los primeros días de diciembre el ex embajador norteamericano en Brasil, William D. Pawley, visitó a Batista en su casa privada y le propuso que dejara el poder, inmediatamente, y cooperara con el establecimiento de una junta militar. En compensación, Estados Unidos le daría el asilo (Obra citada, página 437). ¿Se enteró usted de esa entrevista? ¿Por qué Batista no aceptó el asilo en los Estados Unidos en ese instante?
Conocí de la entrevista que fue precisamente en Palacio, no en su casa privada, pues dio la casualidad que yo estaba en esos momentos allí, esperando que la terminara para hablar con él. Batista, quien infrecuentemente hacía comentarios de sus entrevistas, me dijo, usando un lenguaje muy común en él: «Me dieron ganas de entrarle a patadas a este William Pawley». Jamás lo había notado tan disgustado. «Me ha pedido que renuncie a mi cargo», puntualizó. En ese momento entró el Dr. Andrés Domingo y Morales del Castillo con unos papeles y no habló más del incidente, ni comentó el caso a nadie más, que yo sepa.

Días más tarde, el 17 de diciembre de 1958, es el propio embajador norteamericano quien, como ya lo mencionamos, lo visita y lo confronta con la realidad. Batista ya no tiene el respaldo del gobierno de los Estados Unidos para permanecer por más tiempo en el poder. ¿Recuerda cómo fue esa entrevista?

Si la recuerdo, desde luego. Se realizó en Kuquine. Terminada la entrevista, Batista se dirigió hacia la Ciudad Militar. Allí lo estaban esperando mi padre, Teniente General Francisco Tabernilla y Dolz, el Jefe del Estado Mayor Conjunto, el Jefe del Ejército, Teniente General Pedro Rodríguez Ávila y el Jefe de la Marina de Guerra, Almirante José Rodríguez Calderón. Según mi padre, informó a los jefes de la entrevista que acababa de sostener con el embajador Earl T. Smith y los conminó a que buscaran una solución nacional. «La solución nacional tiene que darla usted, Presidente y nosotros cumplir sus órdenes», le dijo firmemente mi padre.

Este era el segundo aviso que recibía del Departamento de Estado de los Estados Unidos. El primero había sido por intermedio del ex-embajador William Pawley. La reacción de Batista fue muy distinta, esta vez. Comprendió que no podía continuar gobernando, a menos que denunciara ante el pueblo la intervención norteamericana en los asuntos internos de Cuba y le informara a la nación y al Congreso sobre los hechos, mensajes e intromisiones del Departamento de Estado norteamericano. Hizo todo lo contrario, como es sabido. Ocultó al pueblo los hechos y decidió preparar secretamente su huída de Cuba.

Esa respuesta de su padre suena tajante. ¿Será a raíz de ella que el Presidente comienza a indisponerse con él?

No. Eso ya venía de tiempo atrás. Batista comenzó a indisponerse con mi padre desde el día que le pidió arrestar a Cantillo y juzgarlo por traición en julio de 1958. Eso fue debido al traslado del batallón 18, al mando del Comandante Jose Quevedo, a La Plata. Quevedo fue enviado a esa operación militar sin ningún tipo de apoyo y contraviniendo totalmente las directrices de mando. Esa operación, desastrosa, nunca fue aprobada por el Estado Mayor del Ejército.

Pero Batista no juzgó a Cantillo, todo lo contrario, lo conservó y le otorgó más mando...

Cierto. Batista sabía que políticamente ya tenía la guerra perdida y necesitaba ir creando culpables en quienes depositar el juicio adverso de la historia.

¿Cuál estima que fue la principal equivocación de Batista en relación al movimiento 26 de Julio?

Una de las principales, indudablemente, fue su equivocado enfoque militar al desestimar la real amenaza que implicaba la tolerancia de una fuerza insurgente en la Sierra Maestra, por insignificante que en principio ella pareciera. Al permitir que Castro, después de su desembarco, se instalara en ese lugar con su reducida fuerza, le clavaba un puñal al corazón del pueblo cubano, herida que si en principio no fue mortal, se fue agravando con el tiempo, ante la mirada complaciente del Presidente Batista que buscaba mantener la atención de la opinión publica distraída, para poder dedicarse a enriquecer sus arcas personales, principal motivo que lo había llevado esta vez al poder.

Otra equivocación enorme, después de haber sembrado el caos en la nación y haber regado con sangre los prósperos campos de Cuba, fue haber pensado que las ya diezmadas Fuerzas Armadas resistirían hasta la toma de posesión del Dr. Andrés Rivero Agüero, es decir, hasta el 24 de febrero de 1959, fecha en la que, constitucionalmente, debía entregarle el poder. La conspiración de Cantillo había avanzado a pasos agigantados. Oficiales, clases y soldados que indiscutiblemente son parte y reflejo del pueblo, presentaban ya los mismos síntomas que el resto de la población. Estaban completamente desencantados con el régimen. Batista empezó a maniobrar y aun, sabiendo que el General Cantillo estaba conspirando contra él y estaba en contacto con Fidel Castro, lo utilizó, sin que este se percatara, de su plan final. Cantillo, a su vez, calculaba que finalmente había logrado colmar su ambición de mando y que con sus conspiraciones y contubernios, había por fin acorralado a Batista. Todo lo contrario. Batista lo utilizó, inclusive para enviarle cinco mil dólares a cada uno de los jefes militares de Camaguey y Holguín (Coroneles Pérez Coujil y Ugalde Carrillo) para «el caso que tengan que irse», según él.

Batista lo que buscaba y esperaba era que los generales le diéramos un golpe de estado para poder hacer el papel de víctima y salir del país, aparentando huir para salvar su vida. Eso no lo pudo lograr, tuvo que preparar y darse, él mismo, un auto-golpe de estado. Todo estuvo siniestra y sistemáticamente planeado por él mismo. Solo que las cosas le no salieron tan bien como lo había planeado. Es bueno aclarar que el alto mando militar le fue leal a Batista hasta el final y solo cumplía las ordenes que emanaban de el.

¿Era Cantillo un oficial competente, militarmente hablando?

Todos los oficiales reconocían en él su capacidad e inteligencia, pero desde que comienza a ejercer el mando de las fuerzas en la Sierra Maestra, como Jefe de Operaciones, sus órdenes comienzan a dejar dudas. Tampoco definió claramente su posición en la crisis, después de que el gobierno le puso en sus manos la más alta responsabilidad ni se le vio la franca disposición de jugarse la vida con los soldados que mandaba, en defensa de la causa que defendía y por el mantenimiento de las instituciones constituidas. Al inicio de su mando pedía constantemente armamentos que almacenaba en el Cuartel Maestre del Regimiento No. 1, «Maceo» sin darles uso ni destino. Y allí permanecieron estas, almacenadas y sin uso, hasta el triunfo de la revolución comunista. Las armas eran requeridas con urgencia para armar otros batallones y especialmente para reponer las que se iban deteriorando o rompiendo y aunque eran solicitadas con urgencia, nunca fueron asignadas. Provenían de las reservas que mantenían la División de Infantería en la Ciudad Militar y el Regimiento No. 7 de Artillería con sede en la Fortaleza de La Cabaña. Omisión o mala fe, eso jamás pude entenderlo. Nunca pude encontrarle razón a ese acto. El otro episodio, del todo sospechoso, es el que ya mencione, relacionado con el Comandante Quevedo. Cantillo, sin consultar con el Estado Mayor del Ejército, trasladó el Batallón No. 18 que comandaba el Comandante José Quevedo, a La Plata y desde allí le ordenó avanzar hacia la Sierra Maestra, sin haberle asignado previamente tropas de apoyo. El batallón, después de combatir once días rodeado por los rebeldes, tuvo que rendirse a Fidel Castro por agotamiento, falta de municiones, y falta de víveres y agua. La impresión general, entre la oficialidad y la tropa, era que Cantillo se encontraba decepcionado desde cuando Batista le negó el nombramiento de Jefe del Estado Mayor del Ejército, cuando creó el Estado Mayor Conjunto.

Los generales Eulogio Cantillo y Francisco Tabernilla en la finca Kuquine en los últimos días de diciembre de 1958, esperando ser recibidos por el Presidente Batista.

CAPÍTULO VII

LOS ÚLTIMOS DÍAS

En diciembre de 1958, Batista confronta a su padre acusándolo de haberle dado un golpe de estado (*Respuesta*, Fulgencio Batista, página 104). ¿Si su padre estaba defendiendo la integridad del Ejército, por qué Batista lo acusó tan rudamente?

En esa entrevista, en la que yo estuve presente y la cual ocurrió en mi despacho de la residencia Presidencial en la Ciudad Militar, la actitud de Batista no fue tan recia como él la expone en su libro. Batista se sentó frente a mi padre y yo estaba al lado derecho de mi padre. Batista le pregunto: «¿Pancho, por qué fuiste a ver al embajador norteamericano sin mi autorización?». Mi padre le contestó: «Estoy haciendo lo que puedo por buscar la solución nacional que usted nos pidió». «Me has dado un golpe de estado», le dijo Batista. «Lo hice inspirado en la mejor buena fe», le replicó mi padre, y agregó: «Todo lo que he hablado con el embajador, le concierne a la nación, al gobierno y al Ejército, y lo he hecho autorizado tácitamente por usted, en procura de la búsqueda de la solución nacional que usted nos ha pedido». Siguieron conversando sobre los pormenores de esa entrevista y yo me levanté.

El «golpe de estado» fue una expresión de Batista para herir a mi padre. El tal «golpe de estado» no existió como una realidad palpable, porque nunca se consumó, porque esa no era la intención, todo lo contrario, la idea era proteger a Batista y a su gobierno y además buscarle una salida decorosa a la situación creada por su mal gobierno.

¿Qué se discutió en la entrevista entre su padre y el embajador Earl T. Smith?

Yo no estuve presente en esa entrevista de mi padre con el Embajador. Quienes sí lo acompañaron hasta la embajada fueron mi hermano Carlos y Roberto del Rió Chaviano, pero ellos no asistieron a la entrevista. Le pregunté a Carlos si habían tenido alguna conversación con mi padre sobre lo tratado en ella. «No hablamos una sola palabra durante el recorrido que hicimos desde el Estado Mayor del Ejército hasta la embajada y viceversa», fueron sus palabras.

Eso quiere decir que nadie se enteró de lo tratado en esa entrevista. ¿Entonces, porqué que Batista le dijo a su padre que le había dado un golpe de estado?

Sólo yo estuve presente en esa conversación que sostuvieron mi padre y Batista, así que yo puedo narrarle los pormenores. Mi padre fue claro en expresarle a Batista lo tratado en esa entrevista. Le explicó cómo le pidió al Embajador que comenzaran inmediatamente a suplir de pertrechos al Ejército cubano para poder continuar la lucha contra los comunistas que estaban muy cerca de tomar el poder; y le apuntó la posibilidad de que una junta militar sustituyera a Batista, quien estaría en la mejor disposición de abandonar el poder. Debemos recordar que, cuando el embajador Smith le comunicó a Batista que renunciara al poder el 17 de diciembre de 1958 y que el gobierno norteamericano no reconocería al gobierno del presidente electo Dr. Andrés Rivero Agüero, ya la situación quedaba, prácticamente, en la etapa de definiciones. Batista les dijo a los jefes de las Fuerzas Armadas que buscaran una solución nacional y fue lo que mi padre intento hacer, justamente.

En ninguna de las dos entrevistas, su padre logra resultados concretos para la restauración de la normalidad...

Es verdad. Esta entrevista entre Batista y mi padre fue tan breve como la que mi padre sostuvo con el embajador Smith, ya que no había mucho que hablar sino la manera de desarrollar una acción que cambiara la situación.

¿Qué ocurre después?

Batista, después de esa entrevista con mi padre, comenzó a ver apresuradamente otros papeles, del todo diferentes a los de las operaciones militares. Creo que, en el fondo, lo que buscaba era una especie de justificación para proclamar que le habían dado un golpe de estado, por mano de los generales y aparecer como la víctima, como ya lo he mencionado. La realidad fue que, después de ese momento, él mismo se preparó su golpe de estado y los generales solo cumplimos sus órdenes.

¿Cómo se produce ese hecho?
Los jefes desconocíamos los planes inmediatos de Batista. El único que estaba al tanto de todos los acontecimientos, enterado por el propio Batista, era el General Cantillo, a quien le había informado, en secreto, que le entregaría el poder el día 6 de enero de 1959. Cantillo ya se había entrevistado con Fidel Castro en el central América y Batista lo sabía. Allí Cantillo contrajo compromisos con Castro que luego no pudo cumplir; por eso Fidel lo juzgó por traición. Por dejarnos salir a Batista y a todos sus allegados en la madrugada del primero de enero de 1959.

Pero ha mencionado que Cantillo tenía otras conspiraciones andando. ¿Puede mencionarlas?
Cierto, por ejemplo con el Coronel José M. Rego Rubido, a quien el General Cantillo le había entregado los mandos de Oriente, antes de regresar a La Habana el 31 de diciembre. La conspiración inicial que mantenía con el General Alberto del Río Chaviano pero que perdió vigencia cuando este fue retirado en los últimos días de diciembre, y la que mantenía con el Coronel Florentino Rosell y Leyva, la cual quedó suspendida al informarle Cantillo al grupo de complotados que iba a seguir lo prometido por Batista y resolver la grave situación sin tener que recurrir a la fuerza.

¿Por qué se produce la salida del Ejército del General Alberto del Río Chaviano?
Debido a su compromiso con una amplia conspiración que se encontraba andando y que por poco se activa. El plan consistía en liberar de la prisión militar al Coronel Barquín y situarlo en la jefatura del regimiento de Las Villas, para lo cual colaboraría el Coronel

Rosell. Desde allí le enviarían un ultimátum a Batista urgiéndolo a que se marchara del territorio nacional y entregara el mando a una junta militar compuesta por ellos mismos y otros oficiales. Rosell estaba muy activo y Río Chaviano se encontraba listo, mientras que Cantillo se alzaría en Oriente, dejando la jefatura de Santiago de Cuba al Coronel Rego Rubido, y con el Comodoro Carnero, Jefe del Distrito Naval y otro oficial superior cuyo nombre ocultaban, constituirían un alto comando. La Junta Militar estaría conformada por Cantillo como jefe, Río Chaviano, Rosell y el ex Coronel Ramón Barquín. El mando de Columbia se lo entregarían a uno de los oficiales que guardaban prisión por el complot del 4 de abril de 1956 conjuntamente con Barquín. Ya en posesión de los mandos, calculaban los conspiradores, y detenido, embarcado o muerto el Presidente de la República, se les sumarían los jefes de Camaguey y Holguín, Coroneles Leopoldo Pérez Coujil y Manuel Ugalde Carrillo que, con esa finalidad, serían llamados a La Habana y arrestados o muertos si no se sumaban. El Jefe del Estado Mayor Conjunto, el Jefe de Estado Mayor del Ejército y el de la Marina, así como otros jefes militares serían arrestados simultáneamente, muertos u obligados a embarcarse con el Presidente de la República para dejarle libre el gobierno y los mandos a la nueva junta militar que se constituiría.

Al ser retirado el General Alberto del Río Chaviano, una vez enterado Batista de sus implicaciones en el complot, embarcó hacia la República Dominicana. Increíblemente fue premiado por Batista en lugar de ser sometido a un Consejo de Guerra Sumarísimo. Batista jamás pensó que estaba dirigiendo una guerra sino un partido político uniformado. Ese fue uno de sus más grandes errores.

Menciona el Coronel Florentino Rosell como parte del grupo de conspiradores. He leído su libro (La Verdad, Florentino E. Rosell, primera edición, Miami, octubre 10 de 1960, sin datos de la editorial) y en él desmiente, o trata de desmentir sus actividades conspirativas. ¿Conspiró, en realidad, Rosell antes y durante el famoso incidente del Tren Blindado?

El Coronel Florentino E. Rosell y Leiva era Jefe del Cuerpo de Ingenieros radicado en la Ciudad Militar de Columbia. En varias partes de su libro, Rosell narra en detalles su actuación conspirativa, como cuando se entrevista con Cantillo precisamente el día que ellos tenían fijado para el golpe de estado y ve que éste no se produce. Ese día es cuando Cantillo le dice que ha decidido seguir las instrucciones de Batista las que no requerirán el uso de la violencia. Hay otra parte en la que confiesa sus entrevistas con líderes rebeldes, lo mismo que su afinidad con el General Alberto del Río y Chaviano, con el cual formarían parte de la junta militar que se crearía, al producirse el golpe de estado que estaban planeando, conjuntamente con los oficiales presos en Isla de Pinos.

Para ampliar estos conceptos transcribo algunos párrafos del capítulo VII de su libro *La Verdad*.[4]

> **Entrevista con el General Cantillo.** Llegamos al Campo de Aviación de Columbia, donde fuimos recibidos y saludados por el Jefe de dicho Cuerpo y otros oficiales. De allí nos dirigimos a la Jefatura del Cuerpo de Ingenieros en la Ciudad Militar desde donde localicé al Gral. Cantillo y convenimos en reunirnos en su residencia.
>
> Una vez en casa el Gral. Cantillo después de saludar a su familia y a sus Ayudantes de Campo, Coronel Martínez Suárez y Cmdte. Roberto Collado, nos sentamos a comer, cambiando impresiones sobre la difícil situación de Las Villas y el resto de la República.
>
> Terminada la comida, el Gral. Cantillo y yo hicimos un aparte para tratar los urgentes asuntos que motivaron mi viaje a La Habana.
>
> Cantillo me informó sobre los acuerdos tomados en la mencionada reunión a la que, como he dicho antes, no había podido asistir; y después me interesé por otros detalles.

---

[4] *La Verdad*, Florentino E. Rosell, Miami, 1960

—«General, ¿quiénes serán designados Jefes del Ejército y la Marina de Guerra?» –le pregunté.

«Te voy a contar lo que tengo hecho –me dijo. Para Jefe de la Marina, he pensado en el Comodoro Manuel Carnero, quien ya tiene hecho un replanteo de los Oficiales que han de secundarnos. Y para Jefe del Ejército cuento con el Cor. José M. Rego Rubido».

—«Además, también tenemos a mi hermano Carlos en Matanzas y un grupo de aviadores de mi confianza. Así que ya tenemos los Regimientos Nos. 1, 3 y 4, el Cuerpo de Ingenieros, la Marina de Guerra en Oriente y parte de la Aviación, y con más tiempo haremos un replanteo en los Cuadros del Ejército».

«**Con Batista ya no hay problema**». Ante esas palabras que no indicaban una acción inmediata, me decidí a preguntarle directamente:

—«General, todos esperábamos que hoy se produjeran los acontecimientos de acuerdo con el plan aprobado. ¿Qué ha pasado que no ha sido así?»

—«Bueno, Rosell, la fecha del 25 no era definitiva, ya que dependía de esperar por la respuesta de Fidel a la segunda nota que le he mandado a través de un sacerdote, para saber exactamente en qué posición se sitúa y nosotros obrar en consecuencia, ya que en lo adelante el único enemigo contra el que tendremos que pelear es Fidel y su gente, PUES CON BATISTA YA NO HAY PROBLEMA».

Golpe Militar contra Batista, preparado por Batista. Estas últimas palabras del Gral. Cantillo me cogieron de sorpresa y pensé de inmediato que significaban que Batista estaba arrestado o de alguna manera se había podido controlar su oposición a cuantos esfuerzos se habían hecho para salvar a la República y a las Fuerzas Armadas del colapso fatal. Pero el propio Gral. Cantillo me sacó del error cuando agregó:

—«Ayer día 24 almorcé en Kuquine y estuve conferenciando con el Presidente desde las 2 de la tarde hasta las 8 de la noche, y debo informarte que HEMOS CAMBIADO TODOS LOS PLANES».

Y al notar la inquietud y sorpresa que sus palabras me causaban, continuaba diciendo:

—«Pero no te preocupes que no va a ver problemas. Batista lo sabe todo pero tú permanecerás en Santa Clara hasta el día del Golpe, y como es natural, eres uno de los que formarán parte de la Junta Militar».

Y para justificar los motivos del cambio repentino explicaba:

—*«Tenemos que admitir que con el material blindado y las tropas que aún le quedan a «Silito» en Columbia y los aviones que tienen disponibles, hubiera sido muy difícil triunfar y el más perjudicado iba a ser mi hermano en Matanzas, pues tendría que enfrentarse primero a las fuerzas blindadas y después a la aviación. Por tanto he decidido aceptar el plan trazado por Batista».*

Disimulando mi desconcierto, indago por detalles de dicho «plan», informándome entre otras cosas, que se había escogido la fecha del próximo 6 de Enero de 1959 para producir un GOLPE MILITAR CONTRA BATISTA, PREPARADO POR BATISTA».

Hasta en los detalles de la huída, Batista hacía gala de su refinado maquiavelismo, escogiendo el Día de Reyes para regalar al pueblo de Cuba un porvenir cargado de odios, incertidumbre y resentimientos.

Confieso que muchos aspectos de dicho plan no pude retenerlos en mi mente, pues ya para ese entonces, estaba saturada de pensamientos confusos y preocupaciones tan tremendas que no había cabida para ellos. Pero si recuerdo sus consejos de que tuviera ecuanimidad y paciencia, ya que el Gral. Tabernilla y los Jefes del SIM y el BRAC conocían de mis actividades y las de las personas que habían intervenido para los arreglos con el Coronel Barquín y demás Oficiales; del mensaje enviado a Fidel solicitando su opinión del plan elaborado, etc. y terminó recomendándome:

—«Por tanto, debes partir inmediatamente para Las Villas y ocupar de nuevo tu puesto sin tratar de ver a más nadie, pues tu situación no es nada buena con el Presidente y los Jefes, agravándose si no cumples estas disposiciones. Y en cuanto a Río, ha sido calificado como el peor de los traidores hasta por sus propios familiares, los Tabernillas, al no querer asumir la responsabilidad de la situación que ha permitido en Las Villas».

No obstante lo crítica que se había hecho la situación quise todavía conocer otros aspectos de interés y le pregunté cómo pensaba librarse de la campaña contra Fidel en los distintos frentes y en particular en Las Villas, contestándome que las tropas de Guantánamo reforzarían al Regimiento No. 3 y que las armas compradas en Europa por el Cor. Pablo Corzo estaban al llegar.

Pero el Coronel Rosell cita, en ese mismo libro, que él estuvo hablando francamente con Batista por espacio de dos horas, en un banquete que organizó en la Ciudad Militar el día 9 de octubre de 1958. En esa conversación, dice, le hizo «fuertes críticas sobre la forma en que estaba dirigiendo la campaña contra la insurgencia» y le expuso, «punto por punto, sin reservas ni limitaciones, los detalles que estaban afectando la efectividad del Ejército», (Obra citada, Capítulo I, Pág. 9). Esa no es, en mi opinión, la actitud que asumiría un golpista.

El Coronel Florentino Rosell Leyva le habló al Presidente durante el almuerzo de inauguración de los nuevos edificios del Cuerpo de Ingenieros en la Ciudad Militar sobre la realidad de la situación imperante en la nación, que no era otra que la de todo un pueblo movilizado políticamente contra el gobierno. Al contemplar que el Presidente había prácticamente perdido el control y la iniciativa del mando y al no dar señales de reacción e intención de contener la ola de descontento que mostraba el país, se decidió algunos días después, a presentarle al ejecutivo su plan por escrito, el cual fue rechazado de plano por Batista. Rosell siguió con su idea, con el objeto de salvar al Ejército y a la República, conversó con infinidad de militares y civiles y en todos encontró la misma disposición y pensamiento, en cuanto a la actitud del gobierno y su líder, ansioso de entregar la presidencia a su sucesor el Dr. Andrés Rivero Agüero, sin percibir que el tiempo no le iba a alcanzar, pues el derrumbe de su gobierno lo presentía todo el mundo menos él. La actitud de Rosell fue la de un conspirador en esas últimas semanas de diciembre; tan es así que determina abandonar su mando y salir del país, hacia Miami, al ver sus planes imposibles de realizar.

¿Pero es cierto que el Coronel Rosell le habló en duros términos a Batista durante aquel banquete, tal como lo narra en el libro?

Positivamente cierto. En la cara de Batista, aquel día, se notaba la contrariedad de quien está escuchando cosas que no quiere ni desea oír. Ese asunto, además, se conoció posteriormente entre la más alta oficialidad.

¿Cómo se produjo el plan del Tren Blindado?

El Tren Blindado era un plan directamente elaborado en la mente de Batista. Quizás fue un sueño que tuvo, una novela que leyó o una película que vio. Lo que sí puedo decirle es que ningún jefe militar aprobó esa descabellada operación militar. La guerrilla había bajado al llano y estaba atacando los puestos militares de la Guardia Rural en Santa Clara, Camagüey y Oriente, por lo que le sería fácil volar con dinamita las líneas férreas, como sucedió. Además, Batista había ordenado reagrupar a los pequeños puestos en la cabeza de sus escuadrones respectivos, lo cual dejaba amplio espacio a la guerrilla para operar libremente.

Yo escribí una carta donde elabore muchos detalles de la guerra contra Fidel Castro, la cual incluye detalles sobre el Tren Blindado (ver Anexo IX).

Rosell dice que Batista atravesaba, en aquel momento, por un estado de esquizofrenia total la cual no le permitía ver lo que estaba ocurriendo a su alrededor. ¿Qué opina de esa aseveración?

Aunque dura, refleja el estado de ánimo del Presidente Batista en aquel momento.

¿No cree que con la defección y la separación del mando de estos experimentados oficiales, el margen de maniobra de Batista quedó dramáticamente reducido a una solo opción: huir?

A finales de diciembre de 1958, habían pocas opciones. Batista falló. Fue, además, en algunos casos indulgente hasta la irresponsabilidad. En tiempos de guerra, como los que estábamos viviendo, cualquier flaqueza en el cumplimiento del deber era un acto serio que debía ser considerado urgentemente y hasta las últimas consecuencias, de acuerdo con la ley. Por ejemplo, Batista conocía que Martín Díaz Tamayo y Río Chaviano estaban conspirando, pero en lugar de aplicarles el peso de la Ley Penal Militar, los retira, o les da de baja del Ejército, es decir, los saca del Ejército y «aquí no ha pasado nada». Eso no sucede en un Ejército organizado y disciplinado. El Presidente estaba en la obligación de hacer cumplir la ley y no lo hizo.

El General Cantillo se reúne con Castro el 24 de diciembre. ¿Lo hizo autorizado por Batista o por quién?

No puedo responderle cabalmente a esa pregunta porque desconozco su respuesta, sin embargo, tengo algunos documentos históricos que pueden ayudarnos a encontrar la respuesta. En el mes de mayo de 1959, ya aquí, en el exilio, mi padre le escribe una extensa carta, cuya copia conservo[5], al Coronel Juan A. Estévez Maymir quien se encontraba en Ciudad Trujillo, (República Dominicana) acompañando a Batista en los inicios de su exilio. En esa carta y con relación

---

[5] Anexo V contiene el texto de la canta completa.

a los pormenores de la entrevista Cantillo-Castro en el «Central Oriente», Palma Soriano, el 24 de diciembre de 1958, mi padre le pregunta:

>«Tú que en la actualidad eres una persona de gran ascendencia con el general Batista, dime cómo podríamos averiguar quien fue, en definitiva, el que autorizó al general Cantillo para entrevistarse con el cabecilla Fidel Castro, pues tengo entendido que, cuando terminó su reunión en el Estado Mayor Conjunto, fue a darle cuenta al general Batista de lo que allí se habló, e inmediatamente salió para Santiago de Cuba. Deseo que sepas bien que Cantillo no obedecía a nadie que no fuera el general Batista. Del resultado de la conferencia Batista-Cantillo, después de la entrevista que éste último tuvo con el carnicero de la Sierra, quizás algún día lo sepamos. Debe haber sido muy interesante».

En la *Revista Bohemia* —Sección Cuba— 11 de enero de 1959) aparece lo siguiente:

>«La historia de la traición del general Eulogio Cantillo arrancaba de una fecha reciente: la del 24 de diciembre cuando se celebró la entrevista en el central «Oriente» entre el jefe militar llegado en helicóptero y el máximo dirigente rebelde. Cantillo se expresaba a nombre del Ejército, cuya determinación de lucha era una mera apariencia desde hacía tiempo. Se conversó durante cuatro horas. Un sacerdote católico y varios oficiales presenciaron el diálogo histórico, transidos de preocupación por la paz de Cuba. Después de escrutar ángulos esenciales se llegó al acuerdo de realizar, cronometrados todos, un movimiento militar revolucionario».

Personalmente, no creo que esa orden provino de Batista. Batista siempre fue opuesto a que Cantillo se entrevistara con Fidel Castro, por eso envió al Teniente Coronel (abogado) Fernando Neugart Alonso, la primera vez que Cantillo planteó esa proposición. Seguramente que en alguna conversación confidencial con mi padre, Cantillo le insinuó de manera superficial la importancia que sería esa entrevista y al no recibir una negación formal de mi padre, tomó como buena su disposición de no oponerse a la misma. Si esto hubiera sucedido así, ¿por qué Cantillo no fue directamente a Columbia a hablar con el Jefe del Estado Mayor Conjunto, mi padre, sino que fue a contarle los resultados de su entrevista directamente a Batista, quien le ordena no se la divulgue a nadie? Ese es un interrogante que no he podido descifrar. Por eso no puedo responderle cabalmente a esta pregunta. Hasta este momento, no sé si Cantillo fue autorizado por alguien para entrevistarse con Fidel Castro ese 24 de diciembre de 1958.

Cuando, hace muchos años, comencé a leer el libro escrito por Batista, (*Respuesta*) abandoné su lectura prontamente al notar las falsedades que contenía. Decidí, en aquel momento, no leerlo jamás. Igual conducta he asumido con todos los libros, referente al mismo tema, en los cuales he hallado falsedades. Ahora, a 47 años de estar Fidel Castro en el poder he tenido que leerlo, en parte, empujado por algunas de sus preguntas que tienen como fundamento las afirmaciones tendenciosas consignadas en *Respuesta*. Mejor dicho, me he visto obligado a leerlo para desmentir las falsedades que encierra. Como hasta este momento no conocía lo escrito por Batista porque, realmente, no estaba interesado en mortificarme por gusto, jamás hablé con mi padre sobre la entrevista Cantillo-Castro. Hoy siento no haber aclarado este hecho con él, directamente, para no dejar dudas al respecto.

¿Cuando cree que Batista comienza a preparar su huida?
Exactamente la fecha no creo que podría ser precisada pero, de todas maneras, el 22 de diciembre estando Batista y yo solos en mi despacho de la residencia presidencial en la Ciudad Militar, en horas de la noche, me dijo que llamara a mi hermano Carlos, Jefe de la

FAEC y le pregunte cuántos puestos habría disponibles en los aviones de pasajeros «en el caso que tengamos que irnos». Mi hermano me responde: Tres aviones, 108 asientos. Batista me encarga llamar a mi hermano para que tuviera preparados los aviones y sus tripulaciones las 24 horas del día.

Seguidamente Batista comienza a dictarme los nombres de las personas a «los que posiblemente le salvaré la vida». Al terminar me dice: «Guarda la lista en tus bolsillos y no se lo digas a nadie». Y así lo hice. Ni mi padre conoció de la lista.

Su hijo Rubén que se encontraba afuera del despacho, ordena que entre y le dice: «Silito te avisara en caso de que tengamos que irnos».

Días después estando hablando con Batista me dice: «El Tte. Coronel Irenaldo García Báez (jefe del SIM) me informa que hay tres aviones y sus tripulaciones en la FAEC preparados para despegar en cualquier momento», y me dijo que le respondió: «Vigílalos que puede ser que los Tabernillas quieran irse», al tiempo que se reía como si fuera un chiste. Lo miré a los ojos y nada le dije. Sé que comprendió que el chiste no me agradó.

¿Quiénes estaban en esa lista?

Una gran cantidad de personas entre los que se contaban Batista y miembros de su familia, políticos, amigos personales de Batista, y militares y sus familias. Una copia de los originales de la lista que me dicto Batista aparece en el Anexo I.

¿Estaba ya perdido militarmente el país para el 31 de diciembre de 1958?

Los tremendos errores militares cometidos por los distintos jefes de operaciones en la Sierra Maestra, el mantenimiento de las tropas en campaña, sin relevo, por más de dos años, las continuas conspiraciones de oficiales, la escasez de armamentos apropiados y la negativa del gobierno de implementar planes militares concretos para liquidar el movimiento subversivo de Fidel Castro, crearon una disposición negativa en el pensamiento del pueblo y la actitud de las

Fuerzas Armadas, sin embargo, hay que dejar en claro que el triunfo de la revolución fue político, no militar. El pueblo entero se unió, por diversos motivos políticos, a la revolución y a las promesas falsas que esta proponía. Las Fuerzas Armadas no fueron derrotadas militarmente, fueron vencidas políticamente.

Pero el propio Batista reconoce en su libro que ya la nación, militarmente, estaba prácticamente en poder del enemigo. Le achaca la culpa de la derrota a la falta de lealtad de algunos oficiales y «a la lealtad condicionada de otros». (Fulgencio Batista, obra citada, Pág. 136)

Estuve leyendo ese capítulo. Allí se advierte, nuevamente, la perversidad del autor. Dice Batista: «Columbia, al que pudiéramos llamar el campamento insignia, no dormía. Su jefe tampoco. Los síntomas de un coraje artificial aumentaban. El General Silito Tabernilla venía siendo el termómetro de las peculiares preocupaciones del Jefe del Estado Mayor Conjunto, su padre. Él sería leal hasta ofrecer su vida por la causa, repetía una y otra vez. Por eso aconsejaba, repitiendo como un sonámbulo... pero si no hay remedio, *the sooner the better* (cuanto más pronto mejor). Cuando se le llamaba la atención para que no dijera más la frase, replicaba con agitada respiración: si el Presidente quiere, yo lucho hasta la muerte, pero si no hay esperanza, si no se puede ganar, hay que irse...*the sooner the better*».

Ahora quiero que los lectores sepan la verdad: El 22 de diciembre, cuando Batista me estaba dictando la lista de las personas que se irían con él, «en el caso que tengamos que irnos», al verlo que estaba decidido a huir le dije: «Señor Presidente, si usted se va a ir, como dicen los americanos, *the sooner the better*, porque es de muy poco honor por parte de nosotros que estemos aquí, preparando la salida de Cuba y todos los días mueran soldados defendiendo a su gobierno». Esto se lo dije una sola vez –no varias veces como él afirma– y creo que fue bastante lo que le dolió porque, mirándome fijamente y sin decirme ni una sola palabra, sus fosas nasales se abrieron notablemente con su respiración.

Querer presentar a mi padre y a nosotros, sus hijos, como timoratos es una canallada. Mi hermano Tony, ese mismo 31 de diciembre alrededor de las tres de la tarde estaba en un F-4 ametrallando con balas calibre 50 y rockets al «Tren Blindado» que había sido ocupado por los rebeldes. La seguridad y el control de Columbia se mantuvo por mi padre, General en Jefe del Estado Mayor Conjunto, por mí, Jefe de la División de Infantería, por mi hermano, Jefe de la FAEC, y otros oficiales y soldados leales a la República y a la institución del Ejército. Fuimos leales a Batista hasta el final.

Cuando Batista dio la orden de que los puestos de la Guardia Rural se reintegraran a sus escuadrones respectivos, estaba dejando el campo abierto a la insurrección. Sabía que el Ejército ya no quería pelear y que no llegaría a entregarle la presidencia al Dr. Andrés Rivero Agüero. Ha tratado de justificar sus errores echándole la culpa a otros, pero la verdad siempre se abre paso. El fue el único responsable de la llegada de Fidel Castro al poder. Batista sabía, mejor que nadie, que el Ejército cubano no le iba a disparar al pueblo, a sus mismos hermanos, y el pueblo cubano terminó por unirse a los revolucionarios, asegurando con ello la victoria de los rebeldes. Ese pueblo que lo derrotó, fue el que nunca lo aceptó como un líder demócrata, porque además de no serlo, manejó de manera engañosa los intereses del pueblo y a los pueblos se les puede engañar durante algún tiempo pero no todo el tiempo.

¿Cómo se produce la entrega del poder el 31 de diciembre de 1958?

Como a eso de las 5:00 de la tarde me encontraba en el Club de Oficiales de la Ciudad Militar. Desde Kuquine me llama el Presidente y es él mismo quien está al teléfono, cosa muy poco usual pues siempre trasmitía sus órdenes a través del Ayudante de Guardia.

«Silito», me dice, «¿ya llegó el General Cantillo?»

«No sabía señor Presidente, que el General Cantillo viniera hoy. Llamaré a la FAEC para averiguar si está en vuelo hacia la Ciudad Militar», fue mi respuesta.

«Dile a Cantillo que me vea a las 8:30 en Kuquine», me dijo, y agregó, «y tú ven antes y tráeme los pasaportes que están en la oficina».

Llamé, posteriormente, a la FAEC y me dijeron que el General Cantillo estaba en vuelo hacia La Habana. Dejé dicho que en cuanto llegara el General Cantillo me llamara al Club de Oficiales, y así se hizo, alrededor de las 6:00 de la tarde. Cuando le dije a Cantillo que el Presidente lo quería ver en Kuquine a las 8:30 p.m. me contestó que ese día era el aniversario de su boda y tenía una comida en su casa. Llamé a Batista y él mismo contestó el teléfono, algo también muy inusual. Le dije que Cantillo tenía una comida en su casa y entonces me replicó que le dijera que estuviera en Kuquine a las 10:30 p.m. y así lo hice. Cuando llego a Kuquine allí está el Dr. Gonzalo Güell y el Dr. Andrés Domingo y Morales del Castillo. El Presidente me ordena avisar a los que están en la lista citándolos para la residencia presidencial de la Ciudad Militar alrededor de las 11:00 p.m. para esperar el año. El Comandante Cosme Varas y otros ayudantes comenzaron a hacer las llamadas. Yo llamo a mi hermano Winsy, Jefe de la FAEC, y le digo que tenga listos los aviones con sus pilotos pues partiríamos esa noche. Winsy me informe que ha dado permiso a los pilotos para que esperen el Año Nuevo con sus familias.

Cantillo llegó a Kuquine pasadas las 10:30 p.m. Habló solo con Batista unos quince minutos. Entonces Batista me dijo, ahora le entregas el mando de la División de Infantería de Columbia a Cantillo y que se informara el cambio de mando a todas las unidades en la Ciudad Militar. Nos dice que nos vemos en la residencia de la Ciudad Militar. Al salir Cantillo y yo para la Ciudad Militar, Batista le ordena a Cantillo «no vayas a soltar a Barquín».

Cantillo y yo llegamos allí casi al mismo tiempo y en mi despacho estaban todos los oficiales esperando. Cantillo les explicó que para evitar más derramamiento de sangre, el Presidente había decidido renunciar e irse del país. El Comandante Carlos Carrillo Ugartemendía, exclamó «¡qué hombre más grande es el General Batista!» y muchos de los oficiales aplaudieron. Designamos una comisión de cuatro comandantes para que fueran al aeropuerto a despedir a

Batista, mientras Cantillo y yo firmábamos el acta del traspaso de mando de la División de Infantería[6]. Me despedí de mis compañeros y partí hacia la residencia presidencial.

De mi despacho vamos a la residencia presidencial donde se encontraba Batista en el segundo piso, en el comedor, comiendo de pie con sus inviados. Le ordenó al Comandante Cosme Varas Rodríguez que avisara a los generales e invitados, cuyos nombres tenía, que bajaran hasta el primer piso donde estaba mi despacho. Allí estaban todos los generales y Anselmo Alliegro, Andrés Rivero Agüero, Andrés Morales del Castillo y Gonzalo Güell. Los demás invitados quedaron arriba en la residencia presidencial. Batista expuso a la concurrencia a los presentes que había decidido renunciar para evitar más derramamiento de sangre, leyó su renuncia, la firma y nos invita a todos a firmar después que él[7].

Le propone la presidencia al Dr. Anselmo Alliegro, Presidente del Senado, el cual la declina. Entonces le da instrucciones a Cantillo para que localice al Magistrado de la Corte Suprema, Carlos M. Piedra, quien es designado en ese momento Presidente de la República según la constitución. Batista invita a los presentes a reunirse con él en el aeropuerto militar de Columbia.

Batista y yo nos quedamos los últimos en mi despacho. Me dice que le mande para Daytona Beach los cuadros que adornan su oficina y todo el archivo presidencial. Le digo que todo saldrá a primera hora de la mañana y que el Capitán Martínez será el encargado de llevarle todo a Daytona Beach. Antes de darme un abrazo de despedida, abrió la gaveta lateral de mi buró y se introdujo en el bolsillo izquierdo de su saco quince mil pesos que allí yo guardaba, los cuales él mismo me había regalado el día que les envió, con el General Cantillo, los cinco mil a Ugalde Carrillo y a Pérez Coujil, «por si hay que irse». Le pregunté, «¿Hacia dónde usted va, señor Presidente?» Me respondió: «En el aire voy a decidir. Nos veremos en

---

[6] Anexo II es una copia del Acta de Transmisión de Mando.

[7] Anexo III es el texto de la renuncia del Presidente.

tres meses en Daytona Beach, Silito». Esas fueron sus últimas palabras a mi persona.

Todos nos trasladamos al aeropuerto militar donde estaban preparados los aviones. A las 1:45 a.m. partió nuestro avión, que fue el primero en salir con 55 personas, aterrizando en Jacksonville, Florida. Seguidamente despegó el del Presidente que llegó a Santo Domingo y el tercero después, el cual aterrizó en New Orleans.

Coronel Francisco H. Tabernilla dirigiéndose con el Regimiento Mixto de Tanques en un vehículo blindado M-8 hacia una práctica en el campo de tiro de la Fortaleza de la Cabaña. (1957)

EPÍLOGO

No existe un solo cubano, en ninguna latitud del mundo, a quien las consecuencias de los hechos aquí narrados no le hayan afectado de una u otra forma. Los acontecimientos que desde ese 31 de diciembre de 1958 se desencadenaron, alterarían para siempre el curso de sus vidas, sumiéndolos repentinamente en un vórtice de confusión, caos y desorden de los cuales hoy, 50 años después, no logran reponerse. Protagonistas o simples espectadores de ese singular momento histórico en el cual un régimen que se derrumbaba, daba paso otro que terminaría por convertirse en la más prolongada y abyecta de las dictaduras que haya conocido el hemisferio occidental durante el pasado y presente siglo, todos los cubanos, sin distinción de edades, verían alteradas para siempre sus vidas por ese singular episodio histórico.

Embarcado en el avión que lo conduciría a su incierto exilio, la incapacidad de Batista para tomar decisiones atinadas se torna manifiesta. A tan solo veinte minutos de haber decolado del aeródromo de Columbia con rumbo a las costas de la Florida perpetrando de esta forma su sorpresiva e inesperada fuga, da la orden a sus pilotos Antonio Soto y a otro de apellido D´Abrigeón, de cambiar el rumbo y «girar en redondo para tomar la dirección de República Dominicana» (Fulgencio Batista, Respuesta, Pág. 151), uno más, de entre sus incontables errores de cálculo y buen juicio políticos.

Allí es tratado por el dictador Rafael Leonidas Trujillo con simulada cortesía, al principio, con calculada frialdad luego y al final, con descomedida e ignominiosa hostilidad. Viejas y mutuas rencillas personales, lucha intensa entre sus egos y deudas económicas mal honradas, convirtieron lo que sería una estación de paso provisional por las tierras del «Benefactor», en su más larga y siniestra pesadilla. Ocho meses de permanencia obligada en Santo Domingo rodeado, en principio, por un numeroso séquito que al poco tiempo terminó repudiándolo y la acechanza permanente de sus enemigos, tratando de darle caza para asesinarlo, no fueron todos los sucesos opuestos que padeció como fruto de ese último error de cálculo.

Sin una visa válida para ingresar a los Estados Unidos, la sistemática negativa del gobierno Español para expedirle una, las presiones del «Benefactor» exigiéndole el pago de viejas y recientes deudas económicas y la visita de otros acreedores extranjeros, algunos reconocidos y peligrosísimos traficantes de armas con cuentas insatisfechas, la vida de Batista en tierras dominicanas transcurrió entre sobresaltos y temores, acechanzas y traiciones, como al interior de una casa de espantos, en donde cada paso te conduce a una sobrecogedora sorpresa. Y no era para menos.

Elegir como lugar de paso los feudos personales de alguien a quien en el pasado había tildado de «burdo dictador» y «violento gobernante», (Declaraciones publicadas por el diario *El Espectador*, Colombia, Marzo 23/1958) y con el antecedente, fresco aún, de haber desdeñado la ayuda en armas y hombres para mantenerlo en el poder que, pocas horas antes de su huida, ese mismo «burdo y violento dictador» le había ofrecido por intermedio de dos delegados personales a quienes se negó a recibir rotundamente, no podían menos que prepararle un oscuro tinglado para su arribo inesperado a esa capital.

Conocedor de las debilidades de su huésped, el «Benefactor» no desaprovechó oportunidad alguna para desangrar económicamente a quien, se decía, había marchado al exterior con multimillonario botín en dólares. Viejas y nuevas cuentas impagadas le fueron apareciendo poco a poco al fugitivo ex-dictador las que con su proverbial tacañería, trataba de eludir torpemente. Craso error, en quien está jugando una partida entre bribones. El «Benefactor», mucho más fogueado en este «juego entre tahúres» no dudó en encarcelarlo por no honrar debidamente una de esas deudas, dándole el trato que se le reserva al más procaz de los ladrones.

Urgentes gestiones ante las autoridades judiciales y por supuesto, ante el mismísimo «Benefactor», llevadas a cabo por algunos embajadores acreditados en la Cancillería Dominicana que aun le guardaban cierta consideración, al igual que los servicios jurídicos de prestantes abogados particulares, lograron sacarlo de este vergonzoso apremio judicial, el cual terminó por aislarlo aun más de los pocos miembros de su séquito que todavía lo acompañaban. El próximo escándalo no tardaría en llegar.

Disgustado por los elevados costos que los legistas le presentaron como pago por sus gestiones para sacarlo en libertad de la mazmorra a la cual quería meterlo Trujillo, se negó rotundamente a cancelarles sus honorarios, recurriendo a mil argucias y a sus ya conocidas tretas dilatorias. Los resultados no se hicieron esperar. Una nueva demanda judicial, esta vez, por parte de quienes lo habían defendido y hasta habían logrado sacarlo de la cárcel, inundó de titulares la prensa dominicana. Sus cercanos asesores, ayudantes y testaferros, hastiados todos ya de su mezquindad y cicatearía, fueron poco a poco volteándole la espalda, no sin antes comentar, primero en secreto y luego a voces, la extrema ruindad y vergonzosa tacañería de quien habían servido con tanta lealtad y tan ciegamente.

Poco después vendría a enterarse de algo que la opinión pública mundial conocía, desde tiempo atrás: se había convertido en un paria internacional. Ningún país, por pequeño y distante que fuera, le otorgaba un visado para salir de esa disimulada prisión. Sus gestiones de solicitud que incluían a países como México, Venezuela y Colombia, habían sido infructuosas. Incluso naciones que geográfica y políticamente eran tan distantes y poco representativas, en aquel momento, como Nigeria, en África y Bolivia, en Sur América, se lo negaron rotundamente. Una sola gestión, adelantada algún tiempo después por el influyente abogado norteamericano Lawrence Berenson, ex-funcionario del Departamento de Estado, logró conseguirle un visado para las lejanísimas Islas Madeira, protectorado portugués en el archipiélago del mismo nombre, en cuya capital, Funchal, fijaría tiempo después su residencia. La visa le fue otorgada con una condición explícita e inalterable: solo se le permitiría permanecer en Lisboa, capital de Portugal, por quince días, ni un solo día más. Y eso que en aquel momento, otro decadente dictador, Antonio de Oliveira Salazar, gobernaba con férrea mano los designios de Portugal. Allí, en ese lejanísimo destierro, cual Napoleón en Santa Elena, permaneció durante catorce larguísimos años, Fulgencio Batista Zaldívar. Su memoria hechos y obras quedaran a la espera del juicio histórico que inexorablemente el pueblo cubano, recuperado ya de su larguísimo destierro, algún día le demandará. Solo entonces conoceremos su veredicto.

Gabriel Taborda, Otoño 2008

ANEXO I

Lista dictada por Batista de las personas que lo acompañarían el día de su huida[8].

```
        AVION SEÑOR PRESIDENTE

    Sr Pte y Sra............   5
    Dr Güell................   2
    Almirante...............   2
    Rodríguez Avila.........   2
    Ayudantes...............   5
    Santiago Rey............   2
    Esdoltas................   6
    Soto,Larrea.............   2
    Gastón Godoy............   2
    Andrés Domingo..........   1
    Rivero Agüe.ɔ...........   2
            Total........  31.
                            ___
                            5
                            ___
                            36
```

---

[8] Copia del original. Archivo de Francisco Tabernilla.

[9]

```
            AVION NRO. 2

   Gral Tabernilla................ 16
   Rubén.......................... 4
   Robaina........................ 3
   Pedraza........................ 1
   Elita.......................... 2
   Mirta.......................... 2
   Pilar Garcí ................... 16
                          Total   44
```

---

[9] La parte indescifrable dice:
«Catasus y fam   6
Fernández Rey   1»

AVION NRO. 3
Guáimaro para Daytona.

Cor Mz Volta............. 1

Marta María............... 1

Hijos de Roberto.......... 3

Carmen y su hermana....... 2

Juana María Iñigo......... 1

Martín.................... 1

Fdez Rey 1

Sánchez Mosquera.......... 3

                  Total 13.

ANEXO II

Acta de Trasmisión de Mando, Enero 1, 1959 [10]

ACTA DE TRASMISION DE MANDO

------En la Jefatura de la División de Infantería "General Alejandro Rodríguez", Ciudad Militar, siendo las 0035 horas del día primero de enero de mil novecientos cincuenta y nueve, presentes los Generales EULOGIO A CANTILLO Y PORRAS, MMNP, y FRANCISCO TABERNILLA Y PALMERO, MMNP, en cumplimiento de lo dispuesto por Telefonema Oficial de la Sec Pers G-1 No 210.6, del Estado Mayor del Ejército, de fecha de hoy, el segundo de dichos Oficiales Generales hace entrega formal del mando de la División de Infantería "General Alejandro Rodríguez", en este acto, al MAYOR GENERAL EULOGIO A CANTILLO Y PORRAS, MMNP, quien a partir de este momento, lo asume reglamentariamente.------------------------------------

------Y para constancia, se extiende la presente Acta de Trasmisión de Mando, que firman, a los efectos legales y reglamentarios.------

E A Cantillo, MMNyP
Mayor General
Auxiliar del Jefe de Estado Mayor Ejército
Jefe Entrante

F Tabernilla Palmero, MMNP
Gen Brig
Jefe saliente.

---

[10] Copia del original. Archivo de Francisco Tabernilla.

ANEXO III

Resignación del Presidente de la República, Enero 1, 1959

En la ciudad de La Habana, a primero de enero de mil novecientos cincuenta y nueve, reunidos en el despacho del Presidente de la República en la Ciudad Militar los firmantes de esta acta hacen constar las manifestaciones del Hon. Sr. Presidente de la República General Fulgencio Batista, quien espontáneamente expone:

Que en la madrugada de este día se le presentan en la residencia los altos Jefes Militares que tienen a su mando jefaturas máximas notificándole la imposibilidad de restablecer el orden, considerando grave la situación que confronta el país, porque, digo, y que apelando a su patriotismo y su amor al pueblo resignara su mandato. Expresó además que en igual o parecida forma se habían dirigido a él altos representativos de la iglesia, de la industria del azúcar y de los negocios nacionales. Que teniendo en cuenta las pérdidas de vidas, los daños materiales a la propiedad y el perjuicio evidente que se viene haciendo a la economía de la República, y rogando a Dios que ilumine a los cubanos para poder vivir en concordia y en paz, resigna sus poderes de Presidente de la República, entregándolos a su sustituto constitucional. Ruega al pueblo –dice– que se mantenga dentro del orden y evite que lo lancen a ser víctima de pasiones que podrían ser desgraciadas a la familia cubana. En igual forma se dirige a todos los miembros de las Fuerzas Armadas y a los Agentes de la Autoridad para que obedezcan y cooperen con el nuevo gobierno y con las Jefaturas de los Cuerpos Armados del que se ha hecho cargo el Mayor General Eulogio Cantillo y Porras.

Fulgencio Batista Zaldívar

F. Tabernilla Dolz　　　　　　**Anselmo Alliegro**
J.E.M.C.　　　　　　　　　　　　Sustituto constitucional

por haber renunciado el Vice - Presidente constitucional por haber sido electo Alcalde

José Rodríguez Calderón

Pedro Rodríguez Avila **Pilar García y García**

Luis Robainas Piedra **Roberto Fernández Miranda**

Francisco Tabernilla Palmero **Juan Rojas González**

ANEXO IV

Carta del Presidente Batista al General de Brigada Francisco H. Tabernilla, escrita desde la República Dominicana, Febrero 5 de 1959. [11]

Fulgencio Batista

Ciudad Trujillo, D.E.,
Febrero 5 de 1959.

Querido Silito:

El Tte. Cor. Estévez me ha enseñado una carta que le escribió el Viejo Pancho, contestándole un cable de felicitación que le envió al cumplir los 71 años de edad. Se queja de haber recibido esa sola felicitación. Yo te podría acompañar la relación de los que me felicitaron el pasado día 16. (Como sabes cumplo años 12 días antes que él). Comprobarías que no pasan de media docena los que suscribieron cables recordándome que estaba alcanzando los 58. Y aunque recibí muchas llamadas telefónicas, entre ellas las de mis hijos y algunos íntimos, el número de esos mensajes no llegó seguramente ni al uno por ciento de los que recibía en años anteriores.

Mi experiencia sobre los hombres y las cosas, así como mi inclinación a justificar de la mejor manera la conducta de los demás, me llevaron ese día a sentirme correspondido por todos los que me quieren o me aprecian, sin tener en cuenta quienes se olvidaron en esa fecha de que yo cumplía un año más de vida. Han sido días éstos muy trágicos y angustiosos para Cuba y para nuestros amigos. Quiero entender, más bien, que las profundas preocupaciones patrióticas y humanas de que soy presa, son las mismas que impidieron a otros buenos amigos saludarme en esa oportunidad.

Lo que me ha impelido más a escribirte esta carta, es el párrafo que te transcribo:

" Hasta mí han llegado rumores que el Jefe tilda a los Tabernilla de haberlo traicionado, si esto es cierto, ya no se puede creer en nadie. Estuvimos con él hasta el último momento. Mi hijo Winsy era el Jefe de la F.A.E. y por ahí se embarcó sin novedad".

Tú me conoces y sabes que me cuesta trabajo dar ese calificativo aún a los verdaderos traidores. La situación que padecemos no aconseja perder tiempo en lamentos e inculpacio

---

[11] Copia de la primera y última página del original. Archivo de Francisco Tabernilla.

Fulgencio Batista

–4–

gestiones de contactos, de treguas y de entrega, entre otras causas, se debió que un gobierno democrático, constructivo y humano, fuerte y estable, se destruyera a poco más de un mes de la fecha en que habría de terminar el período constitucional para el que fué electo, su Presidente, libremente por el pueblo. A todo eso se debe también que hoy estén siendo perseguidos militares y civiles que cumplieron con sus deberes, que hayan sido asesinados y se encuentren en vísperas de serlo, hombres que combatieron de frente, y a eso, asimismo, es a lo que se debe que numerosos oficiales "hayan perdido su carrera" y que "el cuadro tenebroso" a que se refiere, y se vive en Cuba, permita el vilipendio falseándose los hechos, y haya provocado la ruina del prestigio de muchos.

Ahora sufren Cuba, el pueblo y los amigos. ¡Frente a tanto mal y tanto daño, tenemos que sufrir nosotros también!

Repítele al Viejo que ese calificativo de traidor no ha salido de mis labios, ni siquiera una expresión que encierre amargura o dolor.

En cuanto a Winsy, al que alude en la carta, nada he dicho. Estimo que él cumplió hasta el último minuto. Otra actitud hubiera sido inconcebible.

Dale un abrazo a todos los amigos y recuerdos a tu familia. Tuyo Afmo.,

Texto de la carta de Fulgencio Batista a Francisco H. Tabernilla:

Ciudad Trujillo, D.N.,
Febrero 5 de 1959.

Querido Silito:

El Tte. Cor. Estévez me ha enseñado una carta que le escribió el Viejo Pancho, contestándole un cable de felicitación que le envió al cumplir los 71 años de edad. Se queja de haber recibido esa sola felicitación. Yo te podría acompañar la relación de los que me felicitaron el pasado día 16. (Como sabes cumplo años 12 días antes que él). Comprobarías que no pasan de media docena los que suscribieron cables recordándome que estaba alcanzando los 58. Y aunque recibí muchas llamadas telefónicas, entre ellas las de mis hijos y algunos íntimos, el número de esos mensajes no llegó seguramente ni al uno por ciento de los que recibía en años anteriores.

Mi experiencia sobre los hombres y las cosas, así como mi inclinación a justificar de la mejor manera la conducta de los demás, me llevaron ese día a sentirme correspondido por todos los que me quieren o me aprecian, sin tener en cuenta quienes se olvidaron en esa fecha de que yo cumplía un año más de vida. Han sido días éstos muy trágicos y angustiosos para Cuba y para nuestros amigos. Quiero entender, más bien, que las profundas preocupaciones patrióticas y humanas de que soy presa, son las mismas que impidieron a otros buenos amigos saludarme en esa oportunidad.

Lo que me ha impelido más a escribirte esta carta, es el párrafo que te transcribo:

«Hasta mí han llegado rumores que el Jefe tilda a los Tabernilla de haberlo traicionado, si esto es cierto, ya no se puede creer en nadie. Estuvimos con él hasta el último momento. Mi hijo Winsy era el Jefe de la F.A.E. y por ahí se embarcó sin novedad».

Tú me conoces y sabes que me cuesta trabajo dar ese calificativo aún a los verdaderos traidores. La situación que padecemos no aconseja perder tiempo en lamentos e inculpaciones. Pero como esos rumores parecen tomar cuerpo, es oportuno recordar algunos detalles con respecto a determinadas conductas. Recordándolos, pueden ayudar a encontrar el origen de esos rumores que no han nacido de comentarios míos. Si no hubiera sido por las sutilezas que encierran las palabras de esa carta escrita a Estévez, no estaría puntualizando yo, ahora, algunas de las más imprudentes gestiones, que condujeron a los desgraciados desenlaces, cuyas consecuencias funestas sufren irremediablemente nuestro pueblo, nuestras obras y nuestros amigos.

Ustedes, los hijos de Pancho y Esther, han sido como hijos para mí, y mi sincero afecto por el Viejo, unido a esa razón sentimental, me impidió darle mayores alcances a errores que estimé baladíes, primeramente. Por esa circunstancia, te dije a tí, hace tiempo, al enterarme siendo ya Presidente, que no quería darle trascendencia a aquella carta que Eugenio Sosa malintencionadamente circuló después, escrita en unos instantes en que un grupo de abnegados partidarios míos formaban un Partido Político de oposición frente al regimen de Prío. Los ofrecimientos que contenían los juzgué una ligereza. Esas cosas, no obstante, pertenecen al pasado. Pancho y sus hijos me demostraron antes de esa ocasión, y después, una adhesión y una lealtad que nunca puse en duda y que, por el contrario, valoricé en forma tan extraordinaria, como extraordinaria era mi buena fé.

En los últimos meses fuí observando algunas anomalías en la conducta del Viejo. Tú lo sabes bien. Mi confianza en él y en ustedes fué ilimitada, tanto que los mandos militares más importantes descansaban en íntimos y en parientes del Viejo Pancho. Sin embargo, las libertades que se tomó mi viejo amigo y compañero, el Jefe de Estado Mayor Conjunto de las Fuerzas Armadas que me tenían por Jefe Supremo como Presidente Constitucional de la República, pusieron en grave riesgo la estabilidad del Gobierno y la fortaleza de las instituciones armadas.

Recuerdas tú, Silito, cuando una noche en el despacho de nuestra Residencia en Columbia, tuve que decirte, por primera vez en muchos años, que no debiste haber asistido a conversaciones que sostuvo tu padre con Jefes y Oficiales Superiores? Me enteré, por conductos no los más apropiados, de que mi Jefe de Estado Mayor

Conjunto se había reunido con jefes militares de provincias para exponerle opiniones que llevarían a planteamientos de tregua con el enemigo y, más tarde, a la entrega y a la derrota.

No quisiera ser insistente contigo, pues la carta a Estévez la Escribió Pancho y no tú. Pero a tí corresponde evitar que el Viejo diga cosas en afanes de descargos sobre hechos que no lo benefician y más bien lo perjudican. Tú sabes quiénes estaban allí, y qué clase de orientaciones se les dieron en aquella reunión a los dos jefes principales, a quienes se les estaba entregando lo que podríamos llamar las últimas armas disponibles.

Nuestras fuerzas en la Provincia oriental estaban siendo entregadas también. En presencia de los Jefes de Estado Mayor del Ejército, General Rodríguez Avila y de la Marina de Guerra, Almirante Rodríguez Calderón, tuve que llamar la atención severamente al Jefe de Estado Mayor Conjunto en varias ocasiones, pues aparte de haber impartido órdenes para establecer contactos y oír condiciones de los rebeldes, había sostenido entrevistas con un embajador de potencia extranjera, sin que yo, el Presidente, el Jefe y el amigo lo hubiera autorizado.

Después me diría el mismo Pancho, que posteriormente se enteró de conversaciones del General Río Chaviano y el Cor. Rosell con el líder comunista conocido por el Ché Guevara.

Recordarás que a tu presencia le dije que me habían hecho objeto de un golpe de estado peculiar e insólito, proveniente de aquellos en quienes más había confiado. Que dada las circunstancias, el debilitamiento de las fuerzas militares y el derrotismo que había cundido en nuestras filas, como consecuencia de esos contactos, la claudicación de los Jefes en Las Villas y la entrega de Oriente –pues prácticamente estaba hecha al cumplirse. Las órdenes del Jefe de Estado Mayor Conjunto dadas al Jefe de Oriente, para que se entrevistara con el cabecilla Castro– la reorganización del Ejército se me hacía imposible, a esas alturas.

El resto es conocido. Ante la imposibilidad de sustituir las Jefaturas y sin tiempo para establecer debidamente la autoridad necesaria, maniobré rápidamente para constituir un gobierno nacional que evitara el desastre, con el consiguiente derramamiento de sangre y el enorme costo de pérdidas de vidas. Como se ha comprobado, ya era tarde.

    La sed de sangre y la venganza de los rebeldes impidió la solución decorosa. A todas esas malhadadas gestiones de contactos, de treguas y de entrega, entre otras causas, se debió que un gobierno democrático, constructivo y humano, fuerte y estable, se destruyera a poco más de un mes de la fecha en que habría de terminar el período constitucional para el que fué electo, su Presidente, libremente por el pueblo. A todo eso se debe también que hoy estén siendo perseguidos militares y civiles que cumplieron con sus deberes, que hayan sido asesinados y se encuentren en vísperas de serlo, hombres que combatieron de frente, y a eso, asimismo, es a lo que se debe que numerosos oficiales «hayan perdido su carrera» y que «el cuadro tenebroso» a que se refiere, y se vive en Cuba, permita el vilipendio falseándose los hechos, y haya provocado la ruina del prestigio de muchos.

    Ahora sufren Cuba, el pueblo y los amigos. ¡Frente a tanto mal y tanto daño, tenemos que sufrir nosotros también!

    Repítele al Viejo que ese calificativo de *traidor* no ha salido de mis labios, ni siquiera una expresión que encierre amargura o dolor.

    En cuanto a Winsy, al que alude en la carta, nada he dicho. Estimo que él cumplió hasta el último minuto. Otra actitud hubiera sido inconcebible.

    Dale un abrazo a todos los amigos y recuerdos a la familia. Tuyo afmo.,

(Firma de Fulgencio Batista)

ANEXO V

Carta del Teniente General Francisco J. Tabernilla y Dolz al Coronel Juan A. Estevez Maymir, escrita desde Riviera Beach, Florida, Mayo de 1959. [12]

Riviera Beach, mayo 1959.

Al Coronel Juan A. Estévez Maymir
Ciudad Trujillo,
República Dominicana.

Compañero estimado:

Tu carta de fecha 16 del mes pasado dirigida a mi hijo Silito, la que solamente firmaste, paso a contestártela redactada y firmada por mí, como constancia para la historia.

Párrafo por párrafo te iré contestando y añadiendo algunos detalles que, tú seguramente ignoraras, pues aunque LA ROPA SUCIA DEBE DE LAVARSE EN CASA, no es menos cierto que, EL SOL NO PUEDE TAPARSE CON UN DEDO.

En cuanto a la carta que le envié a nuestro común amigo Alfredito Hernández, contestándole una suya, fue extrictamente particular, no explicándome cómo fue reproducida en el periódico «EL CARIBE» de esa ciudad. Yo tengo absoluta libertad para dirigirme a mis amigos en la forma que estime conveniente, es decir, sin que nadie me la redacte.

Este caso guarda cierta analogía con una que le escribí al Dr. Eugenio de Sosa estando yo retirado del Ejército y que, el muy truhan hizo circular profusamente con el firme propósito de causarme daño. El General Batista, no obstante su extraordinaria inteligencia, no captó

---

[12] Carta reproducida en el libro, *El Gran Culpable* de José Suárez Núñez, Caracas, Venezuela, 1963. Pág. 155 a 163.

bien la finalidad que yo perseguía que, era reingresar en el Ejército aunque fuese de Cuartelero, para serle más útil a él, y al Partido Político que entonces estaba formando. Demostrándoselo el «10 de Marzo» cuando me dió la orden de ocupar la Fortaleza de la Cabaña, operación que realicé con sólo ocho hombres, de los cuales más de la mitad han sido fusilados por el feroz asesino de la Sierra, por cumplir con sus deberes militares. ¡Descansen en paz los valientes compañeros!

La carta que te escribí dándote las gracias por haberme felicitado el día de mi cumpleaños, la ratificó en todas sus partes, pues no se explica que, al acusarnos de traidores, los traidores le iban a permitir tomar el avión sin mayores consecuencias.

Recuerdo que unos días antes del desplome total, citó en su despacho de la Ciudad Militar al Almirante, General Rodríguez Avila y a mí, y nos dijo que si nosotros estábamos dispuestos a combatir hasta el último momento, y todos le contestamos afirmativamente, y yo le agregué, por que Ud. no hace unas declaraciones por la prensa y radio al pueblo y a las Fuerzas Armadas levantando el ánimo y la moral. Nada contestó a esta sugerencia mía.

Cuando desembarcó F. C. le pedí con urgencia me autorizara a alistar TRES MIL soldados, al margen de la comunicación que le envié me puso de su puño y letra lo siguiente: «PANCHO TU ESTAS LOCO, DE DONDE VOY A SACAR EL DINERO, MANDA TODOS LOS SERVICIOS ESPECIALES Y EN COMISION PARA LA LINEA». Después cuando el enfermo no tenía cura alistó en la Reserva Militar CATORCE MIL.

Deseo hacer constar que, unos tres o cuatro días después de recibir la carta que te dejo apuntada en el párrafo anterior, votó un crédito por CINCUENTA MILLONES DE PESOS para Obras Públicas, y así siguieron sucediéndose esta clase de créditos que llegaron a sumar cientos de millones de pesos, mientras los sufridos soldados mal armados, libraban una guerra sin descanso, que él se afanaba en ocultarle a la Nación y al mundo entero, no sé con que finalidad.

Ahora, después del derrumbe, cuyo máximo culpable es él y únicamente él, para exonerarse, (cosa que no podrá hacer jamás) acusa de traidores a un grupo de oficiales del ejército, con el afán de disculparse ante los doctores Rivero Agüero y Gastón Godoy, agarrándose de las gestiones que tuvieron que realizarse a última hora, para someterle a su consideración la solución que nos pidió a los tres Jefes de las Fuerzas Armadas. Un gesto que lo hubiera enaltecido en medio de la desgracia, hubiera sido una declaración terminante en estos términos: LO QUE HA PASADO EN CUBA YO COMO JEFE SUPREMO, SOY EL ÚNICO RESPONSABLE. Eso es lo que hace un verdadero Jefe, y no lo que hizo, salir huyendo como un cobarde para salvar su vida y sus millones, dejando a su patria y a sus compañeros en el más completo desamparo, y haciéndonos quedar a todos nosotros como unos cobardes y aprovechados, y arrojando al suelo la dignidad y el honor que se le supone a un militar.

Tu quinto párrafo te lo contesto con las palabras escritas en rojo al margen izquierda de esta carta.

Dice el General Batista que, «en los últimos meses observó anomalías en mi conducta y que, las libertades que me tomé como Jefe del Estado Mayor Conjunto pusieron en grave riesgo la estabilidad del Gobierno y la fortaleza de las Instituciones Armadas». Yo desearía saber una sola anomalía en mi conducta. En cuanto a las libertades que me acredita, permítame que me sonría. Ignora el General Batista que por su voluntad, yo era un Jefe sin Mando de ninguna clase, pues no tenía autoridad ni para trasladar a un Teniente, todo había que esperar su resolución. Yo era un Jefe como vulgarmente se dice, PINTADO EN LA PARED, lo mismo que el Jefe de la Marina y el Jefe de Estado Mayor del Ejército. El era el que lo sugería y ordenaba todo. Siempre que quise actuar como corresponde a un Jefe Militar de mi jerarquía, fuí desautorizado por él delante de mis súbalternos. Jamás le prestó la más mínima atención a mis leales recomendaciones. En las reuniones con los Oficiales Generales que él presidía, nada que no fuera propuesto por el General Cantillo, era aceptado por él.

Su centrismo de querer abarcarlo todo, unido a sus escasos conocimientos militares, (pues quiero que sepas que él era quien dirigía y ordenaba las operaciones militares, inclusive los movimientos de los barcos de la Marina de Guerra) tenían que llevar, como llevaron a las

Instituciones Armadas de la República, al desastre más grande que recuerda la historia patria.

El General podrá ser un sagaz y astuto político, inclusive un estadista, pero como militar adolece de falta de estudios en la materia. Llevó el «guabineo» Político a las Fuerzas Armadas de la Nación. Sembró el desorden, la indisciplina y el descontento con el favoritismo en los ascensos, y todas estas cosas y otras más que omito, produjo el magno desastre que hoy contemplamos.

Conspirar en las Fuerzas Armadas era «una gracia». No había castigo para el traidor. En caso extremo se le daba de Baja, sino se le retiraba, y si el acusado era persona influyente, se le nombraba como recompensa a su traición, Embajador o Attache Militar en cualquier país, para representar al Gobierno. El asunto era que nada trascendiera a la opinión pública, y que la mentira y el engaño en mutuo consorcio fueran socavando al Ejército en su base, como así sucedió.

Por los motivos que te dejo apuntado en los dos anteriores párrafos, fué mi mayor anhelo retirarme del servicio al cumplir los setenta años que señala la Ley, el 28 de enero del año pasado, y así se lo hice saber al General Batista, contestándome que yo le hacía falta y que me iba a dar un cargo Superior. Yo le insistí en mi determinación, agradeciéndole su gentileza y buenos deseos para mi modesta persona, pero volvió a repetirme lo mismo añadiendo que, mi presencia en el Ejército en los actuales momentos era una necesidad, y acostumbrado a obedecerle ciegamente, acepté, no fuera a creerse que le tenía miedo a la situación imperante. Esta debilidad mía es la única acusación que pesa sobre mi conciencia. Únicamente el Viejo Pancho, de todos los Jefes de E. M. que él ha nombrado a través de su carrera Política, le ha permanecido leal y sin claudicaciones hasta el final. Los anteriores, se le rebelaron por no poder resistir su mando omnímodo y desordenado.

No es cierto y miente quien asegura que, yo citara en mi despacho del E. M. Conjunto, a los Jefes de Las Villas y Oriente para recibirlos conjuntamente o por separado, con el fin de expresarles mi opinión que, llevarían a plantamientos de treguas con el enemigo y más tarde, a la entrega y a la derrota. Antes de entrar en detalles sobre esta infame acusación, deseo que conozcas que, muchos días antes de la reunión en cuestión, el General Batista nos comunicó al Almirante, al General Rodríguez Avila y a mí, –que buscáramos una solución al problema Nacional que se estaba agravando por momentos, pues él TENIA PENSADO RENUNCIAR Y MARCHARSE DE CUBA EN UN AVIÓN. Yo le contesté que, la solución la tenía que dar él, y que nosotros cumpliríamos sus ordenes. Además nos expuso que, un Embajador extranjero le había notificado QUE TENIA QUE IRSE, así como también se lo hizo saber el Dr. Barroso en nombre de los hacendados y colonos, pues en la forma que estaban dominando los rebeldes, no habría zafra. Inclusive ordenó al Jefe de F. A. E. que tuviera dos aviones preparados de la Aéreo Vías-Q. Por cierto que ahora me entero que el Jefe del S. I. M. le dio cuenta de usuales movimientos de noche frente a la mencionada Compañía, contestándole: «NO SERA QUE ALGUNOS JEFES SE QUIEREN IR, VIGILALOS BIEN», y resulta ser que el Jefe que se fue y nos hizo irnos fue, el Presidente de la República. El Almirante y el Jefe de E. M. E. que se encuentran a su vera, pueden dar fe de lo que sinceramente expongo.

Volviendo a la reunión en mi despacho, diré que todas las noches se reunían conmigo, altos Jefes del Ejército para saludarme y comentar los Partes de las Operaciones que continuamente se recibían, los cuales siempre acusaban un gran número de muertos y heridos de nuestras Fuerzas. Dio la casualidad que esa noche se encontraban en La Habana los Jefes de Oriente y Las Villas, General Cantillo y General Río Chaviano y el Coronel Rosell, los cuales habían ido a saludarme. También estuvieron allí los Generales Rodríguez Avila, Robainas y Tabernilla Palmero, por cierto que este último llegó después que se fueron los Generales Rodríguez Avila y Cantillo, para proponerme un movimiento de tropas para reforzar Las Villas. Por cierto que le contesté que esa operación la tenía que ordenar el General Batista. El Jefe del S. I. M. también se encontraba presente.

Estuvimos de acuerdo que las cosas marchaban de mal en peor, y que había que buscar una solución para contener el río de sangre que estábamos sufriendo debido a la incapacidad manifiesta del Señor Presidente que como antes te he dicho, dirigía las operaciones. Pudimos apreciar la caída vertical del Gobierno en el lapso de unos días, pues no solamente el pueblo estaba en contra del Régimen, sino que las Unidades del Ejército se estaban entregando al enemigo sin disparar un tiro. El cansancio, la falta de orientación y la falaz propaganda estilo comunista, hicieron su impacto aún en los hombres más corajudos.: No se vislumbraba un pequeño rayo de esperanza. A todo esto podemos agregarle, la cancelación total de envío de pertrechos de guerra a Cuba por el Gobierno de los Estados Unidos. De esta determinación, comenzaron a surgir las conspiraciones en las Fuerzas Armadas, al ver la oficialidad que las simpatías del Coloso del Norte, estaban del lado contrario. A todo esto puedes agregarle las elecciones Presidenciales, que sin pacificar el país, llevó a cabo el General Batista imponiendo a su candidato, el Dr. Andrés Rivero Agüero, muy decente persona, pero completamente impopular en el pueblo y en las fuerzas armadas.

Volviendo nuevamente a la «famosa» reunión en el E. M. Conjunto, alguien sugirió, no sé si fue el General Río Chaviano, o el General Cantillo, o el Coronel Rosell, que debíamos llegar a un acuerdo con los rebeldes para hacer un «alto al fuego» y buscar un entendimiento decoroso. Esta proposición fue aprobada por todos, incluso el «célebre» General Cantillo la creyó muy conveniente, y se ofreció a hablar con el cabecilla rebelde por mediación de un sacerdote de apellido Guzmán. Nadie le ordenó al General Cantillo la mencionada entrevista, fue un acuerdo general, quien diga que fue una orden, miente como un villano.

El fin que perseguíamos era saber lo que pedían los alzados para informárselo al General Batista, y que él decidiera lo que debía de hacerse. También ese fue el motivo de mi visita particular al Embajador de los Estados Unidos, averiguar si estaba en contacto con los rebeldes y en que disposición se encontraban. También le pedí, pensando en lo peor, garantías para el General Batista, su familia y de todos los valientes compañeros que lucharon con dignidad y honor sin tregua ni descanso. Ese mismo día le dí cuenta al General Batista de la entrevista efectuada, y parece que no le agradó, pues me dijo: PANCHO ME HAS DADO UN GOLPE DE ESTADO. Le contesté, lo hice de la mejor buena fe por Cuba y por Ud. amparado en la orden que me dio de buscarle solución al problema. El General Batista puede dar fe de lo que aquí he expuesto.

Es completamente incierto que me reprendiera severamente, (pues él no tenía moral para hacerlo) en presencia del Jefe de la Marina de Guerra y del Jefe del E. M. del Ejército, pues el resultado de la entrevista con el Embajador, se lo comuniqué a él solo en su despacho de la Ciudad Militar. Tal parece que el General con tantas preocupaciones que debe tener, no coordina bien su memoria.

Volviendo al tema, cuando regresó el «genio militar» General Cantillo de su entrevista con el cabecilla F. Castro, en vez de venir directamente a informarme como era su deber, se dirigió a la finca «Kukine» en donde tuvo una larga conferencia con el General Batista. Cuando terminó fue a verme al E. M. C. y me dijo: que tenía órdenes del Presidente de la República de no decirme absolutamente nada de lo tratado, y que él le había dado su palabra de honor de cumplir la orden.

Así actuaban el General Batista y el General Cantillo, con el Jefe del Estado Mayor Conjunto, ocultándoselo todo lo que debía conocer.

MÁS DATOS PARA LA HISTORIA. –Siendo Jefe de Operaciones de Bayamo el «genio-militar» General Cantillo, el Presidente de la República, puso a sus órdenes más de CINCO MIL SOLDADOS para terminar de una vez con la revuelta armada, y de acuerdo con los planes del «famoso» General, las operaciones debían realizarse de norte a sur, con el fin de arrojar a los alzados sobre la costa y exterminarlos. A continuación veremos como actuó el «célebre» General:

Sin consultar para nada con el E. M. E. y en contra del plan trazado, situó el Batallón del Comandante Quevedo en La Plata, al sur de la provincia de Oriente, sin ninguna tropa que pudiera acudir en su auxilio en caso de necesidad. El resultado de esta descabellada maniobra, todos lo conocemos. Once días estuvo combatiendo el mencionado Batallón, hasta que tuvo que rendirse por agotamiento y falta de víveres y agua que beber. Inmediatamente le pedí al General Batista, el relevo de Cantillo y su reclusión en las prisiones de La Cabaña, para que fuera juzgado en Consejo de Guerra Sumarísimo. El General

Batista, no le prestó ninguna atención a mi recomendación. Quiero que sepas, que el mencionado oficial estaba conspirando contra el Régimen, desde que el Presidente no lo nombró Jefe del E. M. E. como él esperaba. Debo significarte, que con la antelación debida, le puse en conocimiento al General Batista, de la conducta altamente sospechosa del General Cantillo. Tampoco me hizo caso. Al igual que infinidad de denuncias con sus correspondientes pruebas, de Oficiales traidores que estaban en connivencias con el enemigo, y de otros que se robaban el dinero de las raciones y dietas de las tropas, y cuyos expedientes se los elevaba para su resolución, y eso que varias veces le recalqué la necesidad de mantener «al rojo vivo» la disciplina en campaña.

Rápidamente después de la entrega del Batallón del Comandante Quevedo, vino la desastrosa retirada del Batallón del valiente Coronel Sánchez Mosquera en el poblado de Santo Domingo, que por un milagro no le costo la vida. El Coronel Sánchez Mosquera y su Batallón llevaban VEINTE Y DOS MESES combatiendo sin cesar y sin relevo.

A continuación vino la rendición de la Compañía del Capitán Durán Batista, el cual con anterioridad, le había comunicado al General Cantillo su difícil situación, al estar rodeado de rebeldes y sin esperanzas de recibir refuerzos; siendo la contestación del «genio-militar» la siguiente: MANTÉNGASE EN SU PUESTO.

Unos días después ocurrió el cerco, rescate y retirada del Batallón del Coronel Corzo Izaguirre, cuya operación costó infinidad de muertos y heridos a nuestras tropas. Y como colofón a todos estos desastres, podemos agregar las enormes bajas sufridas por dos Compañías en Cerro Pelado, en donde se insubordinaron todos, oficiales, clases y soldados por el cansancio agotador, mala alimentación y falta de atención médica.

Esa fue la hazaña del «genio-militar» General Cantillo. Destrozó en el transcurso de unos meses, el poderío militar que ingenuamente le había puesto a sus órdenes el Presidente de la República para terminar con la revolución.

Como recompensa, en vez de fusilarlo por traidor, lo nombró Jefe del 1er. Distrito Militar, con amplios poderes, y pareciéndole poco esto, ya al final del desbarajuste, lo designa Jefe del Gobierno de una Junta Militar inexistente, para que le facilitara la bochornosa fuga. El General Batista se creyó que con el General Cantillo, había resuelto el problema Nacional, pero que equivocada más grande se dio, el inteligente estadista.

Muy bello, poético y sentimental el último párrafo de tu carta, pero yo quisiera ver tu reacción si te acusaran como a mí, de traidor y de ser el responsable directo de lo que está pasando en la actualidad en nuestra patria, nada menos que por el Jefe máximo. Bueno, cada cual se produce de acuerdo como le va en la feria...

Todos los que aquí nos encontramos, deseamos el rescate del orden, el imperio de las Leyes y el bienestar de la patria, y estamos prestos al sacrificio de nuestras vidas sin ambiciones personales de ninguna clase, porque creemos que así cumplimos con nuestro deber. Tenemos que reivindicar a nuestros muertos, tenemos que socorrer a tantísimas viudas y huérfanos, y también por el honor de las Fuerzas Armadas, que contribuimos a fundar y crear el «Cuatro de Septiembre», encontrándose hoy, totalmente diezmadas y sus hombres lanzados a la más espantosa miseria, sin retiro, perseguidos constantemente por la jauría que azota a Cuba, y en el más completo abandono por parte de su Jefe más responsable.

La inesperada resolución del General Batista de marcharse de Cuba tan precipitadamente en la madrugada del día primero de enero, sorprendió a todos sus subalternos, amigos y colaboradores. No nos dio tiempo para extraer el dinero que teníamos en los bancos con el fin de asegurar el porvenir económico de las familias, ni tampoco para poder salvar algunas propiedades de índole personal. La orden fue a raja tabla: DENTRO DE DOS HORAS TENEMOS QUE TOMAR LOS AVIONES CON LO PUESTO, NI UNA MALETA PUEDE LLEVARSE. Su última orden fue cumplida. Sin embargo, él tuvo sobrado tiempo para poner a salvo su inmensa fortuna y habilitarse convenientemente. Muchas veces he pensado que actuó de exprofeso, para que sintiéramos en lo más hondo y con los perjuicios consiguientes, su funesta y cobarde determinación, causándole irreparables daños a la Nación y a las Fuerzas Armadas.

La increíble fuga planeada y ejecutada por el hombre en quien habíamos depositado nuestra fe y confianza, el que pronunció las palabras de aliento de que jamás nos abandonaría, anotadas en letra roja al margen derecho de la primera hoja de esta carta, es incomprensible. ¿Qué diablo motivó este brusco cambio en el «hombre fuerte» de Cuba?

Te repito, nos ha cubierto de ignominia, pues salimos como unos cobardes, indignos, aprovechados, ladrones y sin honor y vergüenza que, por salvar el pellejo, hundimos a la República y con ella, a miles de nuestros valientes compañeros y amigos.

Su salida del Poder, podía haber sido más digna, más humana y más elegante. Que Dios lo perdone pero esa es la triste realidad.

Si el General Batista no hubiera dado la orden de partida, junto con él, nos hubiéramos quedado todos. En sus descargos, lo que él diga ahora, no es más que un engaño, tratando de tergiversar los hechos con el afán de quitarse de encima un poco del lodo que le ha caído encima, y echárselo a otros injustamente.

Si él aspiraba a que los Jefes de las Fuerzas Armadas le dieran un Golpe de Estado, pues esa era la solución que pretendía, para después embarcarse como VICTIMA, no pudo salirse con la suya, y tuvo que recurrir a Cantillo para que se lo diera, renunciando a su alta investidura, y poniendo a Cantillo al frente del Gobierno, no sin antes ordenar la partida de los Jefes principales que sostenían su impopular Gobierno. Lo que duró Cantillo es de todos conocido.

El General Batista debe reconocer su tremenda derrota, derrota que él mismo se buscó. Que destruyó al Ejército que no supo dirigir, y a todo esto, podemos agregarle la oposición de un pueblo ya cansado que ansiaba terminara la lucha estéril, que cesara la matanza e incertidumbre en que vivía, en una guerra cruel y sangrienta que llevaba ya dos largos años debido a sus grandes errores, como por ejemplo, por citar uno, la amnistía del asesino Castro y sus secuaces.

Quiero que sepas, que tengo a mi esposa cocinándonos, y a mis hijos Winsy y Tony trabajando en un garaje desde las 6.00 a.m. hasta las 11.00 p.m. fregando y engrasando máquinas, cogiendo ponches y despachando gasolina. Da pena verlos llegar a la casa llenos de grasa, con las manos deshechas y extremadamente agotados por el duro bregar diario. Y aquí nos tienes pasando infinidad de dificultades y contrariedades, pues hasta el momento, no tenemos la seguridad de permanecer en este país debido a que entramos indebidamente sin visas ni pasaportes, mientras hay otras familias que gozan de la vida y de sus comodidades.

Voy a ponerle fin a esta larga y dolorosa carta que, jamás hubiera escrito, motivada por la infame acusación que me hace nada menos que el autor de todos los desaciertos, el causante directo de la hecatombe y del actual sufrimiento del pueblo cubano. Realmente él, que cuidaba tanto de su historia, la ha puesto que ni él mismo la conoce.

Con el mismo afecto de otros tiempos, te saluda tu viejo amigo y compañero,

General F. Tabernilla Dolz

ANEXO VI

Carta del General de Brigada Francisco H. Tabernilla al Presidente Batista, escrita de Palm Beach, Florida, Diciembre 31, 1959. [13]

Palm Beach
Diciembre 31 de 1959
General Fulgencio Batista Zaldívar
Reid´s Hotel
Funchal. Madeira.

Querido Sr. Presidente:

En su carta del día 5 de febrero de 1959 usted me escribe: «Repítale al viejo que ese calificativo de traidor no ha salido de mis labios, ni siquiera una expresión que encierre amargura o dolor. En cuanto a Winsy, al que alude en su carta, nada he dicho. Estimo que él cumplió hasta el último minuto con su deber. Otra cosa hubiera sido inconcebible».

Buen discípulo suyo nunca he dado pábulo a los infundios, rumores y calumnias en la seguridad de que con el tiempo —que todo lo vence— resplandece la verdad. Pero esta vez, no obstante los meses transcurridos desde el primero de enero a la fecha, enemigos gratuitos —la envidia da asco— se empecinan en tergiversar hechos y coincidencias, y lo que es más grave aún, exponen ciertas manifestaciones como expresiones textuales que en conversaciones personales han tenido con mi querido Jefe y mejor amigo el General Fulgencio Batista y Zaldívar.

Si no lo conociera a usted, sus cualidades excepcionales de hombre y de amigo no le hubiera escrito esta carta, pero lo hago con la

---

[13] Carta reproducida en el libro, *El Gran Culpable* de José Suárez Núñez, Caracas, Venezuela, 1963. Pág. 164-167.

plena convicción de que tales expresiones no han sido pronunciadas por usted.

1–El Dr. Andrés Rivero Agüero le dijo al Dr. Rafael Díaz Balart, en New York, que la noche del 31 de diciembre –después que usted en presencia del Dr. Alliegro, Dr. Godoy, los Generales del Ejército y el Jefe de la Marina de Guerra había hecho pública su firme decisión de renunciar, en vista del sesgo que habían tomado los acontecimientos y para evitar más derramamiento de sangre al salir de la Residencia en Ciudad Militar para su casa– no sé por qué motivos el Presidente Electo no asistió a la referida e histórica reunión, –usted al verlo lo cogió por el brazo y le dijo: «vámonos que los Tabernilla nos matan». El Dr. Rivero Agüero parece que no conoce bien qué clase de hombre es usted, su valor probado en infinidad de ocasiones y el concepto que usted tiene del honor y del mando. Ahora me dicen que comenta que pensó que los Tabernilla habían dado un Golpe de Estado y eran los que se quedaban mandando en Cuba y no que nos habíamos embarcado, conjuntamente, en aviones ordenados, distribuídos y preparados por usted, con algunos días de antelación y los puestos en listas –dictados por usted a mí– que yo conservaba en mis bolsillos cumpliendo sus instrucciones. Seguramente que también desconoce el Dr. Rivero Agüero nuestra conversación de días antes cuando usted me dijo la forma en que saldrían los civiles –que usted había seleccionado– invitándolos a la Residencia para tomar un café y que desde allí los llevaría para el aeropuerto. «Me tendrán que agradecer que les salvó la vida», me expresó usted.

2–El coronel Leopoldo Pérez Coujil le dijo a mi hermano Tony en la República Dominicana que usted le había dicho «que tuvo que irse porque Silito le tenía la Residencia rodeada de tanques». Este absurdo que propaga Pérez Coujil como dicho por usted, aunque por otra parte dice que aquella noche él estuvo en la Ciudad Militar y no vio ningún tanque, es inexplicable. Cómo puede ser posible –caso que fuera cierto– que usted se dejara amedrentar y embarcar por nadie y mucho menos por uno de sus más leales amigos y hombre de confianza, con quien secretamente preparaba la salida del país. El mismo Coujil es testigo de la salida que se preparaba –Tony desconocía estos detalles–

cuando el Mayor General Eulogio Cantillo Porras le entregó los quince mil pesos que usted me ordenó le mandara por su conducto «para el caso que tenga que irse». Estas palabras suyas se las repetí al General Cantillo y tengo la seguridad de que cumplió sus instrucciones. También supongo que le entregaría al coronel Manuel Ugalde Carrillo y al Tte. Coronel Salas Cañizares los diez mil pesos para cada uno –con idénticas instrucciones– que le entregué por orden suya aquel mismo día y con el mismo fin y usted recordará que los quince mil pesos que restaban bondadosamente usted me los dio –allí quedaron en la gaveta varios días– y aquella noche usted se los introdujo en sus bolsillos.

Coujil desconoce al propalar el infundio, que en Columbia la noche del 31 de diciembre había **sólo un tanque**. Las órdenes que recibíamos nos llevaron a diseminar la única fuerza de choque organizada que poseía el ejército –el Regimiento Mixto de Tanques «10 de Marzo»– de tal manera, rompiendo todos los principios tácticos de la guerra blindada, que cualquiera que estudie cuidadosamente la distribución de las unidades que lo integraban, puede llegar fácilmente a la conclusión que fue hecha de mala fe o con un desconocimiento tal sobre la materia, que solo un aprendiz de estratega puede ordenar tamaña barbaridad. Mi padre, por otra parte, por su edad, su fe y su ciega lealtad a usted le había puesto en sus manos el más mínimo detalle de las Fuerzas Armadas para su resolución, cosa que lo abrumaban a usted de trabajo y de preocupaciones.

El RMT, como usted recordará, tenía siete tanques medianos M4A3E8, tres en Bayamo y tres en Santa Clara, **uno en Columbia**. Doce tanques ligeros M3A1»: seis en Santiago de Cuba, que se llevaron por mar, uno que se perdió en la ofensiva planeada por el general Rodríguez Avila y los jefes de Las Villas; tres que ordenó el Estado Mayor que permanecieran en el Regimiento 3 Leoncio Vidal, después de terminada la referida ofensiva y dos que se enviaron al Regimiento 4 «Plácido». La Compañía C de Tanques –completa– se encontraba hacía meses en el PM de Bayamo y sus tanques en Camagüey, Holguín, Banes, Guantánamo, Santiago de Cuba y otros pueblos. Al famoso tren blindado –plan magistralmente concebido por el EME, reparar vías sin exterminar a los rebeldes primero– se le agregaron los últimos cuatro M8 que nos quedaban. La Compañía A de Tanques se estaba organizando con los quince tanques ingleses que nos llegaron, pero usted conocía que no estarían listos hasta el día 10 ó el 15 de enero, trabajando con relevos las 24 horas del día, como lo estábamos haciendo. Ahora recuerdo que cuando el Coronel Marrero y yo se lo informamos usted nos dijo «es muy tarde». Esto demuestra que teníamos apto para el servicio un solo tanque en la Ciudad Militar.

3–El coronel PN Esteban Ventura, en visita a mi casa me dice que le oyó decir a usted «que los Tabernilla lo traicionaron», y al manifestarle él que por qué no los cogió presos, usted le riposto que él no conocía nada de política y la manera de llevar un gobierno.

4–El Comandante MG Jesús Blanco me dice que visitó su casa en Daytona y hablando con la señora Martha le dijo personalmente «que habían tenido que irse, porque los Tabernilla lo habían traicionado a usted».

5–Mi visita a New York, al no ser recibido por la señora Martha y las visitas escurridizas del Dr. Ramiro López de Mendoza a mi apartamento en el Waldorf Astoria, algo grave me hicieron sospechar. El encuentro infortunado con su hijita Elisa Aleida corroboraba estos antecedentes. En aquella visita, por un deber elemental de cortesía, tenía la intención de saludar a la señora Martha. Desde luego, supongo que algo hubiéramos comentado sobre los hechos acaecidos. Recuerdo que el día que usted me dictó los nombres de los que íbamos a tomar los aviones me dijo: «la pobre Martica hace cuatro días que lo sabe, no sé como han podido resistir sus nervios». Su propio hijo Rubén, aquel mismo día, esperaba afuera de mi despacho mientras usted y yo trabajábamos y es testigo de que preparábamos la salida. Cuando usted le ordenó que entrara le manifestó: «en caso que tengamos que irnos, Silito te avisará y tú te encargas de llamar al resto de la familia».

6–La señora Marisol Alba de Vázquez me dice que cuando lo visitó a usted en el Hotel «Jaragua», República Dominicana, usted le dijo «que los Tabernilla estaban conspirando, por eso tuvo que irse».

7–El Dr. Santiago Rey Perna declara a la revista Bohemia que usted le dijo: «Tanto Chief por parte del viejo Pancho y ahora él y su hijo me traicionan. Han llegado hasta planear mi muerte para el próximo sábado cuando estuviera viendo el boxeo en televisión. El Comandante Carrillo era el indicado para matarme delante de mi familia. Qué gente esos Tabernilla». Esto es monstruoso. ¡Qué infamia! No quisiera ni escribirlo ni comentarlo.

8–Mi cable a usted con motivo del reportaje de Bohemia «La Fuga del Tirano», noviembre 8 de 1959 y su respuesta de «que prefiere ignorar especies rumoradas» me hacen pensar el poco interés que se tiene en salvar reputaciones y conductas de amigos que lo dieron todo por la causa a cambio de nada, porque ni los consabidos millones –que otros amasaron– existen y sí una extensa hoja de servicios, de trabajo, sacrificio y el más estricto cumplimiento del deber. Pero tengo mi conciencia tranquila. Quizás si fui el único general del ejército que le dije en mi despacho, mientras usted se peinaba, después de haberme dictado las listas de los que ocuparían los puestos en los aviones: «Sr. Presidente, por qué no luchamos hasta el último hombre? Y usted me contestó «no es posible Silito».

9–El Dr. Emilio Núñez Portuondo me informa que usted dice tener una carta mía donde le escribo que le he entregado diez mil pesos a él. «Esto no es cierto, le manifesté al Dr. Portuondo, jamás le he dado un centavo a usted –tampoco lo tengo– y mucho menos le he escrito al general Batista en ese sentido».

Frente a tanta evidencia, ante tantos hechos tan desagradables, sólo me queda dirigirme a usted para que me diga la última palabra. Yo soy un hombre limpio, que no estoy acostumbrado a vivir bajo la intriga, la mentira y la calumnia, ni poner una cara por delante y otra por detrás y ese concepto, créame, también lo tengo de usted.

En la seguridad de su respuesta, aprovecho las penosas circunstancias que me obligan a escribirle esta carta, para repetirme suyo afmo.,

CERTIFICO: Que es copia fiel de su original.

F. Tabernilla Palmero

ANEXO VII

Carta del Teniente General Francisco J. Tabernilla y Dolz al Presidente Fulgencio Batista, escrita desde Riviera Beach, Florida, Agosto 24, 1960 [14]

> El mayor insulto a un militar es llamarlo traidor y cobarde y el que así procede, no merece respeto ni consideración. (F.T.D.)

Riviera Beach, Florida
Agosto 24 de 1960

Sr. General de División Don Fulgencio Batista
Ex-Presidente de la República de Cuba
Funchal. Islas Madeira.

Señor:

Es muy triste y doloroso ver a un hombre que como Ud. ha ocupado los más altos y relevantes cargos públicos en su Patria, descender tan bajo, con el fin de tratar de justificar lo injustificable.

En su mamotreto «RESPUESTA», que bien podía haberlo intitulado «GARBAGE», usted injustificablemente acusa a mi hijo Silito y a mí, nada menos que de traidores y cobardes cuando estuvimos a su lado hasta el último minuto, sirviéndole con ciega lealtad, dignidad y desinterés.

Deseo hacerle conocer que gracias a los Tabernilla usted pudo mantenerse en el Poder, pues sin ellos, no hubiera durado un año en la gobernación del país.

---

[14] Carta reproducida en el libro, *El Gran Culpable* de José Suárez Núñez, Caracas, Venezuela, 1963. Pág. 168-174.

El traidor más grande que han tenido Cuba y las Fuerzas Armadas es usted Sr. Batista, por vuestra pésima actuación y miopía en el problema de Cuba, cuyas desastrosas consecuencias hoy contemplamos.

En cuanto a su falta de valor, nadie lo discute, todo el mundo está de acuerdo, pues su inconsulta y precipitada fuga, así lo demuestra sin lugar a dudas. No trate ahora de echarle la culpa a nadie de lo sucedido en Cuba, ya que es usted y solamente usted el único responsable de la catástrofe. Hágase un examen de conciencia y me dará la razón, a no que carezca de ella, sea un irresponsable y un anormal.

Las mentiras, calumnias y falsedades con las que Ud. trata de valerse en el libro «GARBAGE» para exculparse, créame Don Fulgencio que no le hacen ningún favor.

En el mencionado «GARBAGE», usted se dice y se desdice, afirma una cosa y más adelante la niega. Esto me hace pensar que usted necesita con urgencia el inmediato ingreso en una clínica para enfermedades mentales.

Entre el cúmulo de falsedades que usted relata en «GARBAGE», niega que varios días antes del desplome total Ud. citó a los Jefes de las Fuerzas Armadas, para decirles que buscáramos una solución nacional en vista de la gravedad de la situación y utiliza al general Rodríguez Ávila para que le escriba una carta desmintiendo la veracidad de la entrevista. Si es cierto el General escribió esa carta, puedo afirmar que es un **«digno»** compañero suyo, pues yo lo tenía en otro concepto. ¿No recuerda usted, Don Fulgencio la contestación que yo le dí a su proposición? Fue esta: LA SOLUCIÓN NACIONAL LA TIENE QUE DAR USTED Y NOSOTROS OBEDECER SUS ÓRDENES. Si usted niega esto, su memoria le es infiel o usted adolece de la firmeza de sus actos.

La admiración, lealtad y sincera amistad que le profesaba, nublaron mi entendimiento, no pudiendo darme cuenta a tiempo de su egoísmo, ruindad y maldad. Usted me utilizó a mí de mampara, para cubrir sus múltiples fechorías, amparándose en el prestigio que yo disfrutaba en las Fuerzas Armadas y en la opinión pública.

Usted destruyó la moral de las Fuerzas Armadas al utilizarlas como agentes electorales, convirtiendo a los cuarteles en colegios de propaganda política, ganándose como consecuencia de estos procedimientos, la repulsa del pueblo de Cuba. Sus negocios torticeros y su desmedido afán de lucro, también contribuyeron a la desmoralización. Usted sembró la indisciplina y el descontento en las Fuerzas Armadas ascendiendo a sus paniaguados, sin méritos ni capacidad profesional, violando los escalafones y suspendiendo indefinidamente los Exámenes por oposición, restándole a los oficiales el derecho de superación por sus propios esfuerzos. Y en fin, desarticuló el normal y justo funcionamiento de las instituciones armadas y como uno de los muchos casos que puedo exponer, le citaré el ascenso a Primer Teniente de la Policía Nacional a un miembro de vuestro servicio doméstico, el cocinero.

Usted permitió el auge del juego prohibido en toda la República, llegando las fabulosas recaudaciones a penetrar por la puerta principal del mismo Palacio Presidencial, con el fin de engrosar los depósitos **para obras de caridad...**

Usted miente al afirmar que las órdenes las daba el Estado Mayor del Ejército, pues esa Jefatura solamente trasmitía sus órdenes, hasta la más insignificante, pues usted lo abarcaba todo, inclusive, usted redactaba los Partes de Operaciones a su manera, a base de mentiras y falsedades para engañar al pueblo.

Usted amnistió a Castro y su pandilla después de asesinar a más de veinte soldados en el frustrado ataque al Cuartel Moncada, siendo muchos de ellos ultimados en la misma enfermería del Regimiento. Yo le rogué que no amnistiara a esos criminales, y usted me contestó: «Pancho, tú no entiendes de política, esto lo hago yo para buscar la cordialidad de manera que el pueblo me lo agradezca». Y yo le contesté: «Pero no se lo agradecerán las viudas y los huérfanos de nuestros compañeros, ni tampoco el Ejército».

Usted celebró «elecciones» espurias en contra del clamor popular, y sin haber pacificado el país.

Usted sin consultar con los Jefes Militares para que lo asesorasen en los asuntos exclusivamente militares, los cuales usted desconoce, aunque ostente el grado de «General», ordenó, por temor a la crítica, reintegrar a sus hogares a los campesinos que habíamos desalojado del sector donde Castro se movía, el cual fue declarado Zona de Guerra, dándole al cabecilla oportunidad para rehacerse y seguir conquistando voluntades con su intensa campaña comunista. Esta resolución suya trajo como consecuencia que el ejército se diera cuenta que usted obstaculizaba las operaciones para terminar con Castro.

Usted es el único culpable de que las tropas en operaciones se dedicaran durante la zafra a custodiar centrales azucareros, compañías mineras, acueducto de la Base Naval de los Estados en Guantánamo, arroceras, campos de café, fincas particulares, etc. en vez de dedicar todas esas fuerzas a la persecución del enemigo, como varias veces le indiqué.

Usted llegó a la indignidad de entregar su Patria al enemigo por su falta de valor, energía y falta de conocimientos para enfrentarse al grave problema, como cuadra a un gobernante.

Ahora vamos a darle paso a los ¿POR QUÉ?

¿Por qué desde el año 1952 hasta marzo de 1957, año este en que los Estados Unidos le suprimieron la venta de armamentos, no equipó como era su deber, a las Fuerzas Armadas con las armas necesarias para sofocar rápidamente cualquier rebelión, como le pedí en varias ocasiones, pues el ejército estaba completamente desarmado, sobre todo en las Provincias?

¿Por qué a los pocos días de mi petición de alistamientos, votó un crédito de CINCUENTA MILLONES DE PESOS para obras públicas?

¿Por qué me dijo usted por escrito cuando solicité los tres mil alistamientos estas palabras que jamás olvidaré: «PANCHO TU ESTÁS LOCO, DE DONDE VOY A SACAR EL DINERO, MANDA PARA LA LÍNEA A LOS QUE ESTÉN EN SERVICIOS ESPECIALES Y EN COMISIÓN», y a los pocos días se aparece usted concediendo el crédito de cincuenta millones para Obras Públicas? ¿Qué interpretación le da usted Don Fulgencio a esa medida?

¿Por qué mantuvo al general Díaz Tamayo CINCO MESES al mando del Regimiento № 1«Maceo», después del desembarco de

Castro, habiéndole yo solicitado su inmediato relevo el mismo día que casi le toman la capital de Oriente?

¿Por qué mantuvo al traidor general Cantillo al mando de las tropas de operaciones, después del vergonzoso rendimiento al enemigo del Batallón del comandante Quevedo en La Plata, a pesar de haberle pedido el inmediato arresto y que fuera juzgado en Consejo de Guerra Sumarísimo el referido general?

¿Por qué a los oficiales traidores los nombraba Embajadores o Attachés en el extranjero y a otros los mandaba a retirar en vez de aplicarles la Ley Penal Militar en toda su extensión, como le pedí en múltiples ocasiones? ¿Y con estos procedimientos quería usted mantener la disciplina en el ejército?

¿Por qué no quiso oír al Tte. coronel Corzo cuando vino de la Sierra Maestra, donde se encontraba al mando de un Batallón, con la finalidad de informarle detalladamente sobre las descabelladas órdenes que daba su gran amigo, el general Eulogio Cantillo Porrás?

¿Por qué ordenaba a mis subalternos a no darme cuenta de asuntos militares que yo, por mi cargo y jerarquía, debía de conocer? Entronizando una vez más la indisciplina en el ejército?

¿Por qué mantenía en campaña a las unidades por tiempo indefinido sin proporcionarles relevo, buscando con esa torpe medida el cansancio, abatimiento, agotamiento físico, deserciones, insubordinaciones, y lo que es peor, el pase para las filas enemigas como sucedió en varias ocasiones? Infinidad de veces le pedí rotar al personal y usted, terco como siempre, jamás me prestó atención a nada de lo que yo solicitaba para bien del ejército y su gobierno. Había batallones que llevaban VEINTIDÓS MESES en operaciones sin relevo total ni parcial. Créame Don Fulgencio que el soldado cubano es magnífico, los malos fueron los oficiales traidores y cobardes que los mandaban y desde luego, usted como director de orquesta, debido a sus vastos conocimientos militares...

¿Por qué no relata en su libro «GARBAGE» el incidente con un Embajador extranjero que le dijo que tenía que marcharse y dejarle el Poder a una Junta compuesta por militares y civiles?

¿Por qué no escribió nada sobre la valiente y brillante actuación del General Pilar García al frente personalmente de su Regimiento en Matanzas, cuando fue atacado por los rebeldes priistas?

¿Por qué ignora al general Pilar García que tanto lo ayudó, con verdadera lealtad, desde el mismo día del «10 de Marzo»? Es usted Don Fulgencio egoísta y tacaño en todo, hasta para prodigar elogios merecidos. Nada, que lo único bueno es lo que usted hace.

¿Por qué no menciona a mi hijo Tony, que por pertenecer a su régimen por poco me lo matan, siendo herido de tres balazos en el atentado en que murió el caballeroso coronel Antonio Blanco Rico? Y mi hijo Tony el mismo día 31 de diciembre de 1958, unas horas antes de la fuga, piloteando un avión B-26 bombardeó en Santa Clara al tren militar que se había pasado a los rebeldes. De mi modesta actuación a su lado a través de tantos años y de mi personal ayuda el «10 de marzo» al penetrar en la Fortaleza de La Cabaña, con sólo ocho hombres, y por ponerla a sus órdenes, no merecen vuestra gratitud, sino el escarnio y la difamación que con lujo de detalles me dedica en «GARGAGE». Gracias, muchas gracias, Don Fulgencio.

¿Por qué le mandó a preparar a mi hijo Winsy, Jefe de la Fuerza Aérea, con varios días de anticipación al funesto 1ro. de enero de 1958, los aviones de transporte y que los estuviera listos?

¿Por qué no habla de la decidida actuación de mi hijo Silito, su fiel y leal secretario, en el ataque al Palacio Presidencial, el cual al frente de una Unidad de tanques dominó la situación rápidamente?

¿Por qué ordenó que el terrorista y alzado Felipe Pazos (hijo) después de capturado en Oriente por el ejército, y estando encausado por la bomba que puso en el cabaret Tropicana, en donde fueron heridas varias personas, incluyendo una jovencita que hubo de amputarle un brazo, le fuera entregado en el aeropuerto militar al Ingeniero Amadeo López Castro, con el fin de embarcarlo para el extranjero a reunirse con el papá, otro enemigo de su gobierno? ¿Dígame Don Fulgencio, es esto hacer justicia o burlarse de ella?

¿Por qué prohibió que los fotógrafos de la prensa cubana y extranjera tomaran vistas de nuestras tropas en campaña, como yo se lo pedí, para que el pueblo viera como actuaba el ejército? Sin embargo, por tratarse de su queridísimo cuñado, se gastó una buena cantidad de dinero en un documental en colores, donde aparece él «**bizarro y aguerrido militar**», dirigiendo una **formidable batalla**, con toda clase de armamentos, cañones, tanques, morteros, ametralladoras de todos los calibres, espléndidas comunicaciones, etc.; pero esta tremenda maniobra tenía lugar en la Fortaleza de La Cabaña, muy lejos de la zona de operaciones de la Sierra Maestra? El comentario de la tropa, después de ver el famoso documental fue: ¿por qué no mandan a ese hombre a pelear a la Sierra? Estaban en lo cierto los muchachos.

¿Por qué el día del ataque al Palacio Presidencial, usted tenía toda su autonomía de un color verdoso?

¿Por qué usted que presume de ser tan valiente, critica a mi hijo por tener un tanque cerca de la casa en que habitaba en el Campamento de Columbia y usted tenía en la guarnición de Palacio más de 300 hombres, sin contar la Policía Secreta y el Buró de Investigaciones? ¿Por qué tenía usted en su finca Kuquine, tanques, scouts-cars, ametralladoras, morteros, trincheras y más de cien soldados para cuidarlos? ¿Por qué tenía a su disposición al S.I.M., más de 400 soldados, para su custodia personal y de sus familiares, además de cuatro carros cargados de personal del Ejército que seguían a su automóvil? ¿Por qué cada vez que salía fuera de su residencia, además de lo que le dejo apuntado, movilizaba al Buró de Investigaciones y a la Policía Nacional? ¿Dígame Don Fulgencio, todo ese alarde de fuerzas era por miedo a un atentado o por preocupación? Y todavía tiene la osadía y desfachatez de acusarnos a mi hijo Silito y a mí de cobardes y traidores.

¿Por qué no visitó a las tropas en operaciones, para dirigirles la palabra y darles aliento para intensificar la lucha? Yo estuve dos veces, pero usted Don Fulgencio jamás se molestó para ir a ver a los soldados que se jugaban la vida por defender su gobierno.

¿Por qué protegía a los enemigos de su gobierno, dándoles sinecuras y puestos en el gobierno, mientras los verdaderos batistianos se morían de hambre?

¿Por qué protegía y amparaba a los principales cabecillas y dirigentes de la rebelión, como en el caso de Tony Varona, que organizó y costeó el alzamiento del Distrito Naval de Cienfuegos, donde murieron muchos de nuestros compañeros y usted una vez detenido el Varona, da órdenes para darle oportunidad de asilarse en una Embajada? Realmente Don Fulgencio cada día que pasa comprendo menos la política que usted llevaba o le hacían llegar sus consejeros.

¿Por qué en la última semana de diciembre de 1958, le envió usted dinero a los Jefes de Regimiento, con el propio general Cantillo, «para en el caso que tenga que irse». Dígame Don Fulgencio, qué Jefe pelea con esas instrucciones?

¿Por qué fabricó usted la Mono-Junta, entregándole el Poder al traidor general Cantillo para viabilizar su precipitada fuga sin antes oír la opinión de los hombres responsables que le ayudaron a escalar el Poder? Pero usted, al igual que Castro, dueño de la República, dispuso por sí solo **debido al pánico que lo embargó**, de la destrucción de la República.

¿Por qué usted ordenó el fatídico 31 de diciembre de 1958, que los Jefes de las Fuerzas Armadas le firmaran la renuncia de sus cargos y grados, después de haber sido relevados, sin tener conocimiento de tal relevo, con la finalidad, según usted, de terminar la guerra, evitando más derramamiento de sangre entre hermanos y que esta resolución suya, el pueblo la agradecería? Ya usted ve Don Fulgencio, se equivocó otra vez, pues la sangre corrió a raudales y sigue corriendo después que nos fuimos. Por respeto a su jerarquía y a la disciplina militar obedecimos sus órdenes de embarcar en los aviones que usted previamente nos había asignado, pero desde el instante de la partida, usted nos despojó de nuestro honor militar, cubriéndonos de ignominia e indignos de vestir el uniforme que con tanto orgullo llevábamos, pues ante la opinión de nuestros compañeros, que dejamos abandonados a su suerte, ante el pueblo de Cuba y ante el mundo entero, salimos como unos cobardes, ladrones, aprovechados y sin el más leve sentimiento patrio. Eso nos hizo hacer su maldita determinación. Hay manchas que nunca se limpias y se llevan a la tumba, la de nosotros es de esas.

Tengo muchos más ¿POR QUÉ?, que pudiera agregar a esta larga carta de protesta a su vil acusación, pero ¿PARA QUÉ? Si desea refrescar su memoria, vuelva a leer la carta que le envié por conducto de uno de sus ayudantes, la cual fue publicada por el periódico «EL CARIBE» editado en la República de Santo Domingo, con fecha 28 de junio del año pasado.

Me permito aclararle, aunque usted bien lo conoce, que el dinero que los Castristas me robaron de los bancos de Cuba, no fue el producto de ninguna clase de negocios, concesiones, subastas del Gobierno, etc. Ese dinero lo acumulé con los haberes que por orden suya me pagaron, correspondientes a los años que estuve fuera o mejor dicho retirado del ejército, por disposición del Dr. Grau San Martín, y las migajas con que usted me obsequiaba, pues la modesta casa que tenía la fabriqué en el año 1950.

No deseo preguntarle a usted a cuánto asciende su fabulosa fortuna, ni cómo la adquirió y en dónde la tiene depositada. Esos son secretos de Estado. Ahora bien Don Fulgencio, usted si fue listo al poner sus «kilitos» en lugar seguro.

La única acusación que me hago yo, es la debilidad mía por no haberle mantenido con carácter irrevocable la renuncia que le presenté a presencia del almirante el mismo día que los insurgentes atacaron el Cuartel Goicuría, en la Provincia de Matanzas, cuanto usted me faltó el respeto con palabras soeces, por discrepar de sus puntos de vista con relación al mencionado ataque, y que dio motivo a que yo mandara a detener al instigador y máximo responsable el Dr. Prío Socarrás, para que unas horas después, a su regreso de Varadero, ordenara ponerlo en libertad inmediatamente y mandándole al Dr. Jorge García Montes para que le diera toda clase de satisfacciones, echándome a mí la culpa, quitándome la autoridad y poniéndome en ridículo ante mis subalternos. Nueve días después usted tuvo que hacer lo que yo le indiqué, embarcar al Dr. Prío para el extranjero.

Ese fue mi gran error, el no haberme retirado en aquella ocasión, pero me retuvo la idea de lo que podrían pensar mis compañeros, que abandonaba la nave por temor a los futuros acontecimientos que ya se vislumbraban. Por eso seguí al lado de usted, pero le di la oportunidad de mancharme de lodo y de destruir mi honor como militar, pero Dios Todopoderoso sabrá castigar a los que así proceden.

PUNTO FINAL

Así es que, a pesar de sus millones de pesos usted seguirá siendo un prisionero en esas islas por tiempo indefinido, repudiado por todas las naciones del mundo, con el odio eterno de sus adversarios y el más profundo desprecio de todos los que fueron sus leales amigos, civiles y militares.

General F. Tabernilla Dolz

P.D.— Le informo que mi hijo Silito le dará adecuada contestación a su libro «GARBAGE», editando otro libro con datos MUY INTERESANTES sobre su funesta actuación como Presidente de la República de Cuba. En su libro omitirá todas las entrevistas con los distintos corresponsales para no hacerlo tedioso y falto de interés. (F.T.D.)

ANEXO VIII

Carta del Coronel Florentino Rosell a Francisco H. Tabernilla, Marzo 2, 2001, acompañando carta del Dr. Rafael Guás Inclán de fecha Noviembre 19, 1960.

Barlovento Apartments, Inc.

Marzo 01 2001

General Francisco Tabernilla Palmero. MM.MN y MP
136 Everglades Avenue
Palm Beach. Florida 33480

Estimado Silito:

Te estoy anexando copia de una carta de fecha: Noviembre 19 de 1960 que me mandó el MUY ILUSTRE PRESIDENTE DEL PARTIDO "LIBERAL" y Alcalde de la Ciudad de la Habana, además ex-presidente de Cuba, Dr. Rafael Guas Inclán (Felo)

El motivo de la carta fue para darme las gracias por el libro que hube de mandarle con el título "LA VERDAD".

Considerando que al cabo de 41 años esta carta es como un TESTAMENTO histórico sobre los análisis de la política de nuestra Cuba.

Conociendo tu habilidad política sobre los traumas de las historias de muchas personas como las del General Batista y la del Ex-presidente Felo Guas Inclán, quisiera oir tu PANEGIRICO en alabanza de estos personajes, en especial del Dr. Rafael Guas Inclán.

Al tanto de tus noticias, quedo cual siempre affectísimo amigo

Florentino Rsell

Fr.
mes

1245 N.W. 2nd. St. Suite # 101 Miami. FL. 33125

Miami, Noviembre 19 de 1960.-

Cor. Florentino E. Rosell.-
Miami.-

Mi querido amigo: Muchas gracias por el envio y dedicatoria de su librito «Verdad», tan bellamente impreso. Lo he leído de una sentada, y le pongo a continuación estas lineas.–
 El librito es, a la postre, una exposición de sus cavilaciones y preocupaciones viendo venir con clarividencia lo que a la postre llegó. Solo Batista, simulando una ceguera que en el fondo no existía, aparentaba no ver la verdad. La veía Vd., la veía yo, la veíamos todos. Y si Vd. expone con claridad lo que no era traición, ni deslealtad, sino afán de salvar la nave, ya escorada, déjeme referirle dos pasajes inéditos, desconocidos, de mis relaciones con Batista.
 El primero es nuestra conversación política inicial, muchos meses después del 10 de Marzo, cuando me esforzaba yo en el empeño de salvar la vigencia del Partido Liberal, y procuraba hacerlo sin vinculaciones, ni compromisos con Batista. Mi lema era: «ni con el Gobierno, ni con la Oposición: con el Partido Liberal» y hablamos esa vez, del 10 de Marzo, y le dije estas palabras, que resultaron proféticas: «ve Vd., Presidente, la facilidad asombrosa con que ha dado, con 15 hombres no mas, este golpe militar, pues así ha de serle difícil salir de él, y sacar a Cuba de donde la ha llevado. El talento que tuvo Vd. para salir con éxito y suerte del 4 de Septiembre, tendrá que desplegarlo ahora para salir del 10 de Marzo. Ha comprometido Vd. su historia y su vida, y solo un gran carácter y una gran decisión podrán sacarlo del hoyo. Temo por Vd., por su historia y por Cuba». –Él no valorizó aquellas palabras mías.–
 El otro pasaje es a raíz de la creación del mando Conjunto de las Fuerzas Armadas, y de lanzar aquel manifiesto dando los nombres de los presidenciables y citándome entre ellos. Le escribí una carta, de puño y letras, de cuatro líneas, que decía: «Mi querido Presidente: Profundamente preocupado con el que juzgo es su plan, creo que ha llegado la hora de una conversación definitiva entre nosotros dos. Si

Vd. me ofrece poner en ella el grado de sinceridad que yo pondré en la misma, quisiera agradecerle que me concediera una audiencia a la mayor brevedad posible».–

48 horas después me recibía en el tercer piso de Palacio, y me recibía, de entrada, con una de aquellas risotadas que hacían temblar el edificio: «qué te pasa, chico, estás *acobardado*?» Bueno, Presidente, no sé si esa es la palabra, pero si no lo es, es otra que se le parece mucho: estoy muy preocupado. Bien, agregó, pues vengan esas preocupaciones, soy todo oídos.–

Mire, Presidente, me parece que Vd. se equivoca y va a cometer el error de pretender seguir gobernando a Cuba, ahora por luz indirecta, desde el mando de las Fuerzas Armadas, para lo cual ha creado ese mando *conjunto*. Y no cuenta Vd. los años que lleva gobernando a sus semejantes: son 18 años ya, General, y ese término no es mandato de las democracias, sino privilegio de Reyes y Emperadores.

¿Cómo veo yo que pretende desarrollar su plan? Pues ya ha dado los dos primeros pasos: creación del mando Conjunto y manifiesto político con el nombre de los presidenciables. Qué puede salir de ahí? Nada, Presidente: un impasse. Los Partidos no resolverán nada, y vendrá el «voto de confianza» al Gral. Batista para que escoja el candidato, y me temo que Vd. se va a aparecer con esta solución salomónica: «la mejor manera de no agraviar a Alliegro, a Amadeo, a Rey, a Godoy, a Guás, es escoger un hombre que no tiene provincia, que no tiene partido, que no tiene votos, pero es una prolongación de mi persona: Andres Domingo».– Nadie reune, como él, las dos condiciones básicas de sus propósitos: la mayor cantidad de incondicional y la menor cantidad de Presidente. Desde luego que ese no lo sería nunca Guás Inclán.– Objecion al plan. Una tan solo: no le parece a Vd. que pone a prueba el coeficiente de mansedumbre del pueblo de Cuba? no ve que lleva a la desesperación a todo el país? Mire, Presidente, Vd. es un hombre excepcional, el único que tiene los dos liderismos, el civil y el militar. Pues con serlo y a pesar de ello, Vd. ha estado dos voces al borde del derrocamiento: el 13 de Marzo y en la conspiración de Corvo Barquín. Y no espera Vd., como lo es pero yo, que cuando Vd. celebre unas elecciones que sean una mascarada, una gran mentira, sin la concurrencia de la verdadera oposición, con cedulas infamemente requisadas, no espera Vd. que ante esa gran mentira va a venir una huelga tácita, de brazos cruzados, en los hombres de uniforme, y con ella un in crescendo de la Revolución? Mire, Presidente: los va a elegir Vd., pero no tomarán posesión, y si la toman, no terminarán sus mandatos. Y esa es mi preocupación, esta que Vd. llama cobardía.–

Mire, General, si yo me llamara Fulgencio Batista y fuera Presidente, pondría mis cinco sentidos en buscar el puente para salir del imbroglio, aquel que yo le anuncié hace cinco años, la primera vez que hablamos. Yo traería, con compromiso sincero, a la Oposición a las urnas, y ahora, muy bajito, para que no nos oigan más que nuestras conciencias, procuraría que la Oposición triunfara en los comicios y le entregaría el Poder, pero a través de las urnas, y sin sangre. O sea: otro 1944, que salvó el 4 de Septiembre.–

Aquel hombre me escuchó con mucha atención, y cuando terminé me dijo: Chico, tú ves parte de la verdad, pero no toda: yo tengo planes, pero no decisiones. De qué dependen éstas, pues de la actitud de la oposición. Y pueden ocurrir tres hipótesis distintas: una, que no venga ningún candidato de ella. Pues para eso tengo encendida esa velita, que se llama Alberto Salas Amaro.– Pero, Presidente, Vd. sería capaz de celebrar unos comicios en los que la Oposición se llamara Salas Amaro? Y me replicó, mira chico, aunque se llame Juan Bimba, yo los celebro con cualquiera, pero no dejo de celebrarlos.– La segunda, es la contraria, que la oposición se me una con el mismo candidato. Mira chico, ese es el chance de Guás Inclán: yo no podría enfrentarle un Andrés Domingo.– Y soltándole una risotada, como la de él al recibirme, le dije: Presidente Vd. me ofreció una condición y está faltando a ella: la sinceridad. No me politiquee, que no lo merezco. Vd. no deja un liberal, ni aunque lo capen. Por dos razones, Presidente, la primera por mi filosofía, mi ley de la vida, que son incompatibles con el Régimen y con Vd. Si yo me llamara Batista tampoco escogería a Guás Inclán, no se lo tengo a mal. Y la segunda, porque yo soy liberal, solo liberal, y Vd. nos masca, pero no nos traga, nos utiliza y nos aprovecha, pero nos corta las alas cuando ve que crecen demasiado. Me soltó otra risotada.–

La tercera hipótesis es la que yo creo que vendrá: oposición dividida, con dos candidatos. Le gano entonces con cualquiera, con Andrés, con otro similar. Ah, le dije yo, hemos llegado al nudo gordiano de nuestra discrepancia: le gana Vd. con cualquiera, es verdad, no lo discuto, pero porque la oposición no votará y lo que vendrán no son verdaderos comicios, sino una mascarada. Y aquí va mi pronóstico: vencerá Vd. en las elecciones, los elegirá, pero no tomarán posesión.–

Y a esa altura la conversación me interrumpió y me dijo: no me gusta verte así te veo desanimado, y tu eres un gladiador de la política. Podré hacerte una súplica? pedirte una cosa? Como no, Presidente, quien viene aquí es un amigo, un hombre que ha quemado sus naves y saldrá por donde salga Vd. (Me equivoqué, caramba, que él salió en aviones militares, y yo pasé las de Cain en una Embajada, de la cual salimos porque hay un Dios que quiso protegernos) Y a renglón seguido me dijo: puedo pedirte que me des un voto de confianza para que sea yo quien te sitúe en la boleta, donde tú debes estar? Como no, Presidente, concedido, y concedido con sinceridad, a plenitud de ella, pero si no la hubiera, sino hipocresía, también se lo concedería. Y poniéndome de pie le dije estas palabras: Presidente salgo más triste y preocupado que al llegar; es la segunda vez que vengo a este edificio con idéntica preocupación, y quiera el cielo que no me pase lo que la vez la pasada. A sus órdenes, General, y sea lo que Dios quiera: mis temores los veo plenamente confirmados.–

Y de esta histórica conversación, poco más o menos un año antes de la caída, salió mi maldita postulación de Alcalde, una alcaldía con la cual engañaba a dos amigos: Manolito y yo. A él, ofreciéndole lo que no le pudo cumplir, pero dándole plata en abundancia. A mí, pidiendome que ganara a voto limpio, sin apoyo de él, una posición que debía servir de ejemplo de la pureza electoral. Yo lo creí, y trabaje sin descanso en esa ruta, pero ni él, ni los suyos, cumplieron su ofrecimiento, y una elección en la cual tenía yo el noventa por ciento de los votantes verdaderos la mancharon con esas cosas que tu publicas de «la casa Salazar». (Y vaya otra confidencia: en una reunión de Rivero

Agüero y los Jefes nacionales de los Partidos con él, Rivero le llevó varias cédulas falsificadas, y le dijo el nombre de quien andaba con ellas. Simuló una alarma falsa, ofreció pararlo en seco, y ahora veo que él estaba en el inside del asunto. ¡Cuán tontos nosotros todos! Tu libro pone de manifiesto que los militares, muchos de ellos, luchaban por una solución salvadora, entre Vds., como por otra, salvadora, entre los políticos, había luchado yo en vano un año antes.–

Y la verdad no es más que una, por más que nos duela: Batista no quería sofocar la revolución, sino explotarla en su provecho, Y pensó que cuando quisiera, podría sofocarla. Se equivocó, cuando de veras lo quería, ya la Revolución lo había minado todo, el Ejército en primer término, y la hecatombe era inevitable. Y ni siquiera para huir tuvo la grandeza de procurar que los dos estados mayores, de militares y de políticos, salvaran sus bienes y sus personas a tiempo. Es responsable de todos los fusilamientos y responsable de la indigencia de los políticos, casi sin excepciones. Y salvó solo la canalla dorada que puso sus bienes a buen recaudo. Los que como yo, ni los tenía siquiera –ni casa propia, chica– esos pasamos las de Cain, pero con una conciencia tranquila, como tu dices: «tan alta como las palmas».–

Gracias de nuevo por tu libro, que aclara tantos conceptos oscuros, y que en esta hecatombe inmensa se salve, siquiera, la patria que tus mayores y los míos trajeron para algo muy distinto de esto.–

Te abraza,

Rafael Guás Inclán

ANEXO IX

Carta del General de Brigada Francisco H. Tabernilla respondiendo a las preguntas del Ing. Roberto A. Weill, 9 de mayo de 2000. [15]

Miami, mayo 9, 2000

De: Ing. Roberto Weill
A: General Ejército Francisco Tabernilla
Asunto: Tren Blindado

De orden general:

1. Tenemos la impresión de que los americanos se dieron cuenta muy tarde de que le habían abierto todos los caminos a Fidel Castro y que cuando intentaron reaccionar ya les era imposible moverse o jugar algunas fichas como lanzar al ruedo a los llamados «oficiales puros» que estaban presos en Isla de Pinos o apoyar algún golpe de Estado que sacara a Batista del poder, pero lo cierto es que, de cualquier, modo un ejército que estaba en el terreno y aún peleando en algunos sectores fue abandonado a su suerte el 31 de diciembre de 1958. La pregunta es, en esa última semana de diciembre, ¿qué opciones le quedaban a Batista, a los mandos del Ejército y a los americanos?

El gobierno norteamericano, me refiero al Departamento de Estado, jamás reaccionó en contra de Fidel Castro y sus huestes comunistas, al contrario desechaban los informes del Embajador Earl T. Smith que sí se dio cuenta de la gravedad del movimiento revolucionario y trató de llegar hasta el Presidente Eisenhower sin resultado debido a los obstáculos que le ponían funcionarios subalternos como William Weiland y Roy Rubottom. El embajador Smith antes de presentar sus

---

[15] Para facilitar la comprensión y lectura se han unido ambas cartas y así las preguntas de Weill (en negrita) están seguidas por las respuestas de Tabernilla.

credenciales en Cuba fue instruido preliminarmente por el periodista Herbert Mathews del *The New York Times*. Por eso su desfavorable actitud al régimen desde su llegada; disposición que fue cambiando con el tiempo y los hechos que comprobaba por sí mismo en el terreno. Los llamados «oficiales puros», cuando estaban en servicio activo no se atrevieron a propinarle un golpe de Estado a Bastista porque dudaban que la tropa los secundaría. Los mandos militares estaban en manos de oficiales que mantenían la disciplina y el control, estando en prisión, no era concebible que pudieran realizar nada por el estilo. El ejército se mantuvo combatiendo a los rebeldes en todos los sectores de la isla hasta el 31 de diciembre de 1958. El embajador Smith le comunicó a Batista el 17 de diciembre de 1958 los deseos del Departamento de Estado de que abandonara el poder. Batista tenía dos opciones combatir o huir. Optó por huir dejando abandonado a sus hombres en las diferentes zonas de operaciones. Al entregarle el poder al general Eulogio Cantillo Porras, éste inmediatamente ordenó «un alto al fuego». El Coronel Ramón Barquín y el resto de los «oficiales puros» a espaldas de Cantillo fueron traídos de Isla de Pinos a la Ciudad Militar. Barquín se posesionó del mando ordenándole a Cantillo que permaneciera en su casa bajo arresto. Barquín se puso a las órdenes incondicionales de Fidel Castro y comenzó a enviar a las prisiones militares a los oficiales que por revanchismo o venganza estaban en su lista, convirtiendo su «puritanismo» en la cosa más impura del mundo. Los americanos (la CIA, Central Intelligence Agency) nada podían hacer, tampoco querían involucrarse en un problema que se les había ido de las manos desde que un Consejo de Guerra Sumarísimo condenó a Barquín y sus cómplices a prisión.

A fines del mes de diciembre, Batista tenía solo dos opciones pelear o abandonar el poder. Prefirió por esta última. Batista no quiso pelear: en mi despacho le dije ¿por qué no luchamos hasta el último hombre? Me contestó, textualmente «Silito no es posible». Fue el 22 de diciembre, cuando me dictó los nombres de las personas que se irían con él «en el caso que tengamos que irnos», pidiéndome que guardara esa lista en mis bolsillos y no se lo comunicara a nadie. Los mandos del Ejército presentían que el final se acercaba. Cuando el 17 de diciembre de 1958 el embajador Smith le comunicó al presidente Batista que debería de abandonar el poder y además que el gobierno de los Estados Unidos no reconocería al gobierno del presidente electo Dr. Andrés Rivero Agüero y éste lo aceptó sin ningún gesto de protesta ni de rebeldía ocultando el ultimátum a sus Ministros y al pueblo limitándose a preparar su huída sigilosamente, ya que prácticamente había aceptado su derrota. Se aprovechó del general Cantillo para que fuera portador de unos sobres con dinero que les envió a los jefes de regimiento de Las Villas, Camagüey y Holguín «para el caso que tengan que irse». El mismo Presidente estaba desarticulando la resistencia al enemigo y acelerando el derrumbe de su gobierno.

A los americanos no les quedó más remedio que observar y esperar los acontecimientos que ellos mismos habían provocado.

2. ¿Quién era el oficial americano que más influía o de mayor peso en la conducción o el asesoramiento de las operaciones del Ejército contra Fidel Castro?

Los oficiales de la Misión Militar Americana destacados en el Estado Mayor General del Ejército donde tenían sus oficinas lo más que hacían era observar y reportar a Washington sus impresiones, y los considero bastante preocupados e incómodos por los movimientos conspirativos de la CIA contra el gobierno de Batista. Fracasaron con Barquín y en la sublevación de la base naval de Cayo Loco en Cienfuegos el 5 de septiembre de 1957, en la cual la CIA desempeñó una posición muy importante, pues a los conspiradores se les ocuparon gruesas sumas de dinero americano.

El asesoramiento de los oficiales norteamericanos prácticamente era inexistente, yo lo calificaría de observadores e inspectores del material de guerra que recibíamos del gobierno norteamericano. El plan de Ayuda Mutua como le llamábamos (American Military Defense Assistance Program) (MDAP) consistió en equipar un batallón de infantería de la División de infantería radicada en la Ciudad Militar de Columbia con las mismas armas de un batallón del Ejército de los Estados Unidos que se entrenaba para vencer un posible ataque soviético al hemisferio como serían la patrulla y protección de las costas.

El Departamento de Estado protestó ante el gobierno cubano el uso del batallón equipado bajo el plan de Ayuda Mutua en la zona de operaciones de la Sierra Maestra y solicitó el retiro de dicho batallón del teatro de operaciones, lo mismo solicitó sobre el uso de los bombarderos sobre pueblos y ciudades. La Misión de Tierra estaba a cargo del Coronel Clark Lynn, Jr, y la Misión Aérea bajo la dirección del Coronel (PA) Alfred Hook, Jr. La Misión Militar Americana no intervenía en las disposiciones militares del Presidente de la República o del Estado Mayor General ni tampoco se le pedía asistencia o consejos en los planes militares.

3. ¿Realmente nunca la inteligencia americana se percató de quién era Fidel Castro, del peligro que significaba para ellos y para la democracia continental y ni siquiera supo aconsejar a sugerir a las fuerzas militares en el terreno?

La inteligencia americana fue más que informada de quién era Fidel Castro y sus inclinaciones comunistas. En la misma Sierra Maestra nuestras tropas ocupaban pequeñas banderas de China Comunista. Recuerdo que una de estas banderitas se las envié al embajador Smith con uno de los oficiales miembros de la Misión Americana. De todos es conocido la infiltración comunista en el departamento de Estado.

4. ¿Hasta cuándo cree que el Ejército estuvo en verdadera posibilidad de combatir y rechazar a las guerrillas? ¿Y hasta cuándo de derrotarlas?

El Ejército siempre tuvo en posibilidad de combatir a la guerrilla. Prácticamente el 31 de diciembre de 1958 pudiéramos decir que estaba casi intacto. Aunque con la moral muy baja debido a la posición mantenida por el Presidente Batista que dejó de ser su jefe y líder por su inactividad y disposición sin dar una explicación concreta por su actitud. Batista jamás visitó la Zona de Operaciones en la Sierra Maestra. Rehuía retratarse rodeado de militares. Ni tampoco acudía a almorzar o departir brevemente con los integrantes de un batallón o una compañía que regresaba de la Sierra Maestra.

5. ¿Dónde (y en qué fecha) cree la guerra dio el giro fatal a favor de Fidel Castro? ¿Y qué factores, malas decisiones, torpezas o circunstancias accidentales o no propiciaron o ayudaron a que este giro se produjera?

El primer síntoma visible del giro de la guerra favorable a Fidel Castro fue cuando el 14 de marzo de 1958 el Departamento de Estado suspendió toda venta de armas al gobierno cubano y «congeló» el Plan de Ayuda Mutua. La prensa, desde luego, dio amplia información internacional a este hecho injusto. Inclusive no permitió la salida de 1950 fusiles Garand que estaban listos para ser embarcados por el puerto de New York y abonado su costo por el gobierno cubano. Este giro tuvo lugar por las continuas torpezas del presidente Batista que desde el primer momento del desembarco del Granma con sus 82 hombres desplegó las tropas de una manera que le facilitaba a Fidel Castro alcanzar la Sierra Maestra porque mantenía la ilusa idea de que «en la Sierra Maestra no hay quien viva». Me imagino que llegó a pensar que allí se moriría de hambre. Fidel Castro y sus hombres debieron ser derrotados en menos de 72 horas pero Batista no dejó a los militares actuar libremente ni aplicar la táctica aconsejable en cada caso.

6. Ya sabemos que no era un ejército preparado para la lucha irregular (guerrilla) pero, realmente ¿tuvo la posibilidad alguna vez de replantearse la conducción de la guerra e irle arriba a Fidel Castro con un margen razonable de posibilidades de vencerlo?

Varios planes militares se le presentaron al Presidente Batista para liquidar a Fidel Castro y su movimiento guerrillero. Todos resultaron inútiles. El siempre los impedía poniendo cualquier excusa o pretexto. El error principal fue no dejar a los militares conducir la guerra. Mezcló la política con la guerra dos cosas incompatibles cuando hay un enemigo que está peleando y matando a los soldados sin presentarle una batalla frontal, tornándose en una guerra más bien de desgaste que obliga a mantener las tropas por tiempo indefinido en los diferentes zonas o teatros de operaciones sin posibilidad de alcanzar una victoria inmediata porque no encuentran con quién combatir sino cuando las guerrillas escogen el terreno propicio a ellas atacando en emboscadas y desapareciendo a los pocos instantes.

Al desembarcar Fidel Castro por Belic, Playas de las Coloradas, el 2 de diciembre de 1956, en la provincia de Oriente se envió por aire el Batallón No. 1 de Artillería de Costa para combatirlo. El comandante Juan González, jefe del batallón llegó a las 8:00 p.m. a la ciudad de Manzanillo arribando al pueblo de Niquero a las 9:30 P.M. y como Fidel Castro le lleva una ventaja de 24 horas ordena al capitán Juan Moreno y Bravo se dirija en camiones con su compañía a un lugar conocido por Sevilla Arriba, y desde allí parta en dirección oeste a un lugar conocido por Agua Fina. Después de haber caminado más de 20 horas y gracias a un campesino carbonero conocedor de la zona (fusilado el 9 de enero de 1959 en la Fortaleza de La Cabaña por el Che Guevara y su mamá asesinada en el pueblo de Niquero), los alzados son sorprendidos el 5 de diciembre en Alegría de Pío, donde se producen bajas por ambas partes y debido a las explosiones de varias granadas tiradas por los alzados, se produce un incendio en el cañaveral donde se está combatiendo y como se hace cada vez más intenso el incendio, tanto las tropas del Batallón como los alzados, tienen que abandonar el lugar. A la compañía del capitán Moreno Bravo se le une el batallón completo y se ordena hacer un doble envolvimiento por ambos flancos del cañaveral.

A los primeros disparos los alzados gritan que desean rendirse, pero se oye una voz que grita: «Coño, aquí nadie se rinde». Más tarde se supo por los alzados prisioneros que fue Camilo Cienfuegos quien tomó el mando de los alzados, pues Fidel había desaparecido y el Che Guevara estaba herido en el cuello, según él mismo lo relata en el libro que redactó.

El 6 de diciembre de 1956 llega a la Zona de Operaciones el general Luis Robainas Piedra, enviado por el Presidente Batista. Delante de varios oficiales y alistados le ordena al comandante González que retire el batallón al pueblo de Niquero porque el Presidente ha ordenado que una avioneta tire volantes impresos a los alzados para que se rindan. El comandante González, parándose en atención y con todo respeto le dice al general Robainas que esa orden va contra los principios tácticos que dicen: «que al ENEMIGO hay que perseguirlo hasta su total destrucción para evitar que se reorganice». El general Robainas le dice al comandante González que esa «era una orden del Presidente de la República y había que cumplirla».

Diciembre 7,8,9, de 1956. Después de varios días de inactividad y como al batallón lo tenían amarrado de pies y manos, y ningún alzado se presentaba, la Jefatura del Batallón ordena hacer emboscadas pereciendo 5 alzados en un lugar conocido por Pozo Empalado. Más tarde en otra emboscada perecieron 6 alzados en Boca Toro. Los alzados estaban completamente desorganizados, habiéndose capturado a muchos de ellos cerca del lugar de desembarco.

Diciembre 10 de 1956 el Jefe de Puesto de Pilón envía un emisario a la Jefatura del Batallón informándole que desea hablar con el Jefe del Batallón, saliendo el comandante González con el ayudante, el Sargento Cuartel Maestre y un soldado, allí le reporta el Jefe del Puesto, que era uno de los cuñados que tenía Crecencio Pérez, que lo que queda de los alzados se dirigen a las estribaciones del Pico de Turquino, cerca del lugar conocido por San Lorenzo donde fue sorprendido el Padre de la Patria Carlos Manuel de Céspedes por las tropas españolas con solo un revólver, suicidándose con el último tiro que la quedaba para no caer prisionero el 27 de febrero de 1874.

De regreso al pueblo de Niquero el comandante Juan González que había recibido un mensaje del Estado Mayor de regresar a La Habana, envía un mensaje en clave al Estado Mayor General del Ejército pidiendo una prórroga de varios días porque sabe el lugar donde se encuentran los alzados. Recibiendo una orden del Estado Mayor diciéndole que lo que queda es una labor de limpieza de la Guardia Rural a cargo de los escuadrones de Manzanillo y de Bayamo y que se preparen para regresar a La Habana.

Así terminó, sin éxito, la primera fase de esta tragedia que dejó desarrollar inconscientemente por falta de acción y decisión el Presidente Batista.

El Ejército hizo varias tentativas serias, debidamente planeadas para liquidar el foco guerrillero: (a) Evacuación de todos los campesinos de la zona donde Fidel Castro desenvolvía sus actividades, avanzando las unidades del Ejército en un movimiento envolvente de 360 grados, el cual tomaría 45 días en realizarse. El plan, sometido por el S-3 de las tropas que comandaba el coronel Pedro Barrera Pérez fue aprobado por el Presidente Batista y recibido con entusiasmo por las tropas, siendo cancelado abruptamente por Batista cuando tres Ministros le informaron la conmoción que estaba ocurriendo entre las familias campesinas la orden dictada por el gobierno, además de las epidemias que podrían surgir, etc. Oficiales y soldados consideraron que «Batista no quiere liquidar a Fidel Castro, sino mantenerlo en la Sierra Maestra para sus maquinaciones políticas». (b) A partir de esa fecha comenzaron pequeñas operaciones y patrullas de reconocimiento, originándose algunas escaramusas y el despliegue de tropas mantenía a los guerrilleros en sus escondites, alargando el conflicto de una manera absurda y sin esperanza de obtener una victoria decisiva. (c) La ofensiva de Verano fue planeada por el G-3 de las fuerzas que mandaba el general Cantillo. El plan consistía en reagrupar a todas las tropas desplegadas a lo largo de la Sierra Maestra (unos 20 mil hombres) avanzando con 14 batallones y 10 de reserva, de norte a sur, sobre las posisiciones en que se movía Fidel Castro. Batista no aprobó el plan y sólo autorizó el avance de 4 batallones sobre específicos objetivos. Para él era mucho más importante la recogida de café, el azúcar, cuidar fincas y centrales azucareros, etc. (d) Al arribar la fecha de las elecciones presidenciales de noviembre de 1958 las tropas que bordeaban la Sierra Maestra son retiradas y enviadas a las poblaciones para proteger a la ciudadanía y garantizar la votación, en contra de las recomendaciones de los jefes militares. Batista le dejaba el llano libre a los guerrilleros.

7. ¿Podía haberse hecho todo (es decir, buscar la victoria) con Batista o en algún momento hubiese sido necesario sacarlo?

La historia demostrará hasta la saciedad que Batista tenía un pensamiento político y las cuestiones militares eran inconcebibles para él. Sus acciones eran dirigidas a complacer a la población cubana en general que nunca le correspondió en la medida que esperaba. De la manera que fueron sucediendo los acontecimientos desde el desembarco de Fidel Castro en las Playas Coloradas el 2 de diciembre de 1956, para salvar a Cuba del comunismo el Ejército no tenía otra alternativa que defender al gobierno constituido como lo hizo cuando el ataque al Cuartel Moncada, que albergaba al Regimiento No. 1 «Maceo», cuando el ataque al Regimiento No. 4 «Plácido» en la provincia de Matanzas, cuando la sublevación de Cienfuegos en la base naval de Cayo Loco, provincia de Las Villas, durante el ataque al Palacio Presidencial, etc. Todas estas acciones fueron resueltas por el Ejército con éxito. Hubiera sido quizás una solución si a tiempo, no cuando fueron complicándose las cosas nacional e internacionalmente, si Batista hubiera renunciado y sustituido por el Vicepresidente de la República, a la sazón Dr. Rafael Guás Inclán. Los cubanos luchaban por la libertad y contra la corrupción administrativa, no por el comunismo ni por Fidel Castro, sino contra Batista. Por eso no buscó a tiempo una solución idónea y aceptable. Esperó con paciencia que todo se viniera abajo para vengarse del pueblo cubano y de los Estados Unidos de Norteamérica. Él presentía lo que le esperaba al pueblo cubano con el comunismo marxista-leninista en el poder.

8. ¿Cuál era la verdadera capacidad militar de Batista?
Batista no poseía capacidad ni enseñanza militar alguna, era un Sargento Taquígrafo del Ejército cuando Sergio Carbó en la revolución del 33 firmó un decreto ascendiéndolo a Coronel Jefe del Ejército de Cuba, durante el gobierno de la Pentarquía.

9. ¿A quiénes considera como los más hábiles o audaces o brillantes o bravos militares en la conducción de aquella guerra?
El General Eulogio A. Cantillo Porras, Cor. Fermín Cowley Gallegos, Tte. Cor Pedro A. Barrera Pérez, Cor. Rafael García Casares, Tte. Cor. Ángel Sánchez Mosquera, Tte. Cor. Merob Sosa y García, Cor. Joaquín R. Casillas Lumpuy, Cmdte. Pablo R. Corzo Izaguirre, Tte. Cor. Arcadio Casillas Lumpuy, Tte. Cor. Nelson A de las N. Carraso y Artiles, Cmdte. Ramón I. Martínez Morejón, Cmdte. Jesús Sosa Blanco, Cmdte. Ignacio Gómez Calderón, Cmdte. Juan A. González,

Capt. Juan A. Moreno Bravo, Capitán Abón Li y todos aquellos oficiales y alistados que se mantuvieron en sus puestos cumpliendo con su deber hasta la huida del Presidente Batista, que los abandonó a su suerte, muchos de ellos ejecutados en el paredón de fusilamiento, otros sentenciados a innumerables años de cárcel en las ergástulas castristas del comunismo.

SOBRE EL TREN BLINDADO:

10. ¿Cómo cambió el planeamiento estratégico del llamado «Tren Blindado», de reparar las vías férreas, puentes y alcantarillas, primero en Oriente y después en Camagüey, a ser enviado a una virtual misión de combate o al menos de logística de combate –traslado de los últimos armamentos disponibles en La Habana y de un batallón que no había concluido su descanso después de luchar en la Sierra Maestra– para apoyar las acciones en Las Villas?

La aventura del llamado «Tren Blindado» fue una idea exclusiva y extemporánea del Presidente Batista. El tren se preparó, equipó y salió con la oposición de todos los Oficiales Generales que no contemplaban una razón justa para empeño tan vulnerable y riesgoso. El Cuerpo de Ingenieros además de no ser una fuerza de combate no contaba con los elementos necesarios que requiere la ingeniería militar para reparar puentes, tender pontones para cruzar ríos, etc.

El planeamiento estratégico del llamado «Tren Blindado» no se cambió, su misión era la de reparar vías férreas, puentes, etc, nunca la de combatir. La compañía de infantería que se le agregó era para repeler cualquier ataque mientras estuvieran realizando la misión encomendada. El destacamento fue transportado en 17 carros de ferrocarril arrastrados por dos locomotoras y estaba compuesto de unos 400 hombres que llegaron sin novedad hasta la ciudad de Santa Clara. Como la situación en la provincia de Las Villas se deterioraba por horas las guerrillas avanzaron hasta situarse a tiro de fusil del Tren Blindado. El jefe del Cuerpo de Ingenieros del Ejército Coronel Florentino Rosell y Leyva ostentaba el mando de esta tropa. Abandonó su puesto de mando sin permiso del Estado Mayor del Ejército y se personó en horas de la noche del día 26 de diciembre en la residencia presidencial de la Ciudad Militar. Al verlo, quedé sorprendido y recuerdo que le dije: Rosell, ¿qué haces aquí? Necesito ver al Presidente, me contestó. Batista al ser notificado se negó a recibirlo. Ordené que le preparan un cuarto, en la seguridad de que lo recibirá a la mañana siguiente. No fue así, el Jefe del Ejército Tte. General Pedro Rodríguez Ávila había dejado un recado de que lo viera a las 2:00 p.m. en su oficina del Estado Mayor. El jefe del Distrito Militar de Las Villas, sede del regimiento No. 3 «Leoncio Vidal» general Alberto del Río Chaviano fue relevado de su mando por el Coronel Joaquín R. Casillas Lumpuy al comprobarse que estaba conspirando junto con el general Eulogio A. Cantillo Porras, el coronel Florentino Rosell y Leyva y otros militares complotados para sublevarse el 25 de diciembre. Hecho que no sucedió por la manera habilidosa que tuvo Batista en convencer a Cantillo de que él dejaría el poder el día 6 de enero. El Coronel Rosell abandonó la residencia presidencial en horas de la madrugada y partió en una embarcación hacia Estados Unidos.

El Tren Blindado, que de blindado sólo tenía el nombre que le endilgó Batista, pues su blindaje consistía en una planchas de hierro que inclusive penetraban las balas de fusil fue preparado y equipado por el Jefe del Cuerpo de Ingenieros del Ejército Coronel Florentino Rosell. Al llegar el convoy a la provincia de Las Villas el 24 de diciembre de 1958, quedó situado en una pequeña llanura limitada por la Escuela Politécnica y la loma del Capiro, a unos 5 kilómetros del campamento militar que ocupaba el Regimiento No, 3 «Leoncio Vidal». El día 25 a las 7:30 p.m. partió en avión hacia La Habana el Cor. Rosell entregándole el mando al Cmdte. Ignacio Gómez Calderón p.s.r. A las 5:30 de la mañana del día 28 sonaron los primeros disparos, el 29 el enemigo se posesiona de las líneas avanzadas desplegadas en la Loma del Capiro, las tropas combaten por más de 35 horas y comienza a escasear el parque y los alimentos, ya que la Jefatura del Regimiento No. 3 no puede enviarle refuerzos. Hay muertos y heridos por ambas partes y los guerrilleros hechos prisioneros, rendidos o capturados, son mantenidos en uno de los vagones, los heridos son atendidos, respetándose la Convención de Ginebra. El Cmdte Gómez Calderón pone en marcha el Tren Blindado –al mismo tiempo que seguían combatiendo– con el objeto de acercarse lo más posible al Regimiento No. 3 y no habían avanzado más que unos 1,500 metros cuando un estruendo sacude a todos los carros del convoy ya que las dos locomotoras y varios carros se han descarrilado porque el enemigo ha levantado los rieles de la vía férrea, quedando inmovilizado bajo intenso fuego enemigo. Interviene la Cruz Roja Internacional para rescatar muertos y heridos. Se declara una tregua y se designa a una comisión entre ambos contendientes para discutir la rendición del Tren Blindado, regresando al poco tiempo acompañada del Che Guevara, reuniéndose con el Cmdte. Gómez Calderón y su Plana Mayor, el cual expone que se producía una rendición condicional, no por cobardía o flaqueza de los hombres a su mando, sino por carecer de recursos conque seguir combatiendo. A los oficiales se les permitió conservar sus armas de cintura y que los soldados llevaran consigo sus pertenencias personales y continuaran a las órdenes de los oficiales y clases del Cuerpo de Ingenieros, a la vez que se les facilitaran los medios para ser incorporados a los mandos de procedencia en La Habana. El Che Guevara por su parte elogió el comportamiento del personal, reconociendo la «resuelta resistencia de combatientes tan bravos que le ocasionaron un alto número de bajas».

Los trámites de la rendición terminaron a las 7:00 p.m. del día 29 de diciembre. Al día siguiente fueron recogidos por el cañonero «Baire» y otra unidad de la Marina de Guerra, llegando a La Habana el día 31 de diciembre, siendo trasladados en camiones y ómnibus con destino al Cuartel de San Ambrosio y la base de San Antonio de los Baños.

11. ¿La cumbre militar del país consideraba que la introducción en el Teatro de Operaciones del Tren Blindado podría causar algún tipo de cambio en la situación táctico estratégica? Si es así, ¿qué cambios? Y si no lo es, ¿por qué se empeñaron en la misión?

La cumbre militar del país nunca aprobó la inclusión del Tren Blindado en el Teatro de Operaciones. Esto fue un capricho exclusivo del Presidente Batista, que era el que daba las órdenes y la última palabra en el caso más insignificante que fuera. Despachaba con los distintos jefes militares la mayoría de las veces por separado. Estos todo se lo consultaban a él recibiendo las órdenes directamente que comunicaban a los Jefes correspondientes para que estuvieran enterados y secundaran las instrucciones sobre el caso.

El Tren Blindado, tal como se pensó no podía causar ningún tipo de cambio en la situación al contrario, empeorarla, y complicar más las cosas como sucedió. Una orden del Presidente Batista no podía discutirse, sino cumplirla.

12. ¿Cómo se producía desde el punto de vista administrativo (o burocrático si se quiere) que el Ejército ordenara a los talleres de Ciénaga que acondicionara un tren para cumplir misiones militares?

En los talleres de Ciénega había las facilidades para complacer el sueño del Presidente Batista que era convertir los vagones de ferrocarril que llevarían las tropas en un «Tren Blindado». Lo que yo no me he podido explicar de quién, cómo y dónde surgió esta idea que nos sorprendió a todos. Los gastos que esto ocasionó, si no fueron pagados por el Cuartel Maestre General del Ejército, seguramente habrá firmado un decreto estableciendo «los gastos que por este decreto se señalan son necesarios al servicio militar».

13. ¿Cómo supo de la caída del Tren?

La rendición del Tren Blindado la leí en los Partes de Operaciones que se recibían en mi oficina como Jefe de Despacho de la Oficina del Sr. Presidente en la Ciudad Militar provenientes del Estado Mayor del Ejército, los que llegaban a manos del Presidente Batista diariamente.

SOBRE LA LOGÍSTICA:

14. Hasta que punto afectaba el embargo americano de armamentos? Es decir, cuando este se decreta, cuáles eran las reservas logísticas esenciales de que disponía el Ejército?

El embargo norteamericano de armamentos paralizó al Ejército. Un Ejército que estaba carente de armas modernas para combatir la insurrección de Fidel Castro. Batista siempre quiso ocultar que había una guerra. No compraba armamentos cuando se podía, pero gastaba cientos de millones de dólares en obras públicas. Nuestros oficiales asistían a cursos en los Estados Unidos y mucho de lo que aprendían no lo podían aplicar porque las armas y los adelantos no estaban al alcance de nuestras tropas.

El Ejército no disponía de reservas logísticas esenciales de avituallamiento y transporte. Batista se resistía a conceder créditos indispensables para el buen funcionamiento y preparación de un ejército profesional.

El mismo Cuerpo de Ingenieros carecía de pasarelas, pontones, puentes prefabricados y armas tácticas para combatir.

15. ¿Qué armamentos se compraron en Europa?

La compra de armamentos en Europa fue efímera. De Inglaterra nos llegaron 15 tanques Comet, 24 aviones de combate Sea Fury de los cuales dos nada más vinieron con armas, no obstante estar pagados. Los fusiles Garand de la Segunda Guerra Mundial, que se fabricaban en Italia, eran magníficos, tengo entendido llegaron después, al igual que otros pedidos, tan pronto Fidel Castro arribó al poder. El gobierno norteamericano intervino directamente y en los países europeos no podíamos comprar ni una bala. Los cargamentos que llegaron después del 1ro. de enero de 1959 fueron ordenados y pagados después del 14 de marzo de 1958 fecha en que el Departamento de Estado «congeló» todo envío y compra de armas al gobierno que combatía a los guerrilleros comunistas.

16. Quiénes fueron los compradores (o a través de quién o de qué empresa) de los aviones Sea Fury y los tanques Comets ingleses?

Tengo entendido que la compra a Inglaterra fue de gobierno a gobierno. Yo no intervenía en la compra de armamentos, esto era potestad del Estado Mayor del Ejército y del Cuartel Maestre General del Ejército que dirigía el General Juan Rojas y González todo requerimiento de compra de armas se sometía a la consideración del Presidente Batista para su aprobación quien a su vez daba las órdenes oportunas para el pago de las mismas.

17. ¿Qué otro armamento se compró en Europa?
Desconozco los armamentos que se compraron en Europa como no sea los tanques Comet y los Sea Fury. Sé hubieron otras órdenes pero como nunca intervine en esas compras nada puedo agregar.

18. ¿Y por qué les cogió tan tarde su disponibilidad operativa? (Por ejemplo, los tanques Comets ingleses estaban todavía ensamblándose a fines de diciembre.)
Los 15 tanques Comet ingleses llegaron. No puedo precisar la fecha, pudiera ser entre los meses de octubre y noviembre. Los mecánicos trabajaban sin cesar, pero no eran los suficientes ya que teníamos tanques regados por toda la isla y la necesidad de despachar a distintos grupos de mecánicos para efectuar reparaciones mayores y de emergencia que nos pedían las unidades en operaciones. Los tanques ingleses no venían como los norteamericanos, el ensamblaje era mucho más complicado y requería tres o cuatro veces el tiempo necesario que el de un Sherman americano.

19. ¿Quién compró los FAL belgas y en qué cantidades? ¿Y quién aconsejó la compra de ese poderoso armamento de infantería? (Todos los embarques fueron recibidos por Fidel Castro, de cualquier manera; es decir, llegaron a Cuba con él en el poder.)
Desconozco la compra de los FAL belgas. Tan pronto el gobierno norteamericano canceló el envío de armas al gobierno cubano surgieron infinidad de vendedores de armas y al lugar donde se dirigían era al Cuartel Maestre General del Ejército.

20. ¿Nunca nadie tuvo la idea de comprar armamentos checoslovaco (como había hecho Israel entonces, que enfrentó las dos primeras guerras del Sinaí con fusiles y metralletas checas) o de

la misma Unión Soviética, que ya para entonces tenía una producción elevada y sostenida de los famosos AK-47?

Recuerdo que una vez por conducto de entrega personal el Presidente Batista recibió una carta del Ministro de Defensa de Israel, que conservaba en los archivos de mi oficina en la residencia presidencial de la Ciudad Militar, ofreciéndole armamentos así como ayuda técnica militar para combatir al movimiento guerrillero. No sé por qué esa carta jamás recibió contestación, ni siquiera las gracias. No le escribí al Ministro que ahora no recuerdo su nombre porque no era asunto de mi competencia, pero Batista nunca habló de ese ofrecimiento.

21. ¿Qué armamento se le compró a Trujillo, solo las carabinas San Cristóbal, en qué cantidad?

Que yo sepa el único armamento que se compró a Trujillo fueron las carabinas Cristóbal cuyo funcionamiento dejaban mucho que desear. Fue público que Trujillo exigió a Batista el pago de esas armas encarcelándolo por breves horas en unión del Contra Almirante José Rodríguez Calderón, hasta que se aseguró que los seis millones de dólares que Batista le debía serían pagados en un plazo prudencial.

22. ¿Se compró en algún país latinoamericano armamentos o municiones americanas para el reemplazo del que existía en Cuba?

El único país latinoamericano que suministró armas al gobierno de Batista fue el de Nicaragua. Los carros blindados T-17, 40 en total, se le compraron al Presidente Anastasio Somoza Debayle. También se envió una fragata de la Marina de Guerra a Nicaragua que regresó con municiones para los tanques y bombas para la Aviación. El gobierno mandó al Tte. Coronel Manuel Marrero Aguilera, Jefe del Regimiento Mixto de Tanques «10 de Marzo» en unión del Sgto. de 2da Cirilo Padrón y los Sgtos. Mecánicos Guerra y Antunez para inspeccionar el material adquirido y supervisar el embarque

23. ¿Los americanos no se percataron nunca que con el embargo los primeros que estaban perdiendo el juego eran ellos? ¿Y si se dieron cuenta, cuándo fue y qué hicieron?

Si la pregunta se refiere al embajador Earl T. Smith y a los oficiales de la Misión Militar tengo la seguridad que ellos estaban bien percatados de que el enemigo real era Fidel Castro y sus guerrilleros comunistas. El embajador Smith hizo todo lo posible por dejarse entender explicando la real situación que estaba viviendo el país, pero todos sus esfuerzos chocaban contra una muralla levantada en el Departamento de Estado contra el gobierno de Batista y en defensa de Fidel Castro, el Robin Hood del famoso periódico *The New York Times*, de William Weiland y Roy Rubottom.

Los funcionarios de la Embajada Americana trataron, pero nada pudieron hacer por evitar que el comunismo se adueñara de Cuba, aunque allí también habían algunos simpatizantes de Fidel Castro, sobre todo de la CIA que con tanto ahínco y celo conspiró entre los oficiales del Ejército con el propósito de captarlos para eliminar a Batista.

BIBLIOGRAFÍA

Regla María Albelo y otras, *Historia de Cuba*, Editorial Pueblo y Educación, La Habana, 1989

Germán Arciniegas, *Entre la Libertad y el Miedo*. Editora Zarco, S.A. México D. F. 1952

Coronel Ramón M. Barquín. *Las Luchas Guerrilleras en Cuba*, Tomo I Colección Plaza Mayor Scholar, Madrid 1975

Coronel Ramón M. Barquín. *Las Luchas Guerrilleras en Cuba*, Tomo II Colección Plaza Mayor Scholar, Madrid 1975

Fulgencio Batista, *Piedras y Leyes*. Ediciones Botas, México, 1961

Fulgencio Batista, *Respuesta*. Imprenta Manuel León Sánchez, S. C. L. México, D. F. 1960

Fulgencio Batista, *The Growth and Decline of The Cuban Republic*. The Devin-Adair Company, New York, 1964

Guillermo Cabrera Infante, *Mea Cuba*. Alfaguara. 1992

José Duarte Oropesa, *Historiología Cubana III*, (1944-1959) Ediciones Universal, Miami, Florida, 1993

José Duarte Oropesa, Historiología Cubana IV, (1959-1980) Ediciones Universal, Miami Florida, 1993

Claudia Furiati, *Fidel Castro, La Historia me Absolverá*, Ramdom House Mondadori, S. A. 2003

Guevara, Ernesto, *Pasajes de la Guerra Revolucionaria*. Editora Política, La Habana, 1997

René Hernández. *El Libro de Cuba*, 500 años de Historia. Sin Datos de la Editorial.

Humberto L. Machado. *El Reto de la Historia*. The Little Havana Cuban Quarters. Miami Lakes, Florida, 2003

Gustavo Adolfo Marín, Las Locuras de Fidel Castro. Ediciones Universal, Miami, Florida, 1996

Carlos Márquez Sterling, *Historia de Cuba, desde Colon hasta Castro*. Las Américas Publishing Company, New York, 1963

Calixto C. Masó, Historia de Cuba. Ediciones Universal, Miami, Florida, 1998

Enrique Meneses, *Castro Comienza la Revolución*. Espasa Calpe, S. A., 1995

Carlos Alberto Montaner, Viaje al Corazón de Cuba. Plaza y Janés Editores, S. A. 1999

Francisco J. Navarrete Kindelan, *Castro Convicto*. (La verdadera Historia del Ataque al Cuartel Moncada y del Desembarco del Granma) Ediciones Universal, Miami, Florida, 1991

Louis A. Perez, Jr. *Army Politics in Cuba, 1898-1958*. University of Pittsburgh Press, 1976

Daniel Efraín Raimundo, *Habla el Coronel Orlando Piedra*. Ediciones Universal, Miami, Florida, 1994

Lincoln Rodón, *62 Años de Historia, 1928-1990*, Impresora San Lázaro Graphics, Corp. Miami, Florida, 1990

Florentino E. Rosell Leyva. *La Verdad*. Miami, Florida, 1960. Sin datos de la Editorial.

José Suárez Núñez, *El Gran Culpable*, Caracas, 1963. Sin datos de la Editorial.

Autores Varios, Recopilación de Jacobo Machover. La Habana, 1952-1961- *El Final de un mundo, el Principio de una Ilusión*. Alianza Editorial, 1994

ÍNDICE ONOMÁSTICO

Acosta Diviño. 144
Agramonte, Roberto. 15, 57, 58, 75
Águila Moya, Gregorio. 127
Aguilera, Guillermo. 143
Alba de Vázquez, Marisol. 215
Almeira, Luis. 112
Alonso Pujol, Guillermo. 48, 49, 50, 58, 70, 71
Alliegro, Anselmo. 15, 37, 89, 181, 193, 213, 229
Anastasia, Albert. 136
Antúnez (mecánico). 248
Arcas, Manolo. 143
Arce Madruga. 144
Arias Echevarría, Antonio. 47
Atorresagasti, Manuel. 139, 140, 145
Bacallao, Teniente. 110
Baquero, Gastón. 25
Barnet, José Antonio. 16
Barquín, Ramón. 90-92, 108, 134, 135, 151, 167, 168, 172,
180, 189, 229, 234, 235
Barrera y Pérez, Pedro A. 47, 77, 103, 143, 151, 240, 241
Barroso, Jorge. 205
Batista, Elisa Aleida (Elita). 190, 215
Batista, Fulgencio. 11, 22, 25, 28, 29, 31, 36-40, 42-44, 47-61,
63-75, 77-90, 92-95, 97-104, 106-110, 112, 114-117, 119-121,
123-125, 127-148, 150-154, 155-163, 165-181, 185-187, 189, 193,
195, 197, 200, 201, 203-210, 212, 216-218, 228-230, 232-243,
245-249
Batista, Marta María. 191
Batista, Mirta. 190
Batista, Panchín. 50
Batista, Rubén. 177, 190, 215

Beltrán, Luis... 127
Berenson, Lawrence.................................. 187
Bermúdez... 144
Blanco Rico, Antonio..................... 90, 95-97, 108, 222
Blanco, Jesús... 215
Bocanegra, Pedro....................................... 52
Bogotazo... 129
Boix Comas.. 142
Borbonet, Enrique....................................... 91
Bouza, Adalberto....................................... 116
Braden, Embajador...................................... 73
Briñas, José.. 112
Cabrera, Ruperto........................... 40, 50, 52, 60, 66
Campa y Méndez, Jose de la...................... 47, 61, 62
Cantillo y González, Carlos M.................. 47, 134, 170
Cantillo Porras, Eulogio..... 64, 131, 133, 134, 141-144, 147, 151-153, 160-164, 167-170, 174-176, 179-181, 192, 193, 203, 205-210, 214, 221, 224, 234, 235, 240, 241, 243
Carbó Serviá, Juan Pedro.......................... 96, 112
Carbó, Sergio... 24, 241
Cárdenas, Lázaro....................................... 74
Cárdenas, Raúl de...................................... 16
Carnero, Manuel........................... 134, 168, 170
Carraso y Artiles, Nelson............................ 241
Carrera Justiz, Pablo................................... 47
Carrillo, Manuel Ugalde...... 47, 48, 61, 116, 151, 162, 168, 180, 181, 214, 216
Carrillo Ugartemendía, Carlos.................... 180, 216
Casanova Roque, Juan................................. 48
Casillas Lumpuy, Joaquín.................... 152, 241, 243
Castaño, José de Jesús................................. 73
Castellanos, Nicolás................................. 16, 50
Castillo Armas, Carlos................................. 74

Castro, Fidel...... 69, 77-83, 86-88, 94-96, 99, 101-117, 119-121, 123-154, 157, 158, 161, 163, 167, 170, 172, 174-177, 179, 199, 202, 207, 210, 219-221, 224, 233-238, 240, 241, 246, 247, 249
Castro, Raúl. 146, 148
Catasús, Felipe. 130, 190
Céspedes, Carlos Manuel de. 28, 239
Chibás, Eduardo. 15, 27-33, 58
Chirino, Teniente. 115
Cienfuegos, Camilo. 238
Cirules, Enrique. 135
Collado, Roberto. 169
Comesañas, Roberto. 127
Conte Agüero, Luis. 15, 150
Cortina, José Manuel. 16
Corynthia (yate). 114, 115, 133
Corzo Izaguirre, Pablo R........... 121, 149, 172, 208, 221, 241
Costa, Octavio R. 25
Cowley Gallegos, Fermín.. .... 114, 241
Cruz Vidal, Ramón E. 47
Cubela, Rolando.. .... 95, 96
Cuervo Rubio, Gustavo. 16
Cuervo, Pelayo. 111
de la Fe, Ernesto. 37, 73
de la Torriente, Cosme. 16, 85
del Pozo, Justo Luis. 15
D'Abrigeón. 185
Despaigne.. 91
Díaz Balart, Mirta. 79
Díaz Balart, Rafael. 15, 77, 83, 103, 213
Díaz Tamayo, Martín. 47, 48, 152, 153, 174, 220
Díaz Versón, Salvador. 71
Directorio Estudiantil Universitario.. 27-29
Directorio Revolucionario. 95, 112
Dolz y Arango, Ricardo. 15
Duarte Oropesa, José. 137, 146

Dueñas Robert, Víctor. 152
Dulles, John Foster.. . . . . 123, 124
Durán, Capitán. 208
Echemendía Leyva, Armando. 47
Echeverría, José Antonio. 47, 95, 112, 113
Eisenhower, D... . . . . 74, 75, 124, 126, 233
Ellis, Richard. 148
Enmienda Platt. 16, 17, 28
Estévez Maymir, Juan A... . . . . 174, 197-199, 201
Falcón, Antolín. 48
Fangio, Juan Manuel. 138
Fernández Miranda, Marta. 43, 215
Fernández Parajón, Enrique. 48
Fernández, Caridad. 47, 62
Fernández, José Antonio. 130
Fernández, Rey.. 190
Fernández Miranda, Roberto R.. . . . . 47, 191, 194
Fernández, Wifredo. 25
Ferrara, Orestes. 16
Figueres. José. 74
Fitton, Loreley Tabernilla. 9
Fortuny, Mario. 116
Furiati, Claudia. 95
Gaitán, Jorge Eliécer. 130
Gallegos. Rómulo. 67
García Báez, Irenaldo... 177
García Bárcena, Rafael.. 77
García Casares, Rafael. 151, 241
García Montes, Jorge. 15, 55, 89, 99, 225
García Tuñón, Jorge. 47, 51, 55, 64, 158
García Tuñón, Pedro. 47, 159
García, Alberto. 62
García, Pilar. 94, 190, 194, 222
Gardner, Arthur. 120, 123, 124
Gay, Rolando Sánchez. 61

Godoy, Gastón............................ 119, 203, 213, 229
Goicuría (Cuartel Goicuría)..................... 94, 108, 225
Gómez Calderón, Ignacio..................... 241, 243, 244
Gómez Gómez, Abelardo................................. 22
González González, Juan......... 61, 62, 100, 101, 238, 239, 241
González Lines, Andrés................................. 48
Granma.............................. 88, 99, 108, 133, 252
Grau San Martín, Ramón..... 15, 18-29, 31, 34, 35, 41, 42, 84, 90, 117, 130, 225
Guas Inclán, Rafael............... 15, 229, 227, 230, 232, 241
Güell, Gonzalo............................. 180, 181, 189
Guerra (mecánico)..................................... 248
Guevara, Ernesto (Che)................... 141, 199, 238, 244
Guillén, Nicolás.. 72
Guin, Ramón... 96
Guiteras, Antonio...................................... 29
Gutiérrez Menoyo, Carlos............................. 112
Guzmán, P. (sacerdote)............................... 206
Hasting, Virginia..................................... 116
Hermida, Ramón.................................... 47, 53
Hernández, Alfredo................................... 201
Hernández, Cándido.................................. 127
Hernández, Hernando.................................. 48
Hernández, Rafael................................... 47, 61
Hernández, Volta..................................... 191
Hevia, Carlos....................................... 16, 58
Hoffman, Wendel L............................... 113, 114
Hook, Jr., Alfred..................................... 236
Hornedo, Alfredo...................................... 55
Íñigo, Juana María.................................... 191
Jiménez, Capitán..................................... 145
Juarrero Erdman, Augusto.............................. 48
Lansky, Meyer....................................... 136
Larrea, Luis.. 189
Larrubia y Paneque, Manuel............................ 47

Leonard y Castells, Ignacio. 47
Li, Abón. 242
Lobo, Julio. 15
López Castro, Amadeo.. . . . . 222, 229
López de Mendoza, Ramiro. 156, 215
Lynn Jr. Clark. 236
Machado, Gerardo. 27, 28
Machado Ventura, José (Machadito). 96
Macías, Edelmiro. 61
Macías, Jacinto.. 47
Mancheno, Carlos. 67
Mañach, Jorge. 16
Margolles, Coronel. 63
Marinello, Juan. 31, 71, 72, 93, 113
Márquez Sterling, Carlos. 16, 51, 111, 118, 121, 125, 129, 132,
139, 148, 157, 159
Márquez Sterling, Manuel. 16
Marrero Aguilera, Manuel. 215, 248
Martín Elena, Eduardo. 54, 63
Martínez Morejón, Ramón.. . . . . 148, 241
Martínez Suárez. 169
Martínez, capitán. 181
Masferrer, Rolando. 69
Mathews, Herbert.. . . . . 103, 113, 119, 123, 126, 130, 234
Mella, Julio Antonio. 29
Mendieta, Carlos. 28, 29
Menduiñas Magañón, Serafín. 62
Miranda de Fernández, Eme. 60
Miranda, Pablo.. . . . . 47, 61
Moncada (Cuartel Moncada.. . . . . 78-83, 86, 130, 219
Mora, Menelao.. 112
Morales del Castillo, Andrés Domingo 16, 47, 66, 72, 84, 159,
180, 181, 189, 229, 230, 231
Moreno Bravo, Juan.. . . . . 62, 101, 238, 242
Mujal Barniol, Eusebio. 154

Negrete, Teniente.. 54
Neugart y Alonso, Fernando. 176
Núñez Portuondo, Emilio. 216
Núñez Portuondo, Ricardo................................ 15
Ofensiva de Verano......... 133, 141-143, 146, 147, 150, 152, 240
Oliveira Salazar, Antonio de. 187
Ordoqui, Joaquín... 72
Orihuela, José.. 91
Ovares, Enrique... 130
Padrón, Cirilo.. 248
País, Frank.. 125
Pardo Llada, José... 15, 126
Pawley, William D... 159, 160
Pazos, Felipe (hijo). 222
Pedraza, Eleuterio. 190
Peña, Lázaro.. 93
Pérez Benitoa, Manuel..................................... 66, 84
Pérez Dámera, Genovevo.................. 19, 26, 40, 41, 42, 50
Pérez Jiménez, Marcos..................................... 74
Pérez Serantes, Enrique.................................... 79
Pérez y Coujil, Leopoldo......... 47, 152, 162, 168, 181, 213, 214
Pérez, Crecencio.. 239
Pérez, Louis A... 50, 59
Pérez, Nicolás Colacho..................................... 47
Piedra y Negueruela, Orlando. 48
Piedra, Carlos M.. 181
Pino, Rafael del... 130
Platt, Oriville Hitchock. 16
Portuondo, Pedro Concepción........................... 47
Prieto, Evelio... 112
Prío Socarrás, Carlos. . 15, 35, 36, 39-42, 48-51, 53, 54, 56, 57, 61,
             66, 67, 70, 88-90, 94, 95, 115, 128, 133, 198, 225
Quevedo, José. 142, 152, 160, 162, 207, 208, 221
Quevedo, Miguel Ángel.................................... 24
Rego Rubido, José M....................... 134, 167, 168, 170

Remos, Juan J. 16
Rey Pernas, Santiago. 15, 136, 215, 229
Río Chaviano, Alberto del. 79, 87, 134, 151-153, 165, 167-169, 172, 174, 199, 205, 206, 243
Ríos Morejón, Pedro. 91
Rivero Agüero, Andrés. . 15, 38, 100, 118, 119, 129, 137, 140, 150, 155, 157, 161, 166, 173, 179, 181, 203, 206, 213, 231, 232, 235
Rivero Agüero, Nicolás. 150
Rivero, José Ignacio. 24
Rivero, Teniente. 145
Robainas Piedra, Luis. ... 47, 51, 64, 101, 190, 194, 205, 238, 239
Roca, Blas. 72, 93
Rodón, Lincoln. 43, 55
Rodríguez Ávila, Pedro. . 47, 64, 160, 189, 194, 199, 202, 205, 214, 218, 243
Rodríguez Calderón, José. 47, 99, 100, 160, 194, 199, 248
Rodríguez de Aragón, Roberto. 16
Rodríguez, Carlos Rafael. 31, 72
Rodríguez, Fructuoso. 96
Rodríguez, Marcos (Marquito). 73
Rojas y González, Juan. 47, 194, 246
Roosevelt, Franklin Delano. 28
Rosell y Leyva, Florentino. 134, 153, 167-170, 172-174, 199, 205, 206, 227, 228, 242, 243
Rubottom, Roy. 120, 158, 233, 249
Saladrigas, Carlos. 15, 34, 37, 55
Salas Amaro, Alberto. 15, 25, 37, 118, 230
Salas Cañizares, Rafael. 48, 52, 64, 65, 72, 96, 97, 108, 116, 214
Salas Humara. 39, 40
Salazar (Casa de). 139, 140, 155
San Pedro, José. 95
Sanabria, Máximo. 48
Sánchez Mosquera, Ángel. 92, 142, 208, 241
Sánchez Whyte, Calixto. 114, 115

Sánchez y Gómez, Julio................... 47, 61, 62, 64, 115
Sanguily y Garretti, Manuel............................ 16
Santos Traficante...................................... 136
Santovenia, Emeterio................................. 16
Sarría, Teniente.. 79
Smith, Earl T..... 120, 123, 124, 125, 126, 128, 157, 160, 165, 166, 233-236, 249
Sogo y Hernández, Dámaso...................... 47, 50, 51
Somoza Debayle, Anastasio........................... 248
Sosa Blanco, Jesús................................... 241
Sosa de Quesada, Arístides...................... 64, 152
Sosa y García, Merob.................................. 241
Sosa, Eugenio.................................... 198, 201
Soto, Antonio..................................... 185, 189
Sotomayor.. 140
Suárez Fernández, Miguel............................ 16
Suárez Núñez, José....................... 25, 201, 212, 217
Suárez Rivas, Eduardo................................ 15
Suárez, Ricardo...................................... 116
Taber, Bob...................................... 113, 114
Tabernilla Palmero, Marcelo (Tony).......... 95, 179, 213, 222
Tabernilla Palmero, Carlos (Winzy).......... 165, 166, 176, 222
Tabernilla y Dolz, Carlos............................ 130
Tabernilla y Dolz, Francisco J.. . 9, 23, 47, 52, 61-63, 99, 100, 130, 158, 160, 171, 178, 180, 193, 195, 197, 198, 201, 205, 211, 217, 226
Tarafa Govín, Miguel........................ 15, 25, 33-36
Travieso... 91
Trujillo, Rafael Leónidas.............. 115, 133, 185, 187, 248
Ulate, Otilio.. 67
Varas Rodríguez, Cosme.................. 140, 144, 180, 181
Varela Canosa, Joaquín............................... 48
Varela Castro, Manuel............................ 47, 91
Varona, Manuel Antonio...................... 15, 223, 224
Vasconcelos, Ramón................................... 25

Vásquez, Capitán. 91
Velasco Ibarra, José María. 67
Velásquez, José. 62
Ventura Novo, Esteban. 73, 215
Verdeja, Santiago. 103, 131
Vivas Coca, Ramón. 48
Weiland, William. 120, 158, 233, 249
Weill, Roberto A. 233
Weyler, Valeriano. 143

Otros libros publicados por EDICIONES UNIVERSAL en la COLECCIÓN CUBA Y SUS JUECES

0359-6	CUBA EN 1830, Jorge J. Beato & Miguel F. Garrido
045-3	LA AYUDA CUBANA A LA LUCHA POR LA INDEPENDENCIA NORTEAMERICANA, Eduardo J. Tejera
046-1	CUBA Y LA CASA DE AUSTRIA, Nicasio Silverio Saínz
048-8	CUBA, CONCIENCIA Y REVOLUCIÓN, Luis Aguilar León
049-6	TRES VIDAS PARALELAS, Nicasio Silverio Saínz
118-2	EL ARTE EN CUBA, Martha de Castro
119-0	JALONES DE GLORIA MAMBISA, Juan J.E. Casasús
131-X	EN LA CUBA DE CASTRO (APUNTES DE UN TESTIGO), Nicasio Silverio Saínz
1336-2	ANTECEDENTES DESCONOCIDOS DEL 9 DE ABRIL Y LOS PROFETAS DE LA MENTIRA, Ángel Aparicio Laurencio
165-4	VIDAS CUBANAS - CUBAN LIVES.- VOL. I., José Ignacio Lasaga
205-7	VIGENCIA POLÍTICA Y LITERARIA DE MARTÍN MORÚA DELGADO, Aleyda T. Portuondo
205-7	CUBA, TODOS CULPABLES, Raul Acosta Rubio
207-3	MEMORIAS DE UN DESMEMORIADO, José R. García Pedrosa
211-1	HOMENAJE A FÉLIX VARELA, Sociedad Cubana de Filosofía
243-X	LOS ESCLAVOS Y LA VIRGEN DEL COBRE, Leví Marrero
274-X	JACQUES MARITAIN Y LA DEMOCRACIA CRISTIANA, José Ignacio Rasco
293-6	HISTORIA DE LA ODONTOLOGÍA EN CUBA.(4 vols./ 1492-1983). César A. Mena
3122-0	RELIGIÓN Y POLÍTICA EN LA CUBA DEL SIGLO XIX (EL OBISPO ESPADA), Miguel Figueroa y Miranda
353-3	LA GUERRA DE MARTÍ, Pedro Roig
361-4	EL MAGNETISMO DE JOSÉ MARTÍ, Fidel Aguirre
374-6	GRAU: ESTADISTA Y POLÍTICO (Cincuenta años de la Historia de Cuba), Antonio Lancís
380-0	HISTORIA DE FAMILIAS CUBANAS VII, Francisco Xavier de Santa Cruz y Mallén
408-4	HISTORIA DE FAMILIAS CUBANAS VIII, Francisco Xavier de Santa Cruz y Mallén
409-2	HISTORIA DE FAMILIAS CUBANAS IX, Francisco Xavier de Santa Cruz y Mallén
407-6	VIDAS CUBANAS II/CUBAN LIVES II, José Ignacio Lasaga
411-4	LOS ABUELOS: HISTORIA ORAL CUBANA, José B. Fernández
413-0	ELEMENTOS DE HISTORIA DE CUBA, Rolando Espinosa
425-4	A LA INGERENCIA EXTRAÑA LA VIRTUD DOMÉSTICA (biografía de Manuel Márquez Sterling), Carlos Márquez Sterling
426-2	BIOGRAFÍA DE UNA EMOCIÓN POPULAR: EL DR. GRAU, Miguel Hernández-Bauzá
431-9	MIS RELACIONES CON MÁXIMO GÓMEZ, Orestes Ferrara
461-0	HISPANIDAD Y CUBANIDAD, José Ignacio Rasco
483-1	JOSÉ ANTONIO SACO, Anita Arroyo
490-4	HISTORIOLOGÍA CUBANA I (1492-1998), José Duarte Oropesa
2580-8	HISTORIOLOGÍA CUBANA II (1998-1944), José Duarte Oropesa
2582-4	HISTORIOLOGÍA CUBANA III (1944-1959), José Duarte Oropesa
510-2	GENEALOGÍA, HERÁLDICA E HISTORIA DE NUESTRAS FAMILIAS, Fernando R. de Castro y de Cárdenas
516-1	EL PERFIL PASTORAL DE FÉLIX VARELA, Felipe J. Estévez

518-8	CUBA Y SU DESTINO HISTÓRICO, Ernesto Ardura
520-X	APUNTES DESDE EL DESTIERRO, Teresa Fernández Soneira
524-2	OPERACIÓN ESTRELLA, Melvin Mañón
532-3	MANUEL SANGUILY. HISTORIA DE UN CIUDADANO, Octavio R. Costa
538-2	DESPUÉS DEL SILENCIO, Fray Miguel Angel Loredo
553-6	EL TRABAJADOR CUBANO EN EL ESTADO DE OBREROS Y CAMPESINOS, Efrén Córdova
558-7	JOSÉ ANTONIO SACO Y LA CUBA DE HOY, Ángel Aparicio
7886-3	MEMORIAS DE CUBA, Oscar de San Emilio
566-8	SIN TIEMPO NI DISTANCIA, Isabel Rodríguez
569-2	ELENA MEDEROS, María Luisa Guerrero
577-3	ENRIQUE JOSÉ VARONA Y CUBA, José Sánchez Boudy
586-2	SEIS DÍAS DE NOVIEMBRE, Byron Miguel
588-9	CONVICTO, Francisco Navarrete
589-7	DE EMBAJADORA A PRISIONERA POLÍTICA: ALBERTINA O'FARRILL, Víctor Pino Llerovi
592-7	DOS FIGURAS CUBANAS Y UNA SOLA ACTITUD (Varela-Mañach), Rosario Rexach
606-0	LA CRISIS DE LA ALTA CULTURA EN CUBA - INDAGACIÓN DEL CHOTEO, Jorge Mañach (Ed. de Rosario Rexach)
617-6	EL PODER JUDICIAL EN CUBA, Vicente Viñuela
620-6	TODOS SOMOS CULPABLES, Guillermo de Zéndegui
621-4	LUCHA OBRERA DE CUBA, Efrén Naranjo
623-0	HISTORIOLOGÍA CUBANA IV, José Duarte Oropesa
624-9	HISTORIA DE LA MEDICINA EN CUBA I: HOSPITALES Y CENTROS BENÉFICOS EN CUBA COLONIAL, César A. Mena y Armando F. Cobelo
626-5	LA MÁSCARA Y EL MARAÑÓN (La identidad nacional cubana), Lucrecia Artalejo
645-1	FÉLIX VARELA: ANÁLISIS DE SUS IDEAS POLÍTICAS, Juan P. Esteve
646-X	HISTORIA DE LA MEDICINA EN CUBA II, César A. Mena y Armando A. Cobelo
648-6	DEMOCRACIA INTEGRAL, Instituto de Solidaridad Cristiana
652-4	ANTIRREFLEXIONES, Juan Alborná-Salado
664-8	UN PASO AL FRENTE, Eduardo de Acha
679-6	LOS SEIS GRANDES ERRORES DE MARTÍ, Daniel Román
680-X	¿POR QUÉ FRACASÓ LA DEMOCRACIA EN CUBA?, Luis Fernández-Caubí
682-6	IMAGEN Y TRAYECTORIA DEL CUBANO EN LA HISTORIA I (1492-1902), Octavio R. Costa
683-4	IMAGEN Y TRAYECTORIA DEL CUBANO EN LA HISTORIA II (1902-1959), Octavio R. Costa
690-7	CUBA Y SU CULTURA, Raúl M. Shelton
703-2	MÚSICA CUBANA: DEL AREYTO A LA NUEVA TROVA, Cristóbal Díaz Ayala
706-7	BLAS HERNÁNDEZ Y LA REVOLUCIÓN CUBANA DE 1933, Ángel Aparicio
713-X	DISIDENCIA, Ariel Hidalgo
715-6	MEMORIAS DE UN TAQUÍGRAFO, Angel V. Fernández
719-9	DETRÁS DEL GENERALÍSIMO (Biografía de Bernarda Toro de Gómez «Manana»), Ena Curnow
723-7	YO, EL MEJOR DE TODOS (Biografía no autorizada del Che Guevara),

	Roberto Luque Escalona
738-5	PLAYA GIRÓN: LA HISTORIA VERDADERA, Enrique Ros
739-3	FILOSOFÍA DEL CUBANO Y DE LO CUBANO, José Sánchez-Boudy
743-1	MARTA ABREU, UNA MUJER COMPRENDIDA, Pánfilo D. Camacho
745-8	CUBA: ENTRE LA INDEPENDENCIA Y LA LIBERTAD, Armando P. Ribas
747-4	LA HONDA DE DAVID, Mario Llerena
752-0	24 DE FEBRERO DE 1895: LA FECHA-LAS RAÍCES-LOS HOMBRES, Jorge Castellanos
756-3	LA SANGRE DE SANTA ÁGUEDA (Angiolillo-Betances-Cánovas), Frank Fernández
765-2	CLASE TRABAJADORA Y MOVIMIENTO SINDICAL EN CUBA I (1819-1959), Efrén Córdova
766-0	CLASE TRABAJADORA Y MOVIMIENTO SINDICAL EN CUBA II (1959-1996), Efrén Córdova
768-7	LA INOCENCIA DE LOS BALSEROS, Eduardo de Acha
773-3	DE GIRÓN A LA CRISIS DE LOS COHETES, Enrique Ros
786-5	POR LA LIBERTAD DE CUBA, Néstor Carbonell Cortina
792-X	CRONOLOGÍA MARTIANA, Delfín Rodríguez Silva
795-4	LA LOCURA DE FIDEL CASTRO, Gustavo Adolfo Marín
796-2	MI INFANCIA EN CUBA: Lo visto y loo vivido por una niña cubana de doce años, Cosette Alves Carballosa
798-9	APUNTES SOBRE LA NACIONALIDAD CUBANA, Luis Fernández-Caubí
803-9	AMANECER. HISTORIAS DEL CLANDESTINAJE (La lucha de la resistencia contra Castro dentro de Cuba, Rafael A. Aguirre Rencurrell
804-7	EL CARÁCTER CUBANO (Apuntes para un ensayo de Psicología Social), Calixto Masó
814-4	AÑOS CRÍTICOS: Del camino de la acción al camino del entendimiento, Enrique Ros
821-7	THE MARIEL EXODUS: TWENTY YEARS LATER. A STUDY ON THE POLITICS OF STIGMA AND A RESEARCH BIBLIOGRAPHY, Gastón A. Fernández
823-3	JOSÉ VARELA ZEQUEIRA (1854-1939); SU OBRA CIENTÍFICO-LITERARIA, Beatriz Varela
828-4	BALSEROS: HISTORIA ORAL DEL ÉXODO CUBANO DEL '94 /, Felicia Guerra y Tamara Álvarez-Detrell
831-4	CONVERSANDO CON UN MÁRTIR CUBANO: CARLOS GONZÁLEZ VIDAL, Mario Pombo Matamoros
832-2	TODO TIENE SU TIEMPO, Luis Aguilar León
838-1	8-A: LA REALIDAD INVISIBLE, Orlando Jiménez-Leal
841-1	VIDA Y MILAGROS DE LA FARÁNDULA CUBANA / Tomo V, Rosendo Rosell
848-9	PÁGINAS CUBANAS tomo I, Hortensia Ruiz del Vizo
860-8	VIAJEROS EN CUBA (1800-1850), Otto Olivera
861-6	GOBIERNO DEL PUEBLO: OPCIÓN PARA UN NUEVO SIGLO, Gerardo E. Martínez-Solanas
862-4	UNA FAMILIA HABANERA, Eloísa Lezama Lima
866-7	NATUMALEZA CUBANA, Carlos Wotzkow
868-3	CUBANOS COMBATIENTES: PELEANDO EN DISTINTOS FRENTES, Enrique Ros
874-8	POR AMOR AL ARTE (Memorias de un teatrista cubano 1940-1970), Francisco Morín

875-6	HISTORIA DE CUBA, Calixto C. Masó
876-4	CUBANOS DE DOS SIGLOS: XIX y XX, Elio Alba Buffill
880-2	ANTONIO MACEO GRAJALES: El Titán de Bronce, José Mármol
882-9	EN TORNO A LA CUBANÍA,l Ana María Alvarado
886-1	ISLA SIN FIN (Contribución a la crítica del nacionalismo cubano), Rafael Rojas
891-8	MIS CUATRO PUNTOS CARDINALES, Luis Manuel Martínez
901-9	40 AÑOS DE REVOLUCIÓN CUBANA, Efrén Córdova, Editor
907-8	MANUAL DEL PERFECTO SINVERGÜENZA, Tom Mix (José M. Muzaurieta)
908-6	LA AVENTURA AFRICANA DE FIDEL CASTRO, Enrique Ros
912-4	ESTRECHO DE TRAICIÓN, Ana Margarita Martínez y Diana Montané
929-9	EL GARROTE EN CUBA, Manuel B. López Valdés (Edición de Humberto López Cruz
931-0	EL CAIMÁN ANTE EL ESPEJO. Un ensayo de interpretación de lo cubano, Uva de Aragón (segunda edición revisada y ampliada)
934-5	MI VIDA EN EL TEATRO, María Julia Casanova
937-x	EL TRABAJO FORZOSO EN CUBA, Efrén Córdova
939-6	CASTRO Y LAS GUERRILLAS EN LATINOAMÉRICA, Enrique Ros
942-6	TESTIMONIOS DE UN REBELDE (Episodios de la Revolución Cubana 1944-1963), Orlando Rodríguez Pérez
944-2	DE LA PATRIA DE UNO A LA PATRIA DE TODOS, Ernesto F. Betancourt
945-0	CRONOLOGÍA HISTÓRICA DE CUBA (1492-2000), Manuel Fernández Santalices.
946-9	BAJO MI TERCA LUCHA CON EL TIEMPO. MEMORIAS 1915-2000, Octavio R. Costa
949-3	MEMORIA DE CUBA, Julio Rodríguez-Luis
951-8	LUCHAS Y COMBATES POR CUBA, José Enrique Dausá
53-1	JOSÉ AGUSTÍN QUINTERO: UN ENIGMA HISTÓRICO EN EL EXILIO CUBANO DEL OCHOCIENTOS, Jorge Marbán
955-8	NECESIDAD DE LIBERTAD (ensayos-artículos-entrevistas-cartas), Reinaldo Arenas
956-6	FÉLIX VARELA PARA TODOS / FELIX VARELA FOR ALL, Rabael B. Abislaimán
957-4	LOS GRANDES DEBATES DE LA CONSTITUYENTE CUBANA DE 1940, Edición de Néstor Carbonell Cortina
965-5	CUBANOS DE ACCIÓN Y PENSAMIENTO, Octavio R. Costa (65 biografías de protagonistas y hacedores de la historia de Cuba)
968-x	AMÉRICA Y FIDEL CASTRO, Américo Martín
974-4	CONTRA EL SACRIFICIO / DEL CAMARADA AL BUEN VECINO / Una polémica filosófica cubana para el siglo XXI, Emilio Ichikawa
975-2	VOLVIENDO LA MIRADA (memorias 1981-1988), César Leante
979-5	CENTENARIO DE LA REPÚBLICA CUBANA (1902-2002), William Navarrete y Javier de Castro Mori, Editores.
980-9	HUELLAS DE MI CUBANÍA, José Ignacio Rasco
982-5	INVENCIÓN POÉTICA DE LA NACIÓN CUBANA, Jorge Castellanos
983-3	CUBA: EXILIO Y CULTURA. / MEMORIA DEL CONGRESO DEL MILENIO, Asociación Nacional de Educadores Cubano-Americanos y Herencia Cultural Cubana. Julio Hernández-Miyares, Gastón Fernández de la Torriente y Leonardo Fernández Marcané, Editores
988-4	ERNESTO CHE GUEVARA: MITO Y REALIDAD, Enrique Ros
995-7	LA MIRADA VIVA, Alberto Roldán
8-000-6	LA POLÍTICA DEL ADIÓS, Rafael Rojas

8-006-5	FIDEL CASTRO Y EL GATILLO ALEGRE. LOS AÑOS UNIVERSITARIOS, Enrique Ros
8-011-1	REFLEXIONES SOBRE CUBA Y SU FUTURO, Luis Aguilar León (3ª.edición revisada y ampliada /2003/)
8-014-6	AZÚCAR Y CHOCOLATE. HISTORIA DEL BOXEO CUBANO, Enrique Encinosa
8-025-1	EL FIN DE LA IDIOTEZ Y LA MUERTE DEL HOMBRE NUEVO, Armando P. Ribas
8-021-9	LAS TERRIBLES CONSECUENCIAS DEL MANIFIESTO COMUNISTA, Joaquín Clavería
8-026-x	LA UMAP: EL *GULAG* CUBANO, Enrique Ros
8-027-8	LA CUBA ETERNA, Néstor Carbonell Cortina
8-028-6	CONTRA VIENTO Y MAREA, José Ignacio Rivero
8-035-9	CUBA: REALIDAD Y DESTINO. PRESENTE Y FUTURO DE LA ECONOMÍA Y LA SOCIEDAD CUBANA, Jorge A. Sanguinetty
8-038-3	MUJERES EN LA HISTORIA DE CUBA, Antonio J. Molina
8-045-6	TRES CUESTIONES SOBRE LA ISLA DE CUBA, José García de Arboleya
8-047-2	LA REVOLUCIÓN DE 1933 EN CUBA, Enrique Ros
8-051-0	MEMORIAS DE UN ESTADISTA. Frases y escritos en correspondencia, Carlos Márquez-Sterling (Edición de Manuel Márquez-Sterling)
8-052-9	INSPIRADORES (300 biografías de personajes fascinantes), Luis Mario
8-053-7	ANATOMÍA Y FISIOLOGÍA DEL TERRORISMO (comentado para la Revolución Cubana), Salvador E. Subirá
8-059-6	MEMORIAS CUBANAS DE UN ASTURIANO CALIENTE, José Sánchez-Priede
8-064-2	MORIR DE EXILIO, Uva de Aragón
8-067-5	CUBA: INTRAHISTORIA. Una lucha sin tregua, Rafael Díaz-Balart
8-071-5	LA VERDADERA CUBA ETERNA. José Sánchez-Boudy
8-072-3	ENCUENTRO EN 1898. TRES PUEBLOS Y CUATRO HOMBRES (Cuba-España-Estados Unidos /Cervera-T. Roosevelt-Calixto García-Juan Gualberto Gómez). Jorge Castellanos
8-075-8	FÉLIX VARELA: PROFUNDIDAD MANIFIESTA I: (1788-1821), P. Fidel Rodríguez
8-079-0	EL CLANDESTINAJE Y LA LUCHA ARMADA CONTRA CASTRO, Enrique Ros
8-095-2	MISCELÁNEA CUBANAS, Instituto Jacques Maritain de Cuba
8-097-9	ACU. 75 ANIVERSARIO A.M.D.G. (Historia de la Agrupación Católica Universitaria), Salvador E. Subirá
8-100-2	JOSÉ ANTONIO ECHEVERRÍA: VIGENCIA Y PRESENCIA, Julio Fernández-León.
8-107-x	LA FUERZA POLÍTICA DEL EXILIO CUBANO I (1952-1987), Enrique Ros
8-117-7	MOMENTOS ESTELARES EN LA HISTORIA DE CUBA, Emilio Martínez Paula
8-115-0	LUCES Y SOMBRAS DE CUBA Néstor Carbonell Cortina
8-129-0	VIVIDO AYER (Leyendas y misterios de Cuba y La Habana), Sergio San Pedro
8-131-2	LA VERDADERA REPÚBLICA DE CUBA, Andrés Cao Mendiguren
8-135-5	RETOS DEL PERIODISMO, Alberto Muller
8-140-1	LA FUERZA POLÍTICA DEL EXILIO CUBANO II. Enrique Ros
8-152-5	POR AMOR A LA PELOTA. HISTORIA DEL BÉISBOL AMATEUR CUBANO, Marino Martínez Peraza
8-143-6	CRÓNICAS DE LA REPÚBLICA. CUBA: 1902-1958, Uva de Aragón